高职高专规划教材

汽车评估实务

毛　矛　张鹏九　编

机械工业出版社

本书将汽车评估分为二手车评估和新汽车评估两部分，分别讲述了各自的范畴、概念、评估原理、标准和方法。全书共分十一章，第一～五章分别介绍了汽车分类、汽车基本知识、汽车技术参数与性能指标、汽车编码与汽车铭牌、汽车使用寿命及报废等内容；第六～八章分别介绍了二手车评估基本方法、汽车技术状况鉴定、汽车故障评估等内容；第九章是新汽车评估概述，介绍了新汽车选购与评估、C-NCAP及安全碰撞测试和新汽车价格构成；第十章和第十一章分别介绍了二手车交易和二手车鉴定评估师等内容。全书重点围绕2007年新颁布的《二手车鉴定评估师国家职业标准》要求展开内容，求知重能，在保证知识系统连贯的基础上，突出针对性和实用性。

本书可作为交通运输专业、车辆工程专业、汽车运用与维修专业、汽车技术服务与营销等专业的高职高专教材，也可作为普通高校相关专业的教学参考书以及作为二手车鉴定评估师的培训教材。

本教材配有电子教案，凡使用本书作为教材的教师可登录机械工业出版社教材服务网 www.cmpedu.com 注册后下载。咨询邮箱：cmpgaozhi@sina.com。咨询电话：010－88379375。

图书在版编目（CIP）数据

汽车评估实务/毛矛，张鹏九编．—北京：机械工业出版社，2008.7（2017.7重印）

高职高专规划教材

ISBN 978－7－111－24763－0

Ⅰ.汽…　Ⅱ.①毛…②张…　Ⅲ.汽车－评估－高等学校：技术学校－教材　Ⅳ.U472

中国版本图书馆CIP数据核字（2008）第118604号

机械工业出版社（北京市百万庄大街22号　邮政编码100037）
责任编辑：葛晓慧　版式设计：霍永明　责任校对：姚培新
封面设计：马精明　责任印制：常天培
北京京丰印刷厂印刷
2017年7月第1版·第5次印刷
184mm×260mm·12.25印张·301千字
13 001—14 900册
标准书号：ISBN 978－7－111－24763－0
定价：29.80元

凡购本书，如有缺页、倒页、脱页，由本社发行部调换

电话服务	网络服务
服务咨询热线：010－88379833	机 工 官 网：www.cmpbook.com
读者购书热线：010－88379649	机 工 官 博：weibo.com/cmp1952
	教育服务网：www.cmpedu.com
封面无防伪标均为盗版	金 书 网：www.golden-book.com

前　言

中国的汽车产业蓬勃发展，正逐步成为汽车产业大国，2005 年中国汽车产销突破 570 万辆，2006 年突破了 700 万辆，2007 年超过 860 万辆。汽车已经走进中国家庭。一方面，许多人要购新车，原来的旧车需要出卖；另一方面，许多人因为各种原因选择购买二手车。在欧、美、日等发达国家，二手车交易很活跃、规范。而我国的二手车交易则刚刚起步，前景很广阔，但也存在许多问题，亟需规范，只有规范才能促进二手车交易的进一步繁荣。《二手车流通管理办法》于 2005 年 10 月 1 日实施后，我国的二手车交易量以高于年平均 25% 的速度增长。到 2006 年 12 月底，全国二手车累计交易 190.59 万辆，同比增长31.5%。初步预计，中国的汽车市场将有 15 ~20 年的增长和发展期。

汽车行业一直以来是专业和技术并行的领域，二手车市场更是如此。随着我国二手车行业的蓬勃发展，市场对该行业人才的需求日渐高涨，对专业技术人员水平的要求也不断提升。2007 年 1 月 1 日起执行的新的国家职业大典和职业标准中，原来的“旧机动车鉴定估价师”更名为“二手车鉴定评估师”。

二手车鉴定评估师与房地产评估师、资产评估师等同属于国务院批准的六类资产评估职业之一，是资产评估学重要的组成部分。二手车鉴定评估涉及经济管理、财会、金融、市场学、价格学等社会学科以及工程技术方面的知识，不仅要求鉴定估价人员有较宽的知识面，而且还要有较丰富的实践经验，其业务素质的高低直接影响着鉴定估价的工作质量。

然而到目前，优秀的、具有丰富实践经验的、经过专业技术培训、拥有“二手车鉴定评估师”（或“旧机动车鉴定估价师”）职业资格证的却很少。汽车 4S 店、典当行、保险公司、拍卖公司、二手车交易市场等经营主体都需要一大批兼具专业知识技能和丰富经验的二手车鉴定评估师。

国家已对二手车鉴定评估师实行职业资格证书准入制度，按照《二手车流通管理办法》的相关规定，要成立二手车鉴定评估机构必须有三名以上的“二手车鉴定评估师”（或“旧机动车鉴定估价师”）。在这个背景下，二手车鉴定评估师更加成为市场稀缺的热门职业之一。但是，现阶段二手车鉴定评估师人才培养与二手车行业的发展需要相脱节，人才缺乏的问题仍然严重，高级二手车鉴定评估师更是供不应求。所以，加强二手车鉴定评估师人才的培养势在必行 。

为提高二手车鉴定评估师人员的素质，统一鉴定评估职业标准，规范二手车鉴定评估行为，颁布了《二手车鉴定评估师国家职业标准》，并对该行业实行就业准入制度。经过考核，获得二手车鉴定评估师等级职业资格证书，方可在旧机动车评估中介机构（如二手车交易市场）、保险公司车险评估等部门工作，为银行、典当、拍卖等提供有关服务。

此外，作为汽车营销人员，如果能够提供新车评估服务，可以帮助提高销售业绩甚至激发潜在的购买力。本书在此方面有所探讨，突破了二手车鉴定评估的固有模式。

本书内容全面、系统，涵盖二手车鉴定评估师职业技能要求的各个方面，融理论性与实用性于一体，既可以作为高职高专汽车类专业的教材，也可以作为二手车鉴定评估师职业技能培训教材。

本书由海口经济学院汽车教研室毛矛和张鹏九编写。

限于作者的水平，书中难免会有不完善的地方，恳请专家和读者提出宝贵的批评意见，以便我们在今后的修订中改进。

目 录

第一章 汽车分类

【学习目标】

1. 了解我国汽车分类的发展过程。

2. 掌握用于一般概念、统计、牌照、保险、管理和政府政策等依据的GB/T 3730.1—2001《汽车和挂车类型的术语和定义》。

3. 了解其他的汽车分类方法。

中国汽车工业已经是世界汽车工业的一部分，尤其是加入WTO后，我国汽车工业融入了全球销售、生产、投资一体化的大环境中，原来的汽车分类方法已不能适应汽车行业发展的需要。从2001年开始，按照与国际接轨的要求，我国制定了新国家标准GB/T 3730.1—2001《汽车和挂车类型的术语和定义》及GB/T 15089—2001《机动车辆及挂车分类》，对原来的汽车分类进行改革，按最终用途作为分类的基本原则。新标准既能满足汽车工业界的需求又为车辆管理部门管理在用的机动车辆提供了科学的依据，将我国对机动车管理的基础工作提高到了一个新的水平。

第一节 汽车的分类

汽车属于机动车辆，我国针对汽车分类的现行标准是GB/T 3730.1—2001《汽车和挂车类型的术语和定义》，代替了旧标准GB/T 3730.1—1988。

GB/T 3730.1—2001《汽车和挂车类型的术语和定义》是汽车通用性的分类，适用于汽车一般概念、统计、牌照和保险等，也作为政府制定汽车政策和对汽车进行管理的依据。

GB/T 3730.1—2001《汽车和挂车类型的术语和定义》将汽车作了明确的定义，并且主要按用途作了分类。

1. 汽车（motor vehicle）

由动力驱动，具有四个或四个以上车轮的非轨道承载的车辆，主要用于载运人员和（或）货物；牵引载运人员和货物的车辆；特殊用途。

GB/T 3730.1—2001《汽车和挂车类型的术语和定义》将汽车在按用途划分的基础上，建立了乘用车和商用车概念。

2. 乘用车（passenger car）

在其设计和技术特性上主要用于载运乘客及其随身行李和临时物品的汽车，包括驾驶员座位在内最多不超过9个座位。它也可牵引一辆挂车。

乘用车的主要代表为小轿车、小型客车、商务车等。

乘用车又作如下细分：

（1）普通乘用车（saloon（sedan））

车身：封闭式，侧窗中柱有或无。

车顶（顶盖）：固定式，硬顶。有的顶盖一部分可开启。

座位：4个或4个以上座位，至少两排。后座椅可折叠或移动，以形成装载空间。

车门：2个或4个侧门，可有一后启门。

（2）活顶乘用车（convertible saloon）

车身：具有固定侧围框架可开启式车身。

车顶（顶盖）：车顶为硬顶或软顶，至少有两个位置，即封闭、开启或拆除。可开启式车身可以通过使用一个或数个硬顶部件和/或合拢软顶将开启的车身关闭。

座位：4个或4个以上座位，至少两排。

车门：2个或4个侧门。

车窗：4个或4个以上侧窗。

（3）高级乘用车（pullman saloon）

车身：封闭式，前后座之间可以设有隔板。

车顶（顶盖）：固定式，硬顶。有的顶盖一部分可开启。

座位：4个或4个以上座位，至少两排。后排座椅前可安装折叠式座椅。

车门：4个或6个侧门，也可有一个后开启门。

车窗：6个或6个以上侧窗。

（4）小型乘用车（coupe）

车身：封闭式，通常后部空间较小。

车顶（顶盖）：固定式，硬顶。有的顶盖一部分可开启。

座位：2个或2个以上的座位，至少一排。

车门：2个侧门，也可有一个后开启门。

车窗：2个或2个以上侧窗。

（5）敞篷车（convertible（opentourer））

车身：可开启式。

车顶（顶盖）：车顶可为软顶或硬顶，至少有两个位置：第一个位置遮覆车身；第二个位置车顶卷收或可拆除。

座位：2个或2个以上的座位，至少一排。

车门：2个或4个侧门。

车窗：2个或2个以上侧窗。

（6）仓背乘用车（hatchback）

车身：封闭式，侧窗中柱可有可无。

车顶（顶盖）：固定式，硬顶。有的顶盖一部分可以开启。

座位：4个或4个以上的座位，至少两排。后座椅可折叠或可移动，以形成一个装载空间。

车门：2个或4个侧门，车身后部有一个仓门。

（7）旅行车（station wagon）

车身：封闭式。车尾外形使可提供较大的内部空间。

车顶（顶盖）：固定式，硬顶。有的顶盖一部分可以开启。

座位：4个或4个以上的座位，至少两排。座椅的一排或多排可拆除，或装有向前翻倒的座椅靠背，以提供装载平台。

车门：2个或4个侧门，并有一个后开启门。

车窗：4个或4个以上侧窗。

（8）多用途乘用车（multipurpose passenger car）

上述（1）~（7）车辆以外的，只有单一车室载运乘客及其行李或物品的乘用车。但是，如果这种车辆同时具有下列两个条件，则不属于乘用车而属于货车：

1）除驾驶员以外的座位数不超过6个；只要车辆具有可使用的座椅安装点，就应算"座位"存在。

2）$P-(M+N\times68)>N\times68$。

式中　P——最大设计总质量；

M——整车整备质量与1位驾驶员质量之和；

N——除驾驶员以外的座位数。

（9）短头乘用车（forward control passenger car）

这种乘用车一半以上的发动机长度位于车辆前风窗玻璃最前点以后，并且转向盘的中心位于车辆总长的前四分之一部分内。

（10）越野乘用车（off-road passenger car）

一种在其设计上能使所有车轮同时驱动（包括一个驱动轴可以脱开的车辆）或其几何特性（接近角、离去角、纵向通过角，最小离地间隙）、技术特性（驱动轴数、差速锁止机构或其他形式机构）和它的性能（爬坡度）允许在非道路上行驶的乘用车。

（11）专用乘用车（special purpose passenger car）

运载乘员或物品并完成特定功能的乘用车，它具备完成特定功能所需的特殊车身和（或）装备。例如：旅居车、防弹车、救护车、殡仪车等。

3. 商用车辆（commercial vehicle）

定义：在设计和技术特性上用于运送人员和货物的汽车，并且可以牵引挂车，乘用车不包括在内。

商用车分为：客车、货车、半挂牵引车三类

（1）客车（bus）

定义：在设计和技术特性上用于载运乘客及其随身行李的商用车辆，包括驾驶员座位在内座位数超过9座。

客车有单层的或双层的，也可牵引一辆挂车。

客车进一步细分为：

1）小型客车（minibus）。

定义：用于载运乘客，除驾驶员座位外，座位数不超过16座的客车。

2）城市客车（city bus）。

定义：一种为城市内运输而设计和装备的客车。这种车辆设有座椅及站立乘客的位置，并有足够的空间供频繁停站时乘客上下车走动用。

3）长途客车（interurban coach）。

定义：一种为城市间运输而设计和装备的客车。这种车辆没有专供乘客站立的位置，但在其通道内可载运短途站立的乘客。

4）旅游客车（touring coach）。

定义：一种为旅游而设计和装备的客车。这种车辆的布置要确保乘客的舒适性，不载运站立的乘客。

5）铰接客车（articulated bus）。

定义：一种由两节刚性车厢铰接组成的客车。在这种车辆上，两节车厢是相通的，乘客可通过铰接部分在两节车厢之间自由走动。这种车辆可以按1）~2）进行装备。两节刚性车厢永久联接，只有在工厂车间使用专用的设施才能将其拆开。

6）无轨电车（trolleybus）。

定义：一种经架线由电力驱动的客车。这种电车可指定用作多种用途，并按2）（城市客车）、3）（长途客车）和5）（铰接客车）进行装备。

7）越野客车（off-road bus）。

定义：在其设计上所有车轮同时进行驱动（包括一个驱动轴可以脱开的车辆）或其几何特性（接近角、离去角、纵向通过角，最小离地间隙）、技术特性（驱动轴数、差速锁止机构或其他形式机构）和它的性能（爬坡度）允许在非道路上行驶的一种车辆。

8）专用客车（special bus）。

定义：在其设计和技术特性上只适用于需经特殊布置安排后才能载运人员的车辆。

（2）半挂牵引车（semi-trailer towing vehicle）

定义：装备有特殊装置用于牵引半挂车的商用车辆。

（3）货车（goods vehicle）

定义：一种主要为载运货物而设计和装备的商用车辆，它是否牵引一辆挂车都可以。

货车进一步细分为：

1）普通货车（general purpose goods vehicle）。

定义：一种在敞开（平板式）或封闭（厢式）载货空间内载运货物的货车。

2）多用途货车（multipurpose goods vehicle）。

定义：从其设计和结构上来说，主要用于载运货物，但在驾驶员座椅后带有固定或折叠式座椅，可载运3个以上的乘客的货车。

3）全挂牵引车（trailer towing vehicle）。

定义：一种牵引牵引杆式挂车的货车。它本身可在附属的载运平台上运载货物。

4）越野货车（off-road goods vehicle）。

定义：在其设计上，所有车轮同时进行驱动（包括一个驱动轴可以脱开的车辆）或其几何特性（接近角、离去角、纵向通过角，最小离地间隙）、技术特性（驱动轴数、差速锁止机构或其他形式机构）和它的性能（爬坡度）允许在非道路上行驶的一种车辆。

5）专用作业车（special goods vehicle）。

定义：在其设计和技术特性上用于特殊工作的货车。

例如消防车、救险车、垃圾车、应急车、街道清洗车、扫雪车、清洁车等。

6）专用货车（specialized goods vehicle）。

定义：在其设计和技术特性上用于运输特殊物品的货车。

例如罐式车、乘用车运输车、集装箱运输车等。

4. 挂车（trailer）

定义：就其设计和技术特性来看，需由汽车牵引，才能正常使用的一种无动力的道路车辆。用于载运人员和（或）货物；特殊用途。

挂车中包括：

（1）牵引杆挂车（draw bar trailer）

至少有两根轴的挂车，具有一轴可转向；通过角向移动的牵引杆与牵引车联接；牵引杆可垂直移动，联接到底盘上，因此不能承受任何垂直力。具有隐藏支地架的半挂车也作为牵引杆挂车。

牵引杆挂车进一步细分为：

1）客车挂车（bus trailer）。

定义：从其设计和技术特性上来看，用于载运人员及其随身行李的牵引杆挂车。它可按半挂牵引车和货车装备。

2）牵引杆货车挂车（goods drawbar trailer）。

定义：用于载运货物的牵引杆挂车。

3）通用牵引杆挂车（general purpose drawbar trailer）。

定义：一种在敞开（平板式）或封闭（厢式）载货空间内载运货物的牵引挂车。

4）专用牵引杆挂车（special drawbar trailer）。

定义：一种牵引杆挂车，按其设计和技术特性来看，需经特殊布置后才能载运人员或货物；只执行某种规定的运输任务（例如乘用车运输挂车、消防挂车、低地板挂车、空气压缩机挂车等）。

（2）半挂车（semi-trailer）

定义：车轴置于车辆重心（当车辆均匀受载时）后面，并且装有可将水平或垂直力传递到牵引车的联接装置的挂车。

半挂车进一步细分为：

1）客车半挂车（bus semi-trailer）。

定义：从其设计和技术特性上来说，主要用于载运乘客及其随身行李的半挂车。这种半挂车可按客车、半挂车和货车加以装备。

2）通用货车半挂车（general purpose goods semi-trailer）。

定义：一种在敞开（平板式）或封闭（厢式）载货空间内载运货物的半挂车。

3）专用半挂车（special semi-trailer）。

定义：一种半挂车，按其设计和技术特性来看，需经特殊布置后才能载运人员或货物；只执行某种规定的运输任务。（例如原木半挂车、消防半挂车、低地板半挂车、空气压缩机半挂车等）。

4）旅居半挂车（caravan semi-trailer）。

定义：能够提供活动睡具的半挂车。

（3）中置轴挂车（centre axle trailer）

定义：牵引装置不能垂直移动（相对于挂车），车轴位于紧靠挂车的重心（当均匀载荷时）的挂车，这种车辆只有较小的垂直静载荷作用于牵引车，静载荷为不超过相当于挂车最大质量的10%或1000N的载荷（两者取较小者）。其中一轴或多轴可由牵引车来驱动。

旅居挂车（caravan）：能够提供活动睡具的中置轴挂车。

5. 汽车列车（combination vehicles）

定义：一辆汽车与一辆或多辆挂车的组合。

汽车列车包括：

(1) 乘用车列车（passenger/cartrailer combination）

定义：乘用车和中置轴挂车的组合。

(2) 客车列车（bus road train）

定义：一辆客车与一辆或多辆挂车的组合。各节乘客车厢不相通，有时可设服务走廊。

(3) 货车列车（goods road train）

定义：一辆货车与一辆或多辆挂车的组合。

(4) 牵引杆挂车列车（drawbar tractor combination）

定义：一辆全挂牵引车与一辆或多辆挂车的组合。

(5) 铰接列车（articulated vehicle）

定义：一辆半挂牵引车与具有角向移动联接的半挂车组成的车辆。

(6) 双挂列车（double road train）

定义：一辆铰接式列车与一辆牵引杆挂车的组合。

(7) 双半挂列车（double semi trailer road train）

定义：一辆铰接式列车与一辆半挂车的组合。两辆车的联接是通过第二个半挂车的联接装置来实现的。

(8) 平板列车（platform road train）

定义：一辆货车和一辆牵引杆货车挂车的组合；在可角向移动的货物承载平板的整个长度上，载荷都是不可分地置于牵引车和挂车上。为了支承这个载荷可以使用辅助装置。这个载荷或它的支撑装置构成了这两个车辆的联接装置，因此不允许挂车再有转向联接。

第二节 其他分类

一、按结构分类

1. 按汽车行走方式分类

1）轮式汽车：用车轮作为行走装置的汽车。

2）履带式汽车：用履带作为行走装置的汽车。

2. 按动力装置分类

1）内燃机汽车

用内燃机作为动力装置的汽车。它又分为：

1）汽油机汽车：用汽油机作为动力装置的汽车。

2）柴油机汽车：用柴油机作为动力装置的汽车。

3）气体燃料汽车：用天然气、煤气等作为发动机燃料的汽车。

4）液化气体汽车：用液化石油气作为发动机燃料的汽车。

5）双燃料汽车：用两种燃料（如汽油和天然气）作为发动机燃料的汽车。

(2) 电动汽车

由电动机作为动力装置的汽车。根据电源形式可将电动汽车分为：

1）无轨电车：从架空线接受电力，以电动机开动的大客车。

2）电动车：以蓄电池为电源的电动汽车。

（3）混合动力汽车

混合动力车采用传统的内燃机和电动机作为动力源，通过混合使用热能和电能两套系统来开动汽车，即油电混合动力（Hybrid-Electric Vehicel，HEV）。

混合动力车在动力性能、续行里程、使用方便性等方面具有显著优势，因而最具商业和实用价值。目前已经量产并投放中国市场的混合动力汽车有丰田的“普锐斯”（PRIUS）等。

3. 按发动机的位置分类

1）前置发动机汽车：将发动机安装在前部的汽车。

2）后置发动机汽车：将发动机安装在后部的汽车。

3）中置发动机汽车：将发动机安装在前后桥之间地板下方的汽车。

4. 按驱动方式分类

1）前轮驱动汽车：用前轮作为驱动轮的汽车。

2）后轮驱动汽车：用后轮作为驱动轮的汽车。

3）全轮驱动汽车：前后轮都可以作为驱动轮的汽车。

5. 按发动机的位置和驱动方式分类

1）前置前驱（FF）汽车：发动机前置，由前轮驱动的汽车。

2）前置后驱（FR）汽车：发动机前置，由后轮驱动的汽车。

3）后置后驱（RR）汽车：发动机后置，由后轮驱动的汽车。

4）中置后驱（MR）汽车：发动机中置，由后轮驱动的汽车。

6. 按承载方式分类

1）承载式车身汽车：车身作为承载基础件，无车架的汽车。

2）非承载式车身汽车：车架作为承载基础件的汽车。

二、按公安机关管理分类

为了便于机动车辆技术检验及牌证管理，公安机关车管部门常将汽车作如下分类：

1. 大型汽车

总质量不小于4500kg，或者车长不小于6m，或者乘坐人数（含驾驶员）不少于20人的汽车，具体又细分为：

1）大型客车。包括普通大客车、铰接式大客车、其他大客车等。

2）大型货车。包括栏板式大货车、厢式大货车、倾卸式大货车、半挂列车、其他大货车等。

3）大型特种车。包括大型消防车、大型救护车、大型警车、大型工程抢险车、其他大型特种车等。

4）大型专用载货车。包括大型专用罐车、大型冷藏保温车、大型邮政车、大型水泥车、其他大型专用载货车等。

5）其他大型专用车。包括大型起重车、大型牵引车、大型仪器车等。

2. 小型汽车

总质量小于4500kg，或者车长小于6m，或者乘坐人数（含驾驶员）少于20人的汽车，具体细分为：

1）小型客车。包括轿车型小客车、越野型小客车、旅行型小客车、其他小客车等。

2）小型货车。包括栏板式小货车、厢式小货车、倾卸式小货车、小型工程抢险车、其他小货车等。

3）小型特种车。包括小型消防车、小型救护车、小型警车、小型工程抢险车 、其他小型特种车等。

4）小型专用载货车。包括小型专用罐车、小型冷藏保温车、小型邮政车 、其他小型专用载货车等。

5）其他小型专用车。包括小型起重车、小型牵引车 、小型仪器车等。

小　结

我国针对汽车分类的现行标准是 GB/T 3730. 1—2001《汽车和挂车类型的术语和定义》，于 2002 年正式实施，它代替了旧标准 GB/T 3730. 1—1988。GB/T 3730. 1—2001《汽车和挂车类型的术语和定义》是汽车通用性的分类，适用于汽车一般概念、统计、牌照和保险等，也作为政府制定汽车政策和对汽车进行管理的依据。GB/T 3730. 1—2001《汽车和挂车类型的术语和定义》将汽车作了明确的定义，并且主要按用途作了分类。

汽车还有其他的分类方式，包括按汽车行走方式分类、按动力装置分类、按发动机的位置分类、按驱动方式分类、按发动机的位置和驱动方式分类、按承载方式分类以及按公安机关管理方式将汽车分类为大型汽车和小型汽车。

复习思考题

1-1　我国针对汽车分类的现行标准是哪个？此标准哪年正式实施，主要用于哪些方面？此标准将汽车分哪几大类？

1-2　汽车的定义是什么？

1-3　乘用车的定义是什么？

1-4　商用车的定义是什么？商用车分哪几类？

第二章　汽车基本知识

【学习目标】

1. 掌握汽车发动机的组成、主要性能指标以及发动机产品名称和型号编制规则。
2. 掌握汽车底盘的作用。
3. 掌握汽车传动系的功能、传动系的组成和布置形式以及传动系的种类。
4. 掌握汽车行驶系的功能和组成、汽车转向系的类型和组成以及汽车制动系的类型和组成。
5. 掌握当前汽车主配的电器与电子设备，了解最新的汽车电器与电子设备发展动态和趋势。
6. 掌握汽车车身的主要构成部件、车身的类型、汽车内饰的流行和发展趋势。
7. 了解汽车几种常见车型的四大组成部分在汽车的成本组成中所占的大致比重。

汽车由发动机、底盘、车身和电器设备四大部分组成。本章就从汽车的四大部分入手，了解汽车的基本知识。

第一节　汽车发动机

发动机是汽车的心脏，是将化学能转变为机械能的核心。简单地说，发动机的作用就是使燃料燃烧做功，从而给汽车提供动力。发动机所有结构都是为能量转换服务的。虽然内燃发动机已经伴随着汽车走过了100多年的历史，无论是在设计、制造、工艺还是在性能、控制上都有很大地提高，但其基本工作原理未变。

一、发动机的组成

发动机是一部由许多机构和系统组成的机器。目前汽车上的发动机主要有两种：汽油机和柴油机。

汽油机由两大机构五大系统组成：曲柄连杆机构、配气机构、点火系统、冷却系统、燃油供给系统、润滑系统以及起动系统。

柴油机由两大机构四大系统组成：曲柄连杆机构、配气机构、冷却系统、燃油供给系统、润滑系统以及起动系统。

1. 曲柄连杆机构

曲柄连杆机构是发动机能量转变的核心，将燃料燃烧产生的热能通过活塞、连杆、曲轴等转变成能驱动汽车行驶的机械能。

曲柄连杆机构的组成可分为三个组：

1）机体组。包括气缸体、气缸盖、气缸套、气缸垫等。有的发动机将气缸体分成上下两部分，上部称为气缸体、下部称为曲轴箱。以气缸体与气缸盖为主的机体组是发动机各机构、系统的装配基体，其自身的许多部分同时又分别是这些机构和系统的组成部分。

2）活塞连杆组。包括活塞、活塞环、活塞销、连杆、连杆轴承等。

3）曲轴飞轮组。包括曲轴、曲轴轴承、飞轮等。

2. 配气机构

发动机配气机构的作用是根据发动机的工作需要，适时地打开进气通道或排气通道，以便使（汽油机）可燃混合气及时进入气缸或者使废气及时从气缸内排出；而在发动机不需要进气或者排气时，将进气通道或者排气通道关闭，以便保持气缸密封。

配气机构组成可分为两个组：

1）气门组。包括气门、气门座、气门弹簧、气门导管等。

2）气门传动组。包括正时齿轮（或者链轮＋链，带轮＋带）、凸轮轴、气门挺杆、推杆、摇臂、摇臂轴等。

按曲轴和凸轮轴的传动方式，配气机构可分为齿轮式传动、链轮式传动、带轮式传动。

发动机每缸至少有两个气门，即一个进气门和一个排气门。为了提高进气和排气效率，现代发动机常常采用在一个气缸上装四个气门，即两个进气门和两个排气门。一些大型发动机甚至采用在一个气缸上装五个或六个气门，即三个进气门和两个或三个排气门。

配气相位对发动机的性能有很大的影响。同一台发动机，随着转速的变化，对配气相位的要求也相应变化。普通发动机通常是根据性能的要求，通过试验确定某一常用转速下较为合适的配气相位作为固定的配气相位。这一固定的配气相位在发动机的使用过程中是不可改变的，所以发动机的性能只有在这一常用转速下最好，而在其他转速下工作时，发动机的性能不是最佳的。

为了解决这个问题，使得发动机的性能始终处于最佳范围，有的发动机采用了可变配气相位控制机构。但是，如果对进气门和排气门都采用可变配气相位控制机构，将使机构变得非常复杂。由于进气门配气相位对发动机性能的影响比较大，为了简化机构、降低成本，各种可变配气相位控制机构一般只控制进气门配气相位。目前，汽车发动机上装用的可变配气相位控制机构主要有三种类型：日本本田车系的 VTEC（Variable Valve Life Timing & Valve Electronic Control）、德国奔驰车系可变配气相位控制机构和德国大众车系可变配气相位控制机构。

如本田的 VTEC 系统能随发动机转速、负荷、水温等运行参数的变化，适当地调整配气正时和气门升程，使发动机在高、低速下均能达到最高效率。在 VTEC 系统中，同一缸的两个进气门有主、次之分，分别由主摇臂和次摇臂驱动。在主摇臂和次摇臂之间装有一个中间摇臂，中间摇臂不与任何气门接触，三个摇臂并列在一起组成进气摇臂总成。相应地，进气凸轮轴上分别有三个不同升程的凸轮来分别驱动摇臂轴上的三个摇臂。凸轮轴上的凸轮也对应地分为主凸轮、中间凸轮和次凸轮，中间凸轮的升程最大，次凸轮的升程最小。当发动机处于低转速或者低负荷时，三个摇臂之间没有连接，主、次摇臂分别顶动两个进气门，中间摇臂不顶动气门，只是在摇臂轴上空摆。当转速提高，且发动机负荷、转速、车速以及冷却液温度达到预定值时，ECU 发出一个信号打开 VTEC 电磁阀，使压力机油进入摇臂轴内顶动活塞，使三只摇臂连接成一体，成为一个同步工作的组合摇臂。此时，由于中间凸轮升程最大，组合摇臂受中间凸轮驱动，两个进气门同步工作，进气门的配气相位和升程与发动机低速时相比，其升程、提前开启角和迟后关闭角均增大。

还有一种称为可变气门正时 CVVT 技术。CVVT 只能调整气门正时而不能调整气门升程。因此发动机只会改变进、排气的时间差，不能改变进气量。它的工作原理就是当发动机由低速向高速转换时，电脑（ECU）发出控制指令，将润滑油压向进气凸轮轴驱动齿轮内的小涡轮。在压力的作用下，小涡轮相对于齿轮壳旋转一定的角度，使得凸轮轴在60°的范围内向前或向后旋转，从而改变进气门开启的时刻，达到连续调节进气门正时的目的。进而实现在输出足够牵引力的同时提高燃油经济性。

VVT—i 系统是丰田公司的智能可变气门正时系统的英文缩写。丰田的 VVT—i 系统可连续调节气门正时，但不能调节气门升程。它的工作原理与 CVVT 技术类似。

3. 燃油供给系统

汽油机燃油供给系统的作用是根据发动机的工作需要，配制出一定数量和浓度的可燃混合气，并送入气缸（汽油的理论空燃比是 14.7∶1，柴油的理论空燃比是 14.5∶1）。

通常汽油机的燃油供给系统的形式有化油器式和电子燃油喷射系统两种形式。化油器式发动机已经淘汰，我国已完全禁止化油器式汽车上牌。目前新生产的汽车都是电子燃油喷射系统，也就是俗称的电喷系统。

汽油机的电子燃油喷射系统包括三个组成部分：

1）空气供给系统：空气滤清器、空气流量计、节气门体、进气总管、进气歧管等。

2）燃油供给系统：油箱、电动燃油泵、燃油滤清器、压力调节器、喷油器、低压回油管、脉动阻尼器等。

3）控制系统：电控单元 ECU、冷却液温度传感器，节气门位置传感器，空气流量传感器，凸轮轴位置传感器，曲轴位置传感器，进气温度传感器等、以及执行元件喷油器。

柴油机使用的燃料是柴油。与汽油相比，柴油粘度大，蒸发性差，所以柴油机采用高压喷射的方法，在接近压缩上止点时将柴油直接喷入气缸燃烧室，在气缸内形成混合气。普通柴油机燃油供给系统包括喷油泵、喷油器、输油泵、调速器、燃油滤清器、高压油管和低压油管，以及供油提前角调节装置等。

部分柴油机采用比较先进的高压共轨（Common Rail）电喷技术。这是在高压油泵、压力传感器和电控单元 ECU 组成的闭环系统中，将喷射压力的产生和喷射过程彼此完全分开的一种供油方式。它是由高压油泵将高压燃油输送到公共供油管（Rail）中，通过公共供油管内的油压实现精确供油控制，使高压油管内燃油压力（Pressure）与发动机的转速无关，从而大幅度减小柴油机供油压力随发动机转速变化的程度。这样，电控单元 ECU 对每个喷油嘴的喷油量、喷油时刻能够进行精确控制，使柴油机的燃油经济性和动力性达到最佳的平衡，发动机运转更加平顺，从而优化柴油机的综合性能。

许多柴油机采用废气涡轮增压技术来提高发动机功率并降低油耗及污染物排放，使得柴油机的经济性能进一步提高。

4. 点火系统

汽油机点火系统的作用是根据发动机的工作需要及时可靠地点燃气缸内的混合气。

点火系统的性能对发动机的工作有十分重要的影响，所以要求点火系统能够产生足够的点火能量和点火高压，并且点火时刻能够随着发动机工况的变化而及时调整。

汽油机点火系统通常有三种形式：传统点火系统，普通（无触点）电子点火系统和电控点火系统。目前大部分新汽车都采用先进的电控点火系统。

电控点火系统的组成通常包括点火线圈、分电器、电控单元 ECU 和火花塞等。有些电控点火系统无分电器，有些电控点火系统的电控单元 ECU 是发动机电控系统的子系统。

电控点火系统的功能包括点火提前角控制、闭合角（通电时间）控制和爆燃控制三个方面。

无分电器的电控点火系统彻底取消了机械装置，完全实现电子控制，并且控制功能更加强大，控制精度更高，是一种当前最先进的点火系统。

5. 冷却系统

发动机工作时，气缸内的气体温度可高达 1927～2527℃，若不及时冷却，将造成发动机零部件温度过高。过高的发动机温度一方面会使得零部件膨胀，导致运动受阻甚至卡死，另外还会使得零部件机械强度下降。同时，高温还会使润滑油失去作用。但是，发动机温度过低也不利于其正常工作。发动机冷却系统的作用是帮助发动机散热，以保证发动机在最适宜的温度（80～90℃）下工作。

汽车发动机通常采用水冷式冷却系统。其组成主要包括水套、水泵、散热器、冷却风扇和节温器等。

大多数汽车装有暖风系统。暖风机是一个热交换器。在装有暖风机的水冷系统中，热的冷却液从发动机机体的水套进入暖风机进水管、通过暖风机芯后，经过暖风机出水管进入水泵。这样，发动机冷却系统的热量在寒冷的冬季得到部分利用，降低了取暖能耗。

6. 润滑系统

发动机润滑系统的作用是向发动机相对运动的零件表面输送清洁的润滑油，以减少摩擦和磨损，同时对摩擦表面进行清洗和冷却。

润滑系统的组成包括机油泵、集滤器、限压阀、油道以及机油滤清器等。

发动机运转时，由于发动机各运动零部件的工作条件不同，所要求的润滑强度也不一样，因而需要采用不同的润滑方式。润滑方式主要有压力润滑和飞溅润滑两种。曲轴主轴承、连杆轴承及凸轮轴轴承等处承受的载荷及相对运动速度较大，需要用压力润滑。而其他一些载荷及相对运动速度都不高的零部件，采用飞溅润滑方式。

7. 起动系统

发动机起动系统的作用是通过起动机将蓄电池的电能转换成机械能，使发动机由静止状态进入到正常工作状态。

起动系统组成包括蓄电池、起动机及起动继电器等。

二、发动机的主要性能指标

发动机的性能指标是评定发动机技术性能的各种物理量的总称，主要包括动力性指标、经济性指标和运转性能指标，此外还有工作可靠性、结构工艺性等指标。

1. 动力性指标

发动机动力性能指标主要包括发动机有效转矩和有效功率。

有效转矩 M_e：发动机曲轴上对外输出的转矩称为有效转矩，单位 N·m。它与外界作用于发动机曲轴上的阻力矩相平衡。

有效功率 P_e：发动机曲轴上对外输出的净功率，单位 kW。它等于有效转矩与曲轴角速度的乘积，即

$$P_e = M_e n / 9550$$

式中，n 为发动机转速，单位为 r/min。

发动机铭牌上标明的功率及相应的转速称为发动机额定功率和额定转速。

2. 经济性指标

发动机经济性指标主要指发动机的燃油消耗率。

有效燃油消耗率 g_e：是指发动机发出单位有效功的耗油量，又称“有效比油耗”，单位 g/kW·h。

$$g_e = G_t / P_e$$

式中，G_t 为每小时耗油量，可以通过试验测定。

3. 运转性能指标

发动机的运转性能指标包括排气品质、噪声和起动性能。

（1）排气品质

发动机排出的有害物质主要有氮氧化合物 NO_x，碳氢化合物 HC，一氧化碳 CO 以及颗粒物 PM。为了抑制这些有害物质对环境的污染，促进汽车生产厂家提高技术、改进产品，许多国家都制定了严格的汽车排放标准。其中，以欧洲和美国的汽车排放标准最具代表性。

我国从 20 世纪 70 年代末开始研究机动车排放物。我国的道路状况和车辆状况接近欧洲，因此我国制定的机动车排放控制模式主要参考了欧洲模式。由于当时我国发动机技术水平较低、燃烧状况较差，因此排放标准的制定必须能够促进发动机技术水平和制造质量的提高，改善发动机燃烧状况和稳定加工质量。同时，排放标准的制定还应根据我国的实际状况采用由简入繁，逐步提高的方针。根据这样的方针，我国的机动车排放控制采取先机内净化后机外净化的控制路线。所谓机内净化，就是通过提高发动机的技术水平和制造质量来改善发动机燃烧状况，降低发动机排放污染；所谓机外净化，就是将从发动机排出的废气用催化、转化等方式进一步降低有害物质含量。通过采用机内净化措施，使从发动机排气管排出的污染物降低到最低水平，然后通过机外净化将汽车排放到大气中的有害物质降低到最低水平。

现行的 GB/T 18352. 3—2005《轻型汽车污染物排放限值及测量方法（中国Ⅲ、Ⅳ阶段）》相当于欧Ⅲ标准的国Ⅲ排放标准（即第三阶段机动车污染物排放标准）在 2007 年实施。但我国在制定和实施上述标准的过程中存在两个缺陷：没有制定与排放标准配套的燃油质量标准和没有相对尾气排放标准提前或同步实施燃油质量标准的国家计划。

国Ⅲ标准规定车用汽油的硫含量最高不超过 150ppm，车用柴油的硫含量最高不超过 350ppm（$1ppm = 10^{-6}$）。之所以对车用油的硫含量做出规定，是因为自从淘汰含铅汽油及车辆使用处理装置后，硫含量已成为燃料的各项指标中对排放影响最大的因素。研究表明，车用燃料中的硫会对车辆排放控制系统，特别是三元催化转化器（TWC）产生有害影响，使其净化效率降低，引起排放增加；另外，硫对更先进的排放控制系统（如稀燃直喷发动机）及氮氧化物（NO_x）和颗粒物（PM）的处理装置都有明显的不良影响。车用燃料中硫含量的降低将会使车辆的排放状况明显改善。

（2）噪声

汽车噪声的大小是衡量汽车设计制造水平以及技术状况的重要指标。汽车噪声的防治也是汽车设计与制造的一个重要课题。

汽车的噪声源有多种，如发动机、变速器、驱动桥、传动轴、车厢、玻璃窗、轮胎、继电器、喇叭、音响等都会产生噪声。这些噪声有些是被动产生的，有些是主动发生的（如人为按动喇叭）。但是主要来源只有两个方面，一个是发动机，另一个是轮胎，它们都是被动发生的，即只要汽车行驶就会产生噪声。

汽车噪声分对内和对外两个方面。对外方面，汽车是城市的主要噪声源，所以必须严格控制。我国在噪声控制标准中规定：轿车的噪声≤82dB。对内方面，为了防止发动机噪声和轮胎噪声窜入乘员厢，除了尽量降低噪声源的噪声外，还在车厢的密封结构上下功夫，尤其是提高前围板和地板的密封隔音性能。减小汽车的噪声是一项涉及到汽车许多方面的技术问题，包括发动机的结构、材料质量、工艺水平、装配密封性等。所以，汽车车内车外噪声的大小直接反映汽车的质量和技术性能的高低。

（3）起动性能

发动机的起动性能与发动机的内部阻力大小有关。起动性能好的发动机在相对比较低的温度下能可靠、迅速地起动，而且起动消耗功率小，磨损少。标准规定：不采用特殊的低温起动措施，汽油机在 -10℃，柴油机在 -5℃以下起动，15s 以内发动机须能自行运转。

三、发动机产品名称和型号编制规则

汽车发动机按照使用燃料、气缸数量以及气缸排列形式的不同，可以分为许多种类。为了便于发动机的生产管理和使用，我国于 1991 年制定和发布了国家标准 GB/T 725—1991《内燃机产品名称和型号编制规则》，沿用至今。标准具体规定如下：

1. 发动机产品名称均按所采用的燃料命名。例如，燃用汽油燃料的发动机称为汽油机；燃用柴油燃料的发动机称为柴油机；燃用液化了的石油气/压缩天然气等可燃气体燃料的发动机称为气体燃料发动机；采用往复式内燃机和电动机两种动力装置联合工作，通过储能设备和控制系统实现调节能量和最佳分配能量混合运转的发动机称为混合动力发动机；燃用各种煤气燃料的发动机称为煤气机；燃用乙醇/甲醇和汽油两种燃料的发动机称为乙醇/甲醇、汽油双燃料发动机；燃用二甲醚代用（柴油）燃料的发动机称为二甲醚代用燃料发动机；燃用乙醇/甲醇代用（汽油）燃料的发动机称为乙醇/甲醇（汽油）代用燃料发动机；燃用生物柴油 BD100 代用燃料的发动机称为生物柴油 BD100 代用燃料发动机；能够燃用着火性能差异较大的两种或两种以上燃料的发动机称为多种燃料发动机。

2. 汽车发动机型号由阿拉伯数字（简称数字）、英文字母（简称字母）组成。汽车发动机型号依次包括下列四部分：

1）首部：地方、企业名称代号。一般用一个或两个字母表示。由制造方根据需要自选相应字母表示，但需经行业标准化归口单位核准、备案。地方、企业名称代号是标志产品具有地方、或企业特点的代号。

2）中部：由缸数符号、产品类型符号、气缸布置形式符号、冲程符号、排量和缸径符号组成。气缸数、排量和缸径用数字表示，产品类型符号按表 2-1 规定。

表 2-1　产品类型符号

符　号	含　义	符　号	含　义
P	汽油机	DM	二甲醚代用燃料发动机
D	柴油机	BD100	生物柴油 BD100 代用燃料发动机
C	压缩天然气发动机	E100/M100	乙醇/甲醇代用燃料发动机
L	液化石油气发动机	Mu	多种燃料发动机
G	煤气机	HC	氢燃料电池发动机
Hy	混合动力发动机	S	太阳能电池发动机
E85/M85	乙醇和汽油/甲醇和汽油双燃料发动机		

气缸布置形式符号按表 2-2 规定。

冲程符号按表 2-3 规定。

表 2-2 气缸布置形式符号

符 号	含 义
无符号	单缸或多缸直列
V	V 型
P	平卧形

表 2-3 冲程符号

符 号	含 义
E	二冲程
无符号	四冲程

3）后部：结构特征符号和用途特征符号分别按表 2-4 和表 2-5 的规定。必要时，其他结构特征及用途特征符号允许制造方自选，但不得与表 2-4 和表 2-5 中规定的字母重复，并需由行业标准化归口单位核准、备档。结构特征符号可重叠使用，但应按表 2-4 规定中的字母、次序，顺序重叠表示。结构特征和用途特征符号用 1～3 个字母表示。

表 2-4 结构特征符号

序号	符号	结构特征	序号	符号	结构特征
1	无符号	水冷	13	V	可变进/排配气相位的气门机构
2	F	风冷	14	ECS	偏心曲柄连杆机构
3	EFI	电子控制燃油喷射系统	15	DMF	双质量飞轮
4	MPI	多点喷射系统	16	EGR	废气再循环
5	SPI	单点喷射系统	17	TWC	三元催化转化器
6	TPI	节气门体燃油喷射	18	GDI	燃油直喷式汽油机
7	SFI	顺序燃油喷射	19	FSR	采用裂解（涨断）新工艺制造的连杆
8	S	单顶置凸轮轴	20	T	废气涡轮增压
9	D	双顶置凸轮轴	21	C	高压共轨供油系统
10	4V	每缸 4 气门/16 气门 4 缸	22	DI	燃油直喷式喷油系统
11	TCD	正时链传动机构	23	I	中冷
12	VIS	可变进气系统	24	VND	可变喷嘴截面的涡轮增压器

表 2-5 用途特征符号

符号	用 途
M1	M1 类乘用车用发动机（GB/T 15089，下同），如：小排量经济型普通级轿车用发动机
M2	M2 类乘用车用发动机，如：MPV 多用途客车，SUV 运动型多用途客车用发动机，CUV 混合型多用途客车用发动机
M3	M3 类乘用车用发动机
N1	N1 类载货车即轻型商用车用发动机，如皮卡（Pickup）车用发动机
N2	N2 类载货车即中型商用车用发动机
N3	N3 类载货车即大型商用车用发动机
G	G 类越野车用发动机

4）尾部：区分符号。同一系列的汽车发动机产品需要区分时，用字母和数字组合表示

该系列的换代产品。

3. 汽车发动机的型号应简明

中部、后部规定的符号必须表示，但首部和尾部符号根据具体情况允许不标出。同一产品的型号应一致，不得随意更改。

另外，由国外和中外合资生产的汽车发动机产品，若保持原结构性能不变，允许保留原产品型号。

4. 发动机的型号示例

（1）汽车柴油发动机型号

1）4D28/93 TC M2 ——四缸、直列、四冲程、排量 2. 8 L、缸径 93 mm、水冷、废气涡轮增压、高压共轨、轻型（旅行）客车，即 M2 类乘用车柴油机；基本型。

2）4D28/93 TDI N1——四缸、直列、四冲程、排量 2. 8 L、缸径 93 mm、水冷、废气涡轮增压、燃油直喷式、轻型商用货车，即 N1 类货车用柴油机；基本型。

（2）汽车汽油发动机符号

1）4P22/91 MPI N1——四缸、直列、四冲程、排量 2. 2 L，缸径 91 mm、水冷、多点进气道喷射、轻型商用货车，即 N1 类货车用汽油机；基本型。

2）4P23/86 S MPI N1——四缸、直列、四冲程、排量 2. 3 L、单顶置凸轮轴、缸径 86 mm、水冷、多点进气道（顺序）喷射、轻型商用货车，即 N1 类货车用汽油机；基本型。

四、国产发动机介绍

1. 华晨 1. 8TCI 发动机

华晨 1. 8TCI 汽油发动机，是我国首台自主品牌、采用国际领先的涡轮增压中冷技术的全铝紧凑型高性能汽油发动机，动力强劲高效、平滑顺畅，工作稳定可靠、节能环保，于 2006 年正式批量生产。如图 2-1 所示。

图 2-1　华晨 1. 8TCI 汽油发动机

涡轮增压技术起初是运用于航空喷气发动机上的技术，应用在汽车发动机上后成为提高充气效率、增强发动机动力性的有效技术措施之一。废气涡轮增压中冷技术是利用发动机排气中的残余能量驱动涡轮增压器叶轮高速转动，叶轮对吸进的清洁空气进行压缩并送入气缸，同时运用中冷技术降低增压后的空气温度，使进入气缸的气体温度控制在 40℃左右，使得发动机的充气效率大大提高，最终可以使发动机的动力性提高 30% 以上。华晨 1. 8TCI 发动机的气门驱动机构采用了国际上流行的双顶置凸轮轴、单缸 4 气门的布置形式。顶置的凸轮轴可以减小传动损失，而单缸四气门可以有效的提高充气效率和排气效率。排气门采用了中空充钠技术，增强了散热能力，提高了排气门寿命。

此外，华晨1.8TCI发动机的电控多点顺序燃油喷射技术、高能量点火系统、曲轴箱通风系统、链传动正时系统皆达到了当前发动机技术的国际领先水平。华晨1.8TCI发动机采用世界一流生产线、实验手段和检测标准，耐久性、可靠性测试的强度是国家标准的两倍。

华晨1.8TCI发动机功率达到125kW，可以在2000~4500r/min的转速范围内持续输出最高转距235N·m。它还预留了其他先进技术的升级空间，随时可以根据市场需求加装GDI（缸内直喷）或VVT（可变气门正时）系统，使发动机性能得到进一步的提高。同时，台架试验结果显示，华晨1.8TCI发动机的最低燃油消耗率只有245g/kW·h，而国内目前大部分汽油发动机的燃油消耗率平均在270g/kW·h左右。华晨1.8TCI汽油发动机的详细参数见表2-6。

表2-6 华晨1.8TCI汽油发动机详细参数

项目名称	技术参数	项目名称	技术参数
型号	1.8TCI	润滑方式	压力及飞溅复合润滑
型式	直列、四冲程、涡轮增压中冷、水冷、双顶置凸轮轴	冷却液	50%乙二醇50%水
		冷却水出水温度	85~95℃
缸径×行程	81mm×87mm	标定功率/标定转速	125kW/5500r/min
缸数	4	最大转矩/转速	235N·m/2000~4500r/min
排量	1.793L	最低燃油消耗率	245g/kW·h
点火顺序	1-3-4-2	机油燃油消耗百分比	≤0.3%
压缩比	9:1	怠速转速	700~800r/min
缸套形式	嵌套式	污染物排放限值	欧Ⅲ
燃油供给方式	多点燃油顺序喷射、四缸分离点火	动力输出方向	逆时针(面向功率输出端)
燃油牌号	93优质无铅汽油(GB17930)	气门间隙(冷态)	液压调节无间隙

华晨1.8TCI发动机的排放达到欧Ⅲ标准，主要零部件气缸体、气缸盖均由铝合金制作，在满足强度的要求下减轻了重量、降低了噪声。另外，通过材料的选择和结构设计提高零部件的刚度和强度、优化燃烧和供油系统、反复的NVH计算以及各种测试试验等，使得整机噪声小于102dB。

2. 奇瑞ACTECO发动机

（1）1.9D TCI柴油发动机（图2-2）

图2-2 奇瑞1.9D TCI柴油发动机

奇瑞ACTECO 1.9D TCI柴油发动机，是直列四缸结构、每缸为四气门、双顶置凸轮轴、滚子摇臂、液压挺柱。该款发动机融高压共轨直喷技术、EGR系统等先进技术于一体，采用双质量飞轮结构，提高了发动机的功率和转矩，最大限度地减少了废气，减小了发动机的噪声。燃油消耗较点燃式汽油机减少40%～45%，满足欧Ⅳ排放标准，其技术参数见表2-7。

表2-7 奇瑞ACTECO 1.9D TCI柴油发动机技术参数

项目名称	技术参数	项目名称	技术参数
型号	奇瑞ACTECO 1.9D TCI	最大转矩/转速/(N·m/rpm)	271/2000
气缸数	4	燃油	柴油
气门数	16	排放	欧IV
排量/mL	1900	外形尺寸(长×宽×高)/mm×mm×mm	634×698×687
最大功率/转速/(kW/rpm)	93/4000	净质量/kg	145～150

（2）2.0 TCI GDI发动机（图2-3）

奇瑞ACTECO 2.0 TCI GDI发动机为直列四缸、涡轮增压中冷、汽油缸内直喷、双顶置凸轮轴、可变进气正时、滚子摇臂、液压挺柱、每缸4气门。该发动机能够达到欧Ⅳ排放标准。在该款发动机上装备了电子节流阀体，使其控制灵活，适用于装备自动变速器的整车控制系统。该发动机技术参数见表2-8。

图2-3 奇瑞2.0 TCI GDI发动机

表2-8 奇瑞ACTECO 2.0 TCI GDI发动机技术参数

项目名称	技术参数
型号	奇瑞ACTECO 2.0 TCI DGI
气缸数	4
气门数	16
排量/mL	1971
最大功率/转速/(kW/rpm)	144/5500
最大转矩/转速/(N·m/rpm)	290/1800
燃油	95 RON
排放	欧Ⅳ
外形尺寸(长×宽×高)/mm×mm×mm	638×634×670
净质量/kg	154.7

（3）4.0 V8汽油发动机（图2-4）

奇瑞ACTECO 4.0 V8发动机为V型八气缸发动机、全铝机身、每缸四气门、双顶置凸轮轴、滚子摇臂、采用CBR、VVT等发动机燃油、正时控制系统。此款发动机能够达到欧Ⅳ排放标准。同时该款发动机上装备DOD（可变排量）技术，可以在高动力性和高经济性之间任意切换，其技术参数见表2-9。

图 2-4　奇瑞 4.0 V8 汽油发动机

表 2-9　奇瑞 ACTECO 4.0 V8 发动机技术参数

项目名称	技术参数
型号	奇瑞 ACTECO 4.0 V8
气缸数	8
气门数	32
排量/mL	3943
最大功率/转速/(kW/rpm)	195/5500
最大转矩/转速/(N·m/rpm)	370/3700
燃油	95 RON
排放	欧Ⅳ
外形尺寸(长×宽×高)/mm	785×837.3×670.98

（4）0.8 TCI 汽油发动机（图 2-5）

奇瑞 ACTECO 0.8 TCI 汽油发动机，直列三缸、每缸四气门、双顶置凸轮轴、凸轮轴直接驱动气门挺柱。该款发动机运用 TCI 结构，提高了发动机的功率和转矩，最大限度地减少废气，满足欧Ⅱ排放标准，其技术参数见表 2-10。

图 2-5　奇瑞 0.8 TCI 汽油发动机

表 2-10　奇瑞 ACTECO 0.8 TCI 汽油发动机技术参数

项目名称	技术参数
型号	奇瑞 ACTECO 0.8 TCI
气缸数	3
气门数	12
排量/mL	812
最大功率/转速/(kW/rpm)	44/6000
最大转矩/转速/(N·m/rpm)	90/3200
燃油	93 RON
排放	欧Ⅱ
外形尺寸(长×宽×高)/mm	480×480×699
净质量/kg	82

（5）1.3D TCI 柴油发动机（图 2-6）

奇瑞 ACTECO 1.3D TCI 发动机为直列四缸柴油机、双顶置凸轮轴、滚子摇臂、液压挺柱、每缸四气门，能够达到欧Ⅳ排放标准。该款发动机装备了新一代高压共轨喷油系统，有预喷、主喷和后喷功能，能精确控制喷油量，其技术参数见表 2-11。

图 2-6　奇瑞 ACTECO 1. 3D TCI 柴油发动机

表 2-11　奇瑞 ACTECO 1. 3D TCI 柴油发动机技术参数

项目名称	技术参数
型号	奇瑞 ACTECO 1. 3D TCI
排量/mL	1298
最大功率/(kW/rpm)	60/4000
最大转矩/(N · m/rpm)	171/2000
排放标准	欧Ⅳ
外形尺寸(长 × 宽 × 高)/mm	570 × 771 × 630
整机全装备质量/kg	110 ~ 115

3. 吉利 CVVT 发动机（图 2-7）

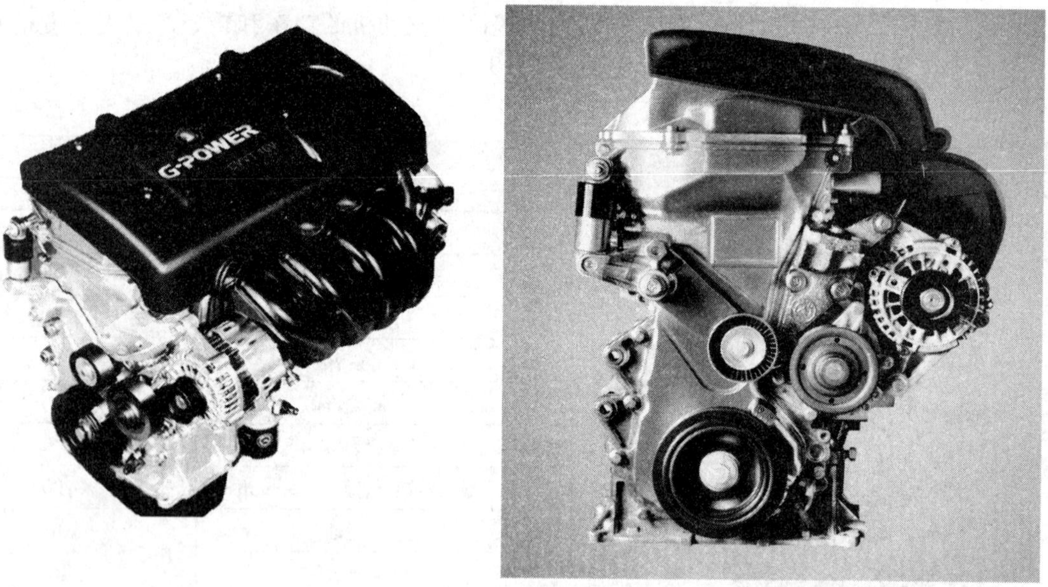

图 2-7　吉利 JL4G18 型 CVVT 汽油发动机

吉利 JL4G18 型汽油发动机采用了智能可变凸轮轴相位正时系统（CVVT）和德国 BOSCH 电子控制技术，是国内具有领先水平的高性能轿车用汽油发动机。该发动机采用顶置凸轮轴、16 气门电子燃油喷射装置。其缸体、曲轴箱、缸盖均采用铝合金制造，配备塑料进气歧管以提高进气效率。发动机配气机构采用 CVVT 技术，不仅提高了燃油经济性和动力性，同时使发动机在不同的工况下和不同的使用环境下均能保持最佳燃烧状态。具有升功率大、重量轻、体积小、油耗低、转速稳、振动及噪声小等特点，整车排放达欧Ⅲ标准，工作平稳可靠，使用范围广泛。该发动机主要技术参数见表 2-12。

表 2-12　吉利 JL4G18 发动机主要技术参数

序号	项目名称		技术参数
1	型号		CVVT-JL4G18
2	形式		直列四缸、四冲程、水冷、双顶置凸轮轴(DOHC)、16 气门、智能连续可变进气相位 CVVT
3	燃烧室形式		单斜顶面屋脊型燃烧室
4	电控系统形式		无分电器、分组点火、多点顺序喷射
5	缸径/mm×冲程/mm		79×91.4
6	总排量/L		1.792
7	压缩比		10:1
8	最大功率/(kW/(r/min))		102/6000~6200
9	最大转矩(N·m/(r/min))		172/4100~4300
10	全负荷最低燃油消耗率/(g/kW·h)		≤260
11	最低空载稳定转速(怠速)(r/min)		800±50(空调 A/C ON 时 1000±50)
12	怠速污染物排放		欧Ⅲ
13	有效点火次序		1-3-4-2(1、4 缸和 2、3 缸分组点火)
14	火花塞电极间隙/mm		0.8
15	气门间隙(冷态)/mm	进气门	0.23±0.03
		排气门	0.32±0.03
16	燃油牌号		93 号及以上车用无铅汽油
17	润滑方式		压力与飞溅
18	润滑油牌号		SAE10W-30，API 质量等级 SG 以上(冬季寒冷地区 SAE5W-30)
19	润滑油容量/L		4(干式充满)
20	润滑油消耗率/(g/kW·h)		≤2.2
21	润滑油	怠速	≥60
	润滑油压力/kPa)	≥3000r/min	294~539
22	冷却方式		强制循环水冷
23	冷却液容量/L		(带储液罐)6.0
24	起动方式		电起动
25	汽油机干质量/kg		111.7
26	外形尺寸(长/mm×宽/mm×高/mm)		631×610×620

这款发动机和目前国内应用的发动机奇瑞 ACTECO，华晨的 1.8TGDI、吉利 4G18 发动机和凯越、伊兰特以及新宝来所载的发动机的性能参照对比见表 2-13。

表 2-13　发动机性能参数对照表

应用车型	远景	骏捷	A520	伊兰特	凯越	新宝来
发动机	JL4G18	4G93	ACTECO	C-VVT	TWIN-TEC	SMFI
排量/mL	1792	1834	1971	1598	1598	1781
最大功率/(kW/(r/min))	103/6000	100/6500	95/5500	82/6000	78/6000	92/6000
最大转矩/(N·m/(r/min))	172/4100	165/5000	180/4000	145/4500	142/4000	170/3800
升功率	57.2	54.5	48.1	51.3	48.8	51.7

下面分别从排量、最大功率、最大转距、升功率四大最主要的性能指标来考证其性能的差异性。

（1）排量

发动机的总排量可以作为区分轿车级别的标志。一般来说，发动机排量越大，其功率越大，汽车动力性能越好。但是排量大通常油耗也相应地高。如何在动力性能和油耗中选择合适的排量是一个非常重要的问题。在注重燃油经济性的今天，1.6～1.8L 排量为目前中级轿车的黄金排量。

（2）最大功率和最大转距

最大功率和最大转距是发动机动力性能的两个重要指标。如吉利 JL4G18 发动机的最大功率在 6000r/min 时达 103kW、最大转距在 4100r/min 时达到 172N·m，动力强劲。

（3）升功率

升功率也是发动机性能的一个关键指标。升功率能够反映发动机每升气缸工作容积所能发出的最大功率。升功率越大，表示单位气缸工作容积所发出的功率越大。

第二节　汽车底盘

汽车底盘的作用是支承、安装汽车发动机及其各部件和总成，使汽车成为一个整体。汽车底盘接受发动机的动力，使汽车产生运动并且按驾驶员的操控正常行驶。汽车底盘由传动系、行驶系、转向系和制动系四部分组成，其示意图，如图 2-8 所示。

一、汽车传动系

1. 汽车传动系的功能

汽车传动系是发动机和汽车驱动轮之间的动力传递装置。其功能主要包括以下几方面：

1）降低转速增加转矩：汽车发动机的转矩特性是转速高转矩小，不能适应汽车使用的需要。在发动机与汽车驱动轮之间增加汽车传动系，目的之一就是减小转速、增加转矩，使转矩符合汽车运行的要求。

2）变速变转矩：汽车在运行时，不同的工况要求不同的速度和驱动力。为了使发动机的动力性高、经济性好，须尽量使发动机在不同工况下均接近额定状态。当要求驱动力较小时，可使速度高一些，而需要驱动力较大时，可使速度低一些。汽车传动系的变速器可使汽车速度有较大的变化范围。

3）实现汽车倒向行驶：在不改变发动机转向的情况下，实现汽车倒向行驶。

4）必要时切断动力传递：活塞式发动机的最低稳定转速为数百转每分钟，转速过低会熄火。所以发动机不能带负荷起动，需要切断动力传递。汽车在挂挡时也需要脱开传动。

5）实现轮间差速和轴间差速，保证汽车正常转向。

图 2-8　汽车底盘示意图

2. 汽车传动系的组成和布置形式

汽车传动系的组成和布置形式取决于发动机的形式和性能、汽车的总体结构形式、汽车行驶系和传动系自身的要求等诸多因素。

传动系的组成主要包括：离合器、变速器、传动轴、减速器、差速器、半轴、分动器（全驱车）等，如图 2-9 所示。

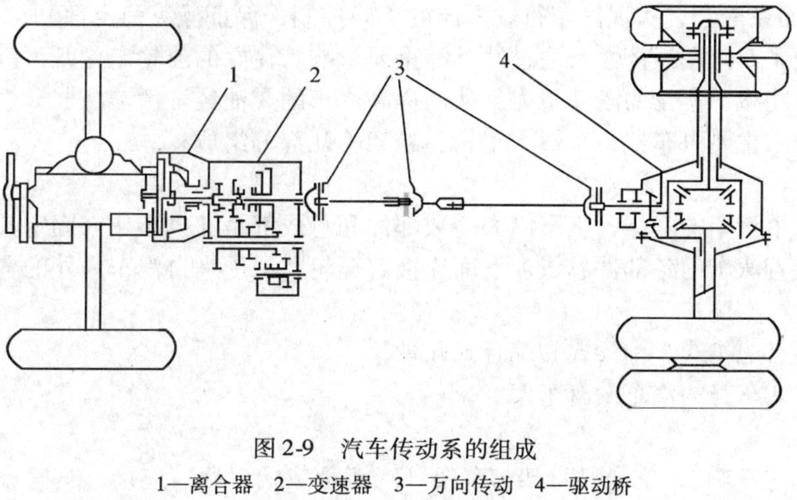

图 2-9　汽车传动系的组成

1—离合器　2—变速器　3—万向传动　4—驱动桥

传动系的布置形式按照发动机安装位置以及驱动轮的不同可分为：

1）前置后驱 FR：发动机前置，后轮驱动。

2）前置前驱 FF：发动机前置，前轮驱动。

3）后置后驱 RR：发动机后置，后轮驱动。

还有四轮驱动（简称4WD），比如越野车，其传动系中增加了分动器总成等；而前置前驱（FF）汽车，其传动系中就没有传动轴。

3. 汽车传动系的种类

汽车传动系的种类主要有：机械式、液力机械式、液压传动式（静液式）、电力式等。

1）机械式传动。机械式传动是一种传统的传动系，发动机纵向前置，发动机动力经过离合器、变速器、万向传动装置到驱动桥。在驱动桥处，动力经过主减速器、差速器和半轴传给驱动轮。

2）液力机械式传动。液力传动是利用液体介质在主动元件和从动元件之间循环流动过程中动能的变化来传递动力。在液力传动装置上串联一个有级式机械变速器，成为液力机械式传动。

3）液压传动（静液式）。液压传动通过液体传动介质静压力能的变化来传递能量。其组成包括液压泵、液压马达、控制装置等。

4）电力式传动。电力式传动由发动机驱动发电机发电，再由电动机驱动"驱动桥"或者由电动机直接驱动带有减速器的驱动轮，从而实现动力传递。

二、汽车行驶系

1. 汽车行驶系的功能和组成

汽车作为一种地面交通工具，靠车轮在地面上滚动行驶。

汽车行驶系的功用包括：

1）接受由发动机经过传动系传递来的转矩，并通过驱动轮与路面间的附着作用，产生路面对汽车的牵引力，以保证汽车正常行驶。

2）传递并承受路面作用于车轮的各种力（垂直、纵向、横向）及其力矩。

3）缓和不平路面对车身的冲击和振动，保证汽车行驶的平顺性。

4）与转向系配合，实现汽车行驶方向的正确控制，保证操纵稳定性。

汽车行驶系对汽车经济性及通过性具有重要影响。良好的前轮定位既可以改善汽车的操纵稳定性，又能减小车轮的滚动阻力，从而提高汽车的燃油经济性。

汽车行驶系主要由车架、车桥、车轮、悬架等几部分组成。

2. 车架

车架是整个汽车的基体，汽车绝大多数部件和总成都是通过车架来固定其位置的。它上面支撑并连接着汽车的各部件总成，下面连接着车轮，承受来自汽车内外的各种复杂的力和力矩。

汽车车架有边梁式、中梁式和综合式几种。

采用承载式车身的汽车没有车架。

3. 车桥

车桥也称"车轴"，它通过悬架与车架（或者承载式车身）连接，支撑着汽车大部分重量，并将车轮的牵引力（或制动力）以及侧向力经过悬架传递给车架（或承载式车身）。

为了便于与不同悬架相结合，车桥分为：

1）整体式车桥。汽车采用非独立式悬架，左右两侧车轮安装在一个整体的（实心或空心）梁（或轴）上，然后再通过悬架与车架（或承载式车身）相连接。

2）断开式车桥。现代汽车越来越多地采用独立式悬架，即每个车轮单独通过悬架与车架相连。此时，有的汽车左右两侧车轮通过一个断开式车桥，即分成互相铰接的两段的车桥相连接；有的汽车左右车轮之间根本没有车桥，而是通过各自的悬架与车架相连接。这些都称为断开式车桥。

根据车桥上车轮的功能，车桥又可以分为转向桥（一般是前桥，能偏转一定角度实现转向功能）、驱动桥、转向驱动桥（比如前驱车的前桥，既能转向又能驱动）和支持桥（比如前驱车的后桥）四种。

4. 车轮与轮胎

汽车车轮由轮毂、轮辐和轮辋三部分组成。

轮毂一般通过滚动轴承支承在车桥或转向节轴颈上。轮辋用来安装轮胎。轮辐用来将轮毂和轮辋连接起来。

轮辐的形式主要有辐板式和辐条式两种，辐条式常用于某些赛车、高级轿车和重型货车，大部分汽车采用辐板式轮辐。

车轮的材质主要有铝合金和钢板两种。

汽车轮胎不但直接影响汽车各种行驶性能，而且在汽车使用及维护成本中都占有很大的比重。汽车轮胎通常为充气轮胎，分为有内胎和无内胎两种。无内胎轮胎俗称“真空胎”，比有内胎轮胎气密性好，并可直接通过轮辋散热，工作温度低，使用寿命长，而且结构简单，质量小。通常无内胎轮胎内壁有一层密封层，它靠本身处于压缩状态，可以紧紧地裹住穿刺物而不漏气。

充气轮胎按胎体中帘线排列方向的不同，又可分为普通斜线胎、带束斜交胎和子午线胎（径向帘线胎）三种。近年来汽车上越来越多地采用子午线胎。与普通斜线胎相比，子午线胎具有弹性大、耐磨性能好、滚动阻力小以及附着性好的优点。

5. 悬架

汽车悬架分为两大类：

1）非独立式悬架：左右两侧车轮安装在一个整体的（实心或空心）梁（轴）上，然后再通过悬架与车架相连接。

2）独立式悬架：每一个车轮各自独立地通过悬架与车架（或承载式车身）相连接。

悬架的组成包括弹性元件、导向装置和减振器等。

非独立式悬架有钢板弹簧非独立悬架、螺旋弹簧非独立悬架、空气弹簧非独立悬架、油气弹簧非独立悬架等几种形式。

独立式悬架有单横臂式独立悬架、双横臂式独立悬架、单纵臂式独立悬架、双纵臂式独立悬架、烛式悬架、麦弗逊式悬架等形式。

与非独立式悬架相比，独立式悬架具有以下优点：

1）因为非簧载质量减少，汽车行驶时受到的地面冲击力减小，有利于汽车高速行驶。

2）因为左右车轮之间没有了共同的车轴，所以可使发动机的安装位置降低和前移，使得汽车的重心下降，提高了汽车行驶的稳定性。

3）悬架刚度可以设计得比较小，使得车身的振动频率小，汽车的行驶平顺性好。

4）当悬架的弹性元件变形不太大时，两侧车轮可以独立地上下运动，基本上互不影响。这可使得汽车在不平道路行驶时，车身的振幅较小，而且有助于消除转向轮不断偏摆的不良现象。

三、汽车转向系

汽车转向系是用来保持或者改变汽车行驶方向的机构，如图2-10所示。在汽车转向行驶时，还要保证各转向轮之间有协调的转角关系。驾驶员通过操纵转向系统，使汽车保持在直线或转弯运动状态，或者使上述两种运动状态互相转换。按转向系能源的不同，汽车转向系区分为机械转向系和动力转向系（助力转向系）两大类。

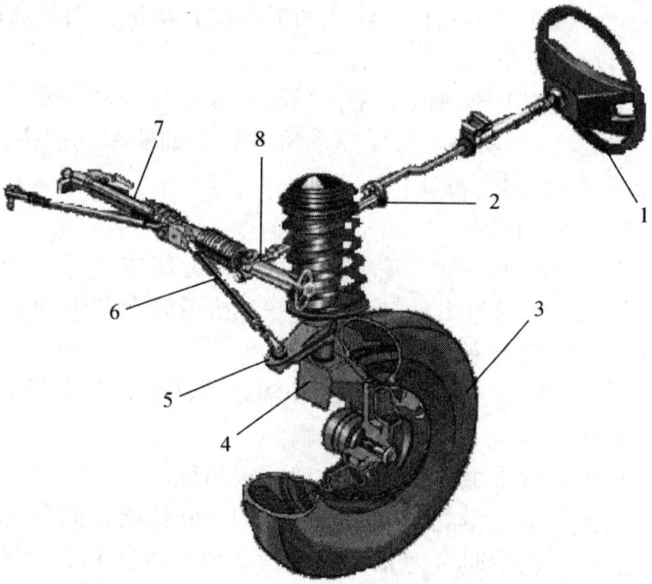

图2-10　汽车转向系的组成

1—转向盘　2—安全转向轴　3—转向轮　4—转向节

5—转向节臂　6—转向横拉杆　7—转向减振器　8—机械转向器

1. 机械转向系

机械转向系靠驾驶员操纵转向盘的转向力来实现车轮转向操纵，其机件都是机械的。

机械转向系的组成包括转向操纵机构、转向器（减速增扭）和转向传动机构三部分。

2. 动力转向系

动力转向系统是在驾驶员的控制下，借助于汽车发动机产生的液体压力或电动机驱动力来实现车轮转向。所以动力转向系统也称为“助力转向系统”或“转向动力放大装置”。

（1）动力转向系统组成

动力转向系由机械转向系加转向加力装置组成。

（2）动力转向系统优点

动力转向系统由于转向操纵灵活、轻便，能吸收路面对前轮产生的冲击等。同时，在设计汽车时，转向器结构形式的选择灵活性增大。因此动力转向系统已在汽车制造中普遍采用。

（3）具有固定放大倍率的动力转向系统的主要缺点

如果所设计的固定放大倍率的动力转向系统是为了减小汽车在停车或低速行驶状态下转动转向盘的力，则当汽车以高速行驶时，这一固定放大倍率的动力转向系统会使转动转向盘的力显得太小，不利于对高速行驶的汽车进行方向控制；反之，如果所设计的固定放大倍率的动力转向系统是为了增加汽车在高速行驶时的转向力，则当汽车停驶或低速行驶时，转动转向盘就会显得非常吃力。所以对于动力转向系的助力部分，要求低速时助力，即减小转向阻力以帮助转向；而在高速时适当加力，即适当增加转向阻力以增加方向感觉。

（4）电子控制技术在汽车动力转向系统中的应用

电子控制技术在汽车动力转向系统中的应用，使汽车的驾驶性能进一步提高。电子控制动力转向系统在低速行驶时可使转向轻便、灵活；当汽车在中高速区域转向时，又能保证提供最优的动力放大倍率和稳定的转向手感，从而提高了高速行驶的操纵稳定性。电控动力转向系统（Electronic Control Power Steering，EPS），根据动力源的不同又可分为液压式电控动力转向系统（液压式 EPS）和电动式电控动力转向系统（电动式 EPS）。

1）液压式 EPS 是在传统的液压动力转向系统的基础上增设了控制液体流量的电磁阀、车速传感器和电控单元等。电控单元根据检测到的车速信号控制电磁阀，使转向动力放大倍率实现连续可调，从而同时满足汽车高、低速时的转向助力要求。

2）电动式 EPS 是利用直流电动机作为动力源，电控单元根据转向参数和车速等信号，控制电动机转矩的大小和方向。电动机的转矩由电磁离合器通过减速机构减速增扭后，加在汽车的转向机构上，使之得到一个与工况相适应的转向作用力。

另外，当动力转向系统失效时，要求机械转向部分能够独立承担汽车转向任务。

四、汽车制动系

1. 汽车制动系的功用和组成（图 2-11）

汽车高速行驶或者说汽车动力性能的发挥，必须以保证安全行驶为前提。汽车制动系的作用就是在汽车行驶过程中使汽车减速、停车，使下坡的汽车速度保持稳定，以及使停驶的汽车保持不动、防止溜滑，保障行车和驻车安全。

汽车制动系一般至少有两套独立的制动装置：行车制动装置和驻车制动装置。行车制动装置（脚制动装置）在行车中使用，它的制动器安装在汽车的所有车轮上。驻车制动装置（手制动装置）主要用于停车后防止汽车溜滑，它的制动器可装在变速器上或分动器之后的传动轴上。经常在山区用的汽车还应该具备在下坡时用来稳定车速的“辅助制动系”。

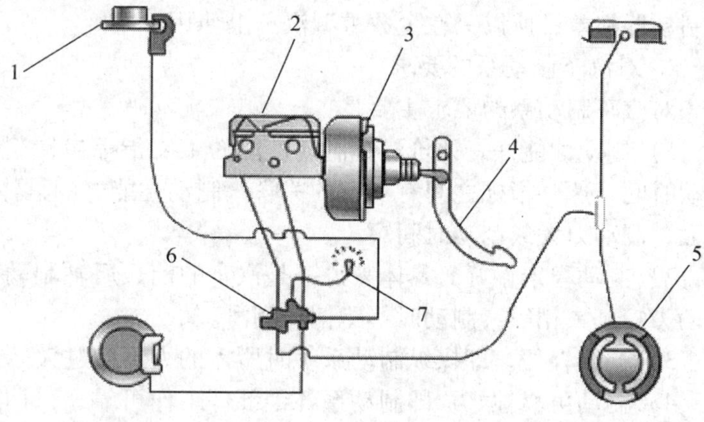

图 2-11　汽车制动系的组成

1—前轮盘式制动器　2—制动总泵　3—真空助力器　4—制动踏板机构　5—后轮鼓式制动器　6—制动组合阀　7—制动警告灯

汽车制动系的基本组成包括制动操纵机构和制动器。比较完善的汽车制动系还具有制动力调节装置、报警装置、压力保护装置和 ABS 防抱死系统等附加装置。

2. 汽车制动系的类型

按制动操纵能源，汽车制动系分为：人力制动系统、动力制动系统和伺服制动系统。

按制动能量传递方式，汽车制动系可分为：机械式、液压式、气压式、电磁式和组合式（两种以上组合）。

按制动传动机构的布置形式，汽车制动系分为：

1）单回路制动系：汽车行车制动系只有一个回路。如果回路中有一处漏油（气），则整个行车制动系统失效。

2）双回路制动系：汽车的行车制动系有两个彼此独立的回路。即使其中一个回路因发生漏油（气）而失效，另外一个回路还能获得一定制动力，从而提高了汽车行车制动的可靠性，保证行车安全。

3. 制动器

制动器是汽车制动系中用以产生制动力的部件。通常汽车是利用固定元件与旋转元件工作表面之间的摩擦力来制动，称为摩擦制动。汽车所用的摩擦制动器主要有鼓式和盘式两大类。

1）鼓式制动器摩擦副的旋转元件是制动鼓。它以制动鼓的内圆柱面为工作表面，散热条件比较差，造成鼓式制动器的制动热稳定性差。

2）盘式制动器摩擦副的旋转元件是制动盘。制动盘以其端面作为摩擦工作面。盘式制动器的固定元件有两种结构：

一种是工作表面积不大的摩擦块与金属背板组成的制动块。这些制动块及其张开装置都安装在跨于制动盘两侧的钳形支架上，称为制动钳。这种制动器称为钳盘式制动器。钳盘式制动器的通风散热性能比鼓式制动器好。

另一种是全盘式制动器。因为全盘式制动器有封闭的外壳，散热性比钳盘式制动器和鼓式制动器都差，所以只在少数重型汽车上使用。

4. 对汽车制动系的要求

对汽车制动系的要求主要是：

1）制动性能好。评价汽车制动性能的主要指标包括制动距离、制动减速度、制动力和制动时间，这些指标之间有一定的关联。制动性能好的具体体现就是制动距离短、制动减速度大、制动力大或制动时间短。

2）制动稳定性好。具体来说一是汽车的前、后轴制动力分配合理，二是汽车左右轮上制动力矩基本相等，制动时不跑偏和侧滑。

3）操纵轻便。即操纵制动系统时所需的力不应过大。

4）制动可靠性好。即制动系各零部件工作可靠，采用双回路制动系统。制动系统有必要的安全和报警装置。

5）制动热稳定性好。制动器摩擦片的抗热衰退性能力要高。

6）制动水稳定性好。摩擦片浸水后恢复摩擦系数的能力要好。

第三节　汽车电器与电子设备

汽车经过百余年的发展，已经由机械产品逐渐演变成电子产品，而且正在向智能产品转化。汽车行业吸收新技术的速度位于各行业的前列。在不断推出的新车型中，电子信息技术的发展占据着首要地位。即使是在普通家用轿车中，电子信息技术的应用也非常多。如今驾车，可以时刻享受到最新电子技术带来的一系列服务，包括安全性、操纵性、舒适性、便捷性、环保性等各个方面。电子技术的应用几乎已经深入到汽车所有的系统。

汽车电器与电子设备可以分为两大部分：汽车电器装置和电子控制系统。

一、汽车电器装置

汽车电器装置包括供电系统、用电设备、检测装置和配电装置四个部分。

1. 供电系统

汽车供电系统通常由蓄电池、发电机及电压调节器组成。供电系统中发电机是主要电源，蓄电池起辅助电源的作用。发电机与蓄电池并联工作。汽车发电机是三相交流发电机，所发出的交流电经过整流转化为直流电。电压调节器的作用是使发电机输出电压在发电机的转速和负荷变化时保持稳定。

目前，汽油机通常采用12V，柴油机采用24V直流供电系统。

2. 用电设备

汽车上的用电设备很多，大致可分为以下几种：

1）起动系统。汽车起动系统主要包括起动机和起动继电器等。起动机的作用是将蓄电池的电能转化成机械能，驱动发动机使其起动。起动机通常由直流电动机、传动机构和电磁操纵机构三部分组成。起动机是汽车的主要用电设备之一，其用电特点是大电流。

2）点火系统。汽油机的点火系统主要有三种类型，传统机械式（有触点）点火系统、普通电子（无触点）点火系统和电控点火系统。目前新汽车都已采用电控点火系统。点火系统的作用是适时产生足够能量的点火高压并引入相应气缸，使该缸的火花塞击穿产生电火花，点燃缸内的混合气，使发动机燃烧做功。

3）照明与显示系统。照明系统包括汽车内外的各种照明灯以及保障汽车夜间行车安全的前照灯。显示系统包括仪表板上的各种仪表，为驾驶员提供汽车行车过程中的各种信息，如车速、发动机转速、燃油量、冷却液温度、润滑油压力、行驶里程等。

4）信号系统。包括电喇叭、闪光灯、蜂鸣器以及各种信号灯，作用是汽车行驶时向外发出相关信号，以保障汽车运行安全。

5）附属电器设备。包括电动刮水器、风窗洗涤器、玻璃升降器、座椅调节电动机、影音设备、点烟器、倒车雷达以及空调电磁离合器和风机、低温起动电热塞、电磁喷油器等。随着汽车技术的发展，随着人们对汽车安全性和舒适性要求的提高，汽车附属电器设备的种类和数量还在不断增加。

3. 检测装置

汽车检测装置包括各种电器检测仪表和传感器，如润滑油压力表、电流表、电压表、燃油表、车速里程表、发动机转速表以及各种传感器。

4. 配电装置

汽车的配电装置有中央配电盒、电路开关、保险装置、插接件和导线等。

二、汽车电子控制系统

根据汽车的总体机构，汽车电子控制系统分为：发动机电子控制系统、底盘电子控制系统和车身电子控制系统三套电子控制系统。

1. 发动机电子控制系统

汽车发动机电子控制系统的功能包括燃油喷射控制、点火时刻控制、爆燃控制、怠速运转控制、废气再循环控制、排放控制以及自诊断系统、后备系统等。

1）发动机电控燃油喷射控制。俗称“电喷”，它是电控系统接受各传感器检测到的冷却液温度、进气温度、进气压力、进气量、节气门位置、发动机转速、汽车行驶速度以及空调开关等信号，由电控单元ECU按预定的程序计算出最佳的喷油量和喷油时刻，使发动机的燃油经济性、工作稳定性和适应性以及废气的排放性能达到最佳。

2）汽油机点火时刻控制。即点火提前角控制。电控系统根据发动机转速传感器输入的转速信号和发动机负荷信号（空气流量计或进气压力传感器信号），从其存储的点火提前角三维脉谱图可查得基本点火提前角，然后根据冷却液温度传感器、进气温度传感器、节气门位置传感器的信号对基本点火提前角进行修正，再加上由曲轴位置传感器安装位置决定的初始点火提前角，即可得到实际的点火提前角。点火时刻控制分开环和闭环两种控制方式。闭环控制是在开环控制的基础上，增加爆燃控制，充分利用点火提前角接近爆燃极限时发动机动力性能和经济性能最佳的特性。

3）怠速运转控制。系统根据发动机冷却液温度传感器和其他信号（如空调开关信号、动力转向开关信号等），控制发动机的怠速运转，使其处于最佳状态。

4）废气再循环控制。系统将一部分燃烧做功后的废气引入进气管中重新吸进气缸，以控制气缸内的最高温度，减少有害气体 NO_x 的生成量，保护环境。

5）故障自诊断系统和后备系统。故障自诊断系统的功能是电控单元随时监测电控系统各部件的工作状况，一旦出现故障，点亮仪表板上的发动机故障指示灯，以提醒驾驶员注意，同时将故障内容以故障码的形式储存在存储器中。检修人员可以通过读取故障码，方便快捷地查明故障。后备系统是当电控单元的控制程序出现故障时，电控单元启用后备系统对发动机进行简易控制，使汽车以“跛行”状态运行。

2. 汽车底盘电子控制系统

汽车底盘电子控制系统的功能包括：防抱死制动控制 ABS、驱动防滑控制 ASR、变速器控制、悬架系统控制、电子动力转向控制、四轮转向控制等。

1）汽车的防抱死制动控制系统 ABS 和驱动防滑控制系统 ASR。它们都属于汽车上的主动安全系统。防抱死制动控制系统 ABS 的作用是在汽车制动时防止车轮被抱死，从而使汽车既有最短的制动距离又保持方向的稳定性和操纵性。驱动防滑控制系统 ASR 的作用则是在汽车起步和加速时防止驱动轮打滑，从而使汽车的方向稳定性和操纵性保持最佳。

2）电子制动力分配系统 EBD（Electric Brakeforce Distribution）。汽车制动时，如果四只轮胎地面附着的条件不同，就容易产生打滑、倾斜和侧翻等现象。EBD 的功能就是在汽车制动的瞬间，高速计算出四个轮胎由于附着力不同而导致的摩擦力数值差异，然后调整制动装置，达到制动力与摩擦力（牵引力）的匹配，以保证车辆的平稳安全。当紧急制动时，EBD 在 ABS 动作之前就已经平衡了每一个轮的有效地面附着力，可以防止出现甩尾和侧移，并缩短汽车制动距离。EBD 实际上是 ABS 的辅助功能，它可以改善提高 ABS 的功效。所以在安全指标上，汽车的性能又多了“ABS + EBD”。

3）变速器控制。电控单元 ECU 根据车速传感器和节气门开度传感器的信号，按照程序设定的换挡模式向液压控制系统的电磁阀发出控制指令，控制变速阀的动作，实现最佳变速控制，改善汽车的燃油经济性和操纵性，提高变速器的传动效率。

4）悬架系统控制。系统根据不同的道路状况和车速，自动控制车身的高度和调节悬架的刚度和阻尼，使得汽车的行驶平顺性和稳定性最佳。

5）四轮转向控制。是指后轮和前轮一样具有一定的转向功能，驾驶员能对前后四个车轮进行转向操纵，增强汽车在高速行驶或在侧向风力作用下的操纵稳定性，改善低速时的操纵灵活性，减小调头时的转弯半径。

3. 汽车车身电子控制系统

汽车车身电子控制系统的功能很多，主要包括：车用空调控制、车辆信息显示系统、刮水器控制、灯光控制、门锁控制、顶棚传动控制、电动车窗与电动后视镜控制、电动座椅控制、安全气囊与安全带控制、防盗与防撞安全系统、巡航控制系统、音响系统控制、车内噪声与通风控制、汽车内部与外部信息传输的各种系统和设备等。

1）车用全自动空调的电子控制。车用全自动空调的电子控制器根据各种温度传感器（车内温度、车外温度、太阳辐射温度、蒸发器温度、发动机冷却液温度等）输入的信号，计算出经过空调热交换后送入车内应该达到的出风温度，对混合空气调节器开度、风扇驱动电动机转速、冷却器（或加热器）、压缩机等进行控制。自动地将车内温度保持在设定的温度值范围内，使车内的温度、湿度始终处于最佳值，为驾乘人员提供一个舒适的乘座环境。

2）车辆信息显示系统。又称为驾驶员信息系统，该系统仍然处于发展和完善阶段。它由车况检测部件、车载电脑和电子仪表三部分组成。车况检测是传统仪表板报警功能的发展，主要通过液压、压力、温度、灯光等传感器，检测发动机、制动系统、电源系统以及车灯的故障。车载电脑提供的信息能够提高行车的安全性、燃油经济性及乘座舒适性，能够使驾驶员获得平均油耗、瞬时油耗、平均车速、可行驶里程、驾驶时间、时钟、温度等有关正确驾驶的信息。这些信息在需要时可通过键盘或按钮调出。

3）汽车电子灯光控制系统。根据光线传感器检测到的车外的光线亮度信号，自动地将后灯和前照灯接通或切断，以提高汽车使用的方便性和行驶的安全性。

4）安全气囊控制系统 SRS。SRS 是一种被动安全保护装置。其功能是当传感器检测到撞车事故发生时，向电控单元发送碰撞信号。当碰撞信号强度达到一定值，系统判断为严重撞车时，即引爆安全气囊的引爆器，使得安全气囊的氮气发生器迅速产生大量高压氮气，使气囊瞬间膨胀。膨胀的气囊将驾驶员与车身隔开，起缓冲保护作用。碰撞结束后，气囊内的气体外泄，迅速恢复车内人员的视野。

5）多路信息传输系统。由显示器电子控制器、具有操作开关的控制器（监视器）和其他各种电子控制器（光盘、电视、音响、全球定位系统、移动电话等控制器）组成。每个电子控制器通过通信网络与其他电子控制器相互连接。显示器电子控制器作为主控制器，通过各路通信网络进行通信管理及整个系统的控制，由显示器显示诸如行车用的交通地图信息资料、汽车油耗等情况以及车辆行驶过程的信息等。

6）汽车导航系统。汽车导航系统由 GPS 接收器、电子地图等组成。导航定位系统通过 GPS 接收器接收卫星信号，解算出自身经纬度坐标，然后与电脑里的电子地图匹配，在屏幕上动态显示车辆运行轨迹，驾驶员便可对当前所处位置一目了然。GPS 系统和地理信息系统（GIS）可提供大量有用信息，满足车辆定位与导航、交通管理与监控的需要，并为驾驶员提供旅馆、加油站、修车厂等信息服务。

7）巡航控制系统 CCS（Cruise Control System）。系统的作用是自动调节节气门开度，以适应汽车行驶阻力的变化，使车速保持恒定。这是减轻驾驶员的劳动强度，提高行驶舒适性的汽车自动行驶装置。驾驶员可通过控制开关及按钮，而无需踩加速踏板，控制汽车保持恒速、减速、恢复原速或加速行驶。

8）防盗安全系统。汽车防盗系统有机械式防盗系统和电控防盗系统。机械式防盗系统没有中央门锁，仅在起动车辆所必须的零件上加锁，比如轮胎锁、转向盘锁、变速杆锁等。

使用机械式防盗锁的防盗系统安全性较差，使用不方便。电控防盗系统一般都与电控中央门锁和报警装置联合使用，有的有红外监视系统、超声波传感器、倾斜传感器以及电子止动系统。当盗贼非法打开车门、行李箱门或发动机盖强行进入车内，企图起动车辆时，声光报警器触发、发动机无法起动、车辆停驶，盗贼无法将汽车开走。

9）汽车防撞控制系统。通过防碰撞传感器（摄像元件、扫描激光雷达、超声波传感器、电磁波传感器等）的信息采集，电控单元检测和确定可能与汽车碰撞方向的物体的位置及状态，发出危险警示和采取应急避让措施，防止汽车发生碰撞。

根据控制功能，汽车电子控制系统可分为动力性、安全性、舒适性和娱乐信息控制四种类型。每一个控制系统可以由各自的电控单元 ECU 单独控制，也可由几个系统组合起来用一个 ECU 进行控制。在不同的车型上，其组合形式和控制功能不尽相同。

三、汽车电子信息技术发展的趋势

目前汽车电子技术发展的方向正在向集中综合控制发展：将发动机管理系统和自动变速器控制系统，集成为动力传动系统的综合控制（PCM）；将制动防抱死控制系统（ABS）、牵引力控制系统（TCS）和驱动防滑控制系统（ASR）综合在一起进行综合控制；中央底盘控制电脑，将制动、悬架、转向、动力传动等控制系统通过总线进行连接，经过控制运算，对各子系统进行协调，将车辆行驶性能控制到最佳水平，形成一体化底盘控制系统（UCC）。

由于汽车上的电子电器装置数量的急剧增多，为了减少连接导线的数量和重量，网络、总线技术发展很快。由数据总线将各种汽车电子装置连接成为一个网络，发送和接收信息。电子装置除了独立完成各自的控制功能外，还可以为其他控制装置提供数据服务。由于使用了网络化的设计，简化了布线，减少了电气节点的数量和导线的用量，使装配工作更加简化。与此同时，增加了信息传送的可靠性。通过数据总线可以访问任何一个电子控制装置，读取故障码对其进行故障诊断，使整车维修工作变得简单。

车用雷达自动巡航防撞控制系统，提高了驾驶人员的舒适性和安全性；智能化开、停车系统，省去了传统的用钥匙完成的机械动作；改由光机电一体化指纹智能传感装置对司机进行甄别后瞬时完成开、停、锁车等工作，完全改变了汽车的特征。

汽车电子技术的应用还将使汽车发生以下主要变化：

1. 汽车的机械结构还将发生重大的变化，汽车的各种操纵系统向电子化和电动化发展，实现“线操控”。原来的机械传动机构将用导线代替，例如“导线制动”、“导线转向”、“电子节气门”等。汽车电子已体现出网络化的发展方向，车载网络成为当前汽车电子领域的最大热点。提高控制单元间通信可靠性和降低导线成本的网络总线技术成为动力所在，包括 CAN、LIN、FlexRey、MOST、IDB1394 等已成为现代汽车网络总线的关键技术。

2. 汽车由 12V/24V 供电系统向 42V 转化。随着汽车电器装置越来越多，消耗的电能正在大幅度地增加。现有的 12V/24V 动力电源，已满足不了汽车上所有电气系统的需要。今后将采用集成“起动机-发电机”42V 供电系统，发电机最大输出功率将会由目前的 1kW 提高到 8kW 左右，发电效率将会达到 80% 以上。42V 汽车电气系统新标准的实施，将会使汽车电器零部件的设计和结构发生重大的变革，机械式的继电器、熔丝式保护电路将被淘汰。

第四节　汽车车身及内饰

一、车身的类型

1. 按承载形式划分，汽车车身可分为：

（1）非承载式车身

非承载式车身的汽车有一刚性车架，又称底盘大梁架。非承载式车身通过多个橡胶垫安装在车架上，载荷主要由车架承担。非承载式车身一般用在货车、客车和越野车上，也有部分高级轿车使用。它的优点是有独立的大梁、底盘强度较高、抗颠簸性能好，即使四个车轮受力不均匀，也是由车架承担，而不会传递到车身上去。缺点是行驶时不是很平稳，振动大。另外遇到危险时，厚重的底盘对相对薄弱的车身可能产生严重威胁。

（2）半承载式车身

汽车车身下部保留有车架，但是它的强度和刚度稍低于非承载式车身的车架，车身也分担部分负荷（以此减轻车架自重）。半承载式车身主要用在大客车上。

（3）承载式车身

承载式车身的汽车没有刚性车架，加强了车头、侧围、车尾、底板等部位，车身和底架共同组成车身本体的刚性空间结构。承载式车身除了其固有的乘载功能外，还要直接承受各种负荷。承载式车身具有较大的抗弯曲和抗扭转的刚度，质量小，高度低，汽车质心低，装配简单，高速行驶稳定性较好。但由于道路负载会通过悬架装置直接传给车身本体，因此噪声和振动较大。目前大部分轿车采用承载式车身结构。承载式车身又分为：

1）基础承载式：车身侧围腰部以下部分设计成车身的主要承载件。

2）整体承载式：整个车身都参与承载，车身上下部结构形成一个整体。

2. 按用途划分

汽车车身按用途可分为轿车车身、客车车身和货车车身。

二、汽车车身的主要构成部件

1. 发动机盖

对于小轿车，发动机盖（又称发动机罩）是最醒目的车身构件，是买车者经常察看的部件之一。对发动机盖的主要要求是隔热、隔音、质量轻、刚性强。

发动机盖在结构上一般由外板和内板组成，中间夹以隔热材料。内板起到增强刚性的作用，其几何形状由厂家根据汽车总体外形设计，基本上采用骨架形式。发动机盖开启时通常是向后翻转，也有少部分是向前翻转的。

向后翻转的发动机盖打开至预定角度后不应与前风窗玻璃接触，且应有一个约为10mm的最小间距。为了防止发动机盖在行驶过程中因振动而自行开启，发动机盖前端要有保险锁止装置，锁止装置开关设置在车厢内，当车门锁住时发动机盖也应同时锁住。

2. 车顶盖

车顶盖是车厢顶部的盖板。对于轿车车身的总体刚度而言，可以在车顶盖上开设天窗。但是为了安全，车顶盖应有一定的强度和刚度。一般在顶盖下增加一定数量的加强梁，顶盖内层敷设绝热衬垫材料，以阻止外界温度的传导及减少振动时噪声的传递。从设计角度来说，重要的是它如何与前、后窗框及与支柱交界点平顺过渡，使汽车呈流线形以获得最小的空气阻力和最好的视觉感受。

3. 行李箱盖

行李箱盖要求有良好的刚性，结构上基本与发动机盖相同，也由外板和内板组成。内板上有加强肋。一些被称为“二厢半”的轿车，其行李箱向上延伸，将后风窗玻璃包含在内，使开启面积增加，形成一个门，因此又称为背门，这样既保持一种三厢车形状又能够方便存放物品。如果采用背门形式，背门内板侧要嵌装橡胶密封条，围绕一圈以防水防尘。行李箱盖开启的支撑件一般用勾形铰链和四连杆铰链。铰链装有平衡弹簧，一方面使开闭箱盖省力，同时可以使行李箱盖自动固定在打开的位置，便于提取物品。

4. 翼子板

翼子板是遮盖车轮的车身外板，因为该部件的形状和位置如同鸟翼而得名。按照安装位置，翼子板又分为前翼子板和后翼子板。前翼子板安装在前轮处，因此必须要保证前轮转动及跳动时的最大极限空间。设计者须根据选定的轮胎型号用“车轮跳动图”来验证翼子板的设计尺寸。后翼子板无车轮转动碰擦的问题，但出于空气动力学的考虑，后翼子板略显拱形弧线向外凸出。现在有些轿车将翼子板与车身制造成为一个整体。也有轿车的翼子板是独立的，尤其是前翼子板。因为前翼子板的碰撞概率比较大，采用独立装配的翼子板便于碰撞事故后的整件更换。有些车的前翼子板用有一定弹性的塑性材料（比如塑料）做成，其材料本身具有一定缓冲性，相对比较安全。

5. 前围板

前围板是指发动机舱与驾驶室之间的隔板，它和地板、前立柱联接，安装在前围上盖板之下。前围板上有许多孔口，驾驶室通向发动机舱的操纵拉线、拉杆、管路和电线束以及踏板、转向机柱等机件都要通过这些孔口。为防止发动机舱里的废气、高温和噪声窜入车厢，前围板上要采取密封措施和隔热隔音措施。

在发生意外事故时，它应具有足够的强度和刚度。对比车身其他部件而言，前围板装配最重要的工艺技术是密封和隔热，它的优劣往往反映了车辆运行的质量。

三、汽车的 NVH 技术

随着汽车工业的发展，人们对汽车的乘坐舒适性提出了更高要求。为此，开发了一套噪声控制新技术——NVH 技术，即噪声（Noise）、振动（Vibration）和声振粗糙度（Harshness）控制技术。由于以上三者在振动中是同时出现且密不可分的，因此常把它们放在一起进行研究。

噪声控制不仅关系到乘坐舒适性，而且还关系到环境保护。一切噪声源于振动，振动能够引起某些部件的早期疲劳损坏，从而降低汽车的使用寿命；过高的噪声既能损害驾驶员的听力，还会使驾驶员迅速疲劳，从而对汽车行驶安全构成威胁。所以噪声控制也关系到汽车的耐久性和安全性。因此振动、噪声和舒适性这三者是密切相关的，既要减小振动，降低噪声，又要提高乘坐舒适性，保证产品的经济性，使汽车噪声控制在标准范围之内。汽车车身设计和制造水平对其 NVH 特性有很大影响。吉利汽车公司生产的金刚轿车就采用了 NVH 技术，多达几十处的降噪、防噪技术处理，使得怠速时的噪声控制在 41 ~ 43dB 之间，达到了高级别轿车的水平。

四、汽车内饰

汽车内饰包括仪表台、转向盘、座椅、操纵按键、空调出口、拨挡头、车门内饰、门把手等汽车内部的物件。汽车的内饰应该与外形相匹配。如果一款汽车的外形很漂亮，但是内饰设计与外形不协调，则会影响到整车的美感协调，使外形的美感大打折扣。汽车内饰与驾乘者为近距离接触，所以要更多地考虑细节，做工需要更加细腻，并着重强调视觉、触觉、舒适性和功能性的结合。

在国际汽车行业，内饰设计与制作是汽车设计重点之一。国际的流行趋势越来越趋向于数字化和高科技，造型方面趋于简洁、工整，更加注重多种材质的应用与搭配。在我国，许多消费者喜欢奢华的布置，内饰的内在质量反而被忽视。许多车型进入中国后都做了调整，去掉高科技部分，增加如桃木装饰、真皮座椅等装饰性部件，这样的内饰成本实际上是降低了。随着汽车普及程度的不断提高，这种现象将会得到改变。消费者最终还是会选择设计合理、驾乘舒适的好产品。

世界各大汽车公司一直都在想尽各种办法提高产品质量，增强竞争力。日本车系普遍内饰精致，设计表现突出。这种设计特点已转化为日本汽车在国际汽车市场竞争的有力武器。美国的三大汽车集团主要在高档内饰方面下功夫，研究并迎合消费者的喜好，为汽车营造美国车特有的精、气、神。

汽车内饰与车体之间的缝隙，如储物箱的门与仪表板之间的缝隙、或者是杯托的盖子与中央储物盒之间的缝隙，这些微小的细节已经成为汽车内饰质量一个非常重要的指标。缝隙越狭窄，证明汽车内饰质量越卓越。让汽车内饰各部分之间密切贴合达到零距离，是汽车内饰缝隙处理技术的不懈追求。丰田和它的豪华车品牌凌志（Lexus）一直是汽车内饰领域的领跑者。凌志在过去 6 年中内饰四次排名第一。在其 2004 款 So-lara 上，丰田宣称将汽车内饰间的缝隙从旧款的 1.5mm 下降到 0.5mm。

国产汽车在内饰方面与国外先进厂家的产品相比，还存在不小的差距。这也成为制约国产汽车品质提升的一个关键因素。相信随着我国汽车工业的飞速发展，这一差距会快速缩小。

第五节　汽车各组成成本

汽车的四大组成部分在汽车的成本组成中所占的比重不尽相同，而且随着汽车类别、车型、档次的不同而不同。

表 2-14 大致列出了几种常见车型的四大组成部分占汽车直接成本的比重。

表 2-14　几种常见车型的四大组成部分占汽车直接成本的比重

车类 组成	货　车	越野车、自卸车、牵引车	专用车	客　车	轿　车	半挂车
发动机附离合器总成	20 ~ 25	15 ~ 25	10 ~ 20	15 ~ 20	10 ~ 30	10 ~ 15
底盘	20 ~ 40	30 ~ 50	20 ~ 35	15 ~ 25	15 ~ 25	30 ~ 50
车身	5 ~ 15	5 ~ 15	10 ~ 35	20 ~ 40	15 ~ 35	10 ~ 20
电器设备	5 ~ 15	5 ~ 15	10 ~ 20	10 ~ 30	15 ~ 50	5 ~ 15

小　结

汽车通常由发动机、底盘、车身和电器设备四大部分组成。

目前汽车上的发动机主要有两种：汽油机和柴油机。汽油机由两大机构五大系统组成：曲柄连杆机构、配气机构、点火系统、冷却系统、燃油供给系统、润滑系统以及起动系统。柴油机由两大机构四大系统组成：曲柄连杆机构、配气机构、冷却系统、燃油供给系统、润滑系统以及起动系统。

发动机的性能指标是评定发动机技术性能的各种物理量的总称，主要包括动力性指标、经济性指标和运转性能指标，此外还有工作可靠性、结构工艺性等指标。汽车发动机按照使用燃料、气缸数量以及气缸排列形式的不同，可以分为许多种类。目前我国仍然沿用于1991年制定和发布的国家标准GB/T 725—1991《内燃机产品名称和型号编号规则》。

汽车底盘的作用是支承、安装汽车发动机及其各部件和总成，使汽车成为一个整体。汽车底盘通过发动机的动力，使汽车产生运动并且按驾驶员的操控而正常行驶。汽车底盘由传动系、行驶系、转向系和制动系四部分组成。

汽车传动系是发动机和汽车驱动轮之间的动力传递装置。其功能主要是降低转速、增加转矩，变速、变转矩，不改变发动机转向的情况下实现汽车倒向行驶，必要时切断动力传递以及轮间差速和轴间差速以保证汽车正常转向。传动系的组成主要包括离合器、变速器、传动轴、减速器、差速器、半轴、分动器（全驱车）等。汽车传动系的种类主要有机械式、液力机械式、液压传动（静液式）、电力式等。

汽车行驶系主要由车架、车桥、车轮、悬架等几部分组成。

汽车转向系是用来保持或者改变汽车行驶方向的机构。在汽车转向行驶时，还要保证各转向轮之间有协调的转角关系。按转向系能源的不同，汽车转向系区分为机械转向系和动力转向系（助力转向系）两大类。

汽车制动系的作用是在汽车行驶过程中使汽车减速、停车，使下坡的汽车速度保持稳定，以及使停驶的汽车保持不动，防止溜滑。汽车制动系一般至少有两套独立的制动装置：行车制动装置和驻车制动装置。行车制动装置（脚制动装置）在行车中使用，它的制动器安装在汽车的所有车轮上。驻车制动装置（手制动装置）主要用于停车后防止汽车溜滑，它的制动器可装在变速器或分动器之后的传动轴上。经常在山区用的汽车还应该具备在下坡时用来稳定车速的“辅助制动系”。汽车制动系的基本组成包括制动操纵机构和制动器。比较完善的汽车制动系还具有制动力调节装置、报警装置、压力保护装置和ABS防抱死系统等附加装置。

汽车电器与电子设备可以分为两大部分：汽车电器装置和电子控制系统。汽车电器装置包括供电系统、用电设备、检测装置和配电装置四个部分。汽车电子控制系统分为发动机控制系统、底盘控制系统和车身控制系统。

汽车车身按承载形式分为非承载式车身、半承载式车身和承载式车身。承载式车身又分为基础承载式和整体承载式。汽车内饰包括仪表台、转向盘、座椅、操纵按键、空调出口、拨挡头、车门内饰、门把手等汽车内部的物件。

复习思考题

2-1 汽油机和柴油机分别由哪几部分组成?

2-2 曲柄连杆机构的作用是什么？配气机构的作用是什么?

2-3 发动机采用可变配气相位控制机构的优点是什么?

2-4 汽油机电喷系统的组成包括哪些部分?

2-5 汽油机电控点火系统由哪些部分组成？电控点火系统的功能包括哪些?

2-6 发动机的性能指标主要有哪些?

2-7 汽车底盘的作用是什么？汽车底盘由哪几部分组成?

2-8 汽车传动系的功能主要包括哪几方面？汽车传动系有哪些种类、由哪些部分组成？有哪几种布置形式?

2-9 汽车行驶系的功用有哪些？由哪几部分组成?

2-10 汽车悬架分为哪两大类？各有什么特点?

2-11 汽车转向系的作用、组成和分类?

2-12 汽车制动系的功用、组成和分类？对汽车制动系的要求主要有哪些?

2-13 ABS 系统的作用有哪些?

2-14 目前汽车上配置的汽车电器与电子设备主要有哪些?

2-15 汽车车身有哪些类型?

2-16 汽车内饰主要包括哪些?

第三章　汽车技术参数与性能指标

【学习目标】

1. 掌握汽车主要的技术参数，包括汽车结构参数和汽车质量参数。
2. 了解汽车技术参数与汽车性能及技术水平之间的关系。
3. 掌握汽车主要性能指标及其内涵。

评价汽车技术水平的高低以及其性能的好坏，最重要、最直接的办法是查看、检测和比较其技术参数与性能指标。不同的车型，有不同的技术参数要求与性能指标。

第一节　汽车主要技术参数

汽车技术参数分为两大类：汽车结构参数和汽车质量参数。

一、汽车主要结构参数

1. 车长

汽车车长是指垂直于车辆纵向对称平面，并分别抵靠在汽车前、后最外端突出部位的两垂直面之间的距离。简单的说，就是沿着汽车前进的方向，从汽车最前端到最后端的距离。如图 3-1 中的 L。

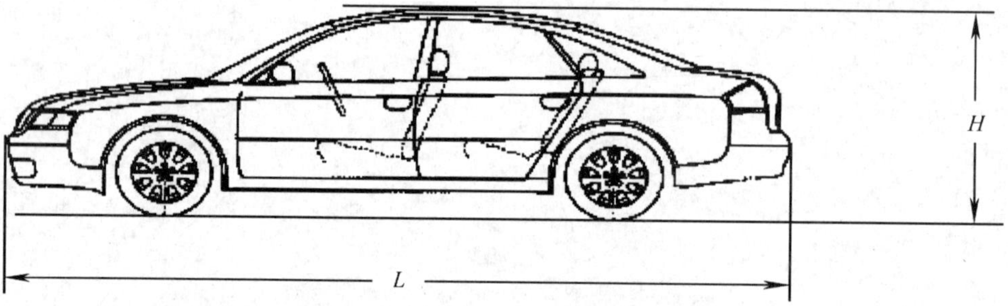

图 3-1　汽车的车长与车高示意图

汽车长度大稳定性好。对于轿车来说，车身长意味着纵向可利用空间大，前后排腿部活动空间都比较宽裕，乘车人不会有局促感。但车身太长会给转弯、调头和停车造成不便，相反，如果车身较短，会使得乘坐在前排人的腿没有办法伸直，使坐在后排乘客的膝盖顶到前排座椅背部，都很容易产生疲劳感。

对于全挂车，有包括和不包括牵引杆长度两个车长数值。按国家标准规定，第二个数值写在括号内。

对于半挂车，除全长外，还有牵引杆销中心至半挂车后端之间的距离，此值按国家标准规定写在括号内。

GB 1589—2004《道路车辆外廓尺寸、轴荷及质量限值》以及 GB 7258—2004《机动车运行安全技术条件》均对各种车辆车长有限值规定。其中规定极限总长：货车（含越野车）≤12m；一般客车≤12m；铰接大客车≤18m；半挂牵引车（含挂车）≤16m；汽车拖挂后总长≤20m。

2. 车高

汽车车高是指车辆没有装载且处于可运行状态时，汽车支撑平面与汽车最高突出部位相抵靠的水平面之间的距离。简单的说，就是从地面到汽车最高点的距离，如图 3-1 中的 H。

汽车越高，其内部空间越大、惯性越大、风阻系数也越大，同时重心也随之增高。大部分轿车高度在 1.5m 以下，与人体的自然坐姿高度大体相当。有些轿车高度太低，会让乘坐者感觉头部空间不足，有压抑感。但这一方面能有效降低全车重心，以确保汽车高速转弯时不会侧翻，同时能降低风阻系数，所以通常跑车的高度比较低。而 MPV、面包车等为了营造宽阔的头部空间和载货空间，车身高度一般在 1.6m 以上，但整车重心随之升高，高速转弯时容易翻车。此外，大部分的室内停车场有高度限制，一般为 1.6m，这也为车身高的车种带来了某种限制。汽车极限最高值为 4.2m，此值与道路桥梁通过高度有关。有关具体车型的详细规定，可参见标准。

3. 车宽

汽车车宽是指平行于车辆纵向对称平面，并且分别抵靠车辆两侧固定突出部位（除后视镜、侧面标志灯、示位灯、转向指示灯、挠性挡泥板、防滑链以及轮胎与地面接触部分的变形外）的两平面之间的距离。简单的说，就是汽车最左端到最右端的距离，如图 3-2 所示的 B。

汽车宽度大稳定性好。宽度主要影响乘坐空间和灵活性。对于轿车，如果要求横向布置的三个坐位都有宽阔的乘坐感（有足够的肩宽），那么车宽通常要达到 1.8m。近年由于对安全性的要求提高，车门壁的厚度有所增加，因此车宽也普遍增加。车身宽的好处是乘坐在后排的乘客不会感到拥挤，大大提高了乘坐舒适性，但这会降低车在市区行走、停泊的方便性，因此对于轿车来说车宽 2m 是一个公认的上限。超过 2m 的车很难驾驶。但汽车的宽度也不能过窄，过窄会使前后排的乘客感到拥挤，长时间行驶容易使人疲劳。所有车型的极限总宽（不含后视镜）不超过 2.5m，有关具体车型的详细规定，可参见相关标准。

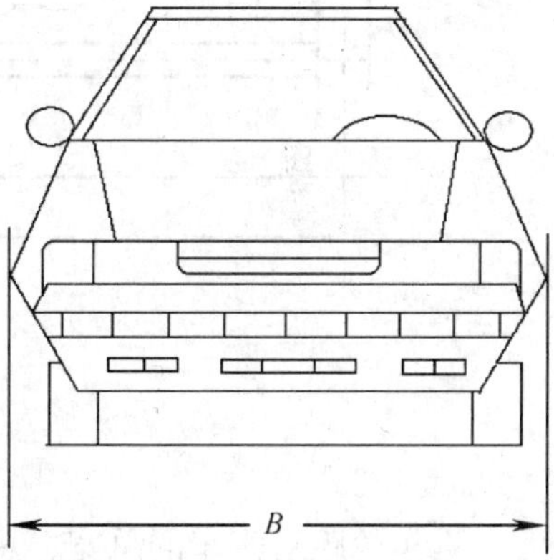

图 3-2　汽车的车宽示意图

4. 轴距

汽车轴距是指通过车辆同一侧相邻两车轮的中点，并且垂直于车辆纵向平面的两垂直线之间的距离。通俗地说，就是汽车两轴中心之间的距离。

汽车的轴距长的优点是空间容易布置、稳定性较好，缺点是通过能力差。反之，汽车的轴距短，则车长短、自重轻、最小转弯半径小，灵活方便，通过能力强，适合在道路条件较差的、停车面积狭小的城市使用。但是，如果汽车轴距过短，则会带来一系列缺点，如车厢长度不足或后悬过长、汽车行驶时纵摆和横摆都较大、在制动时或上坡时重量转移较大，使汽车的操纵性和稳定性恶化。

对于三轴以上的车辆，其轴距从最前面的相邻两车轮间的轴距开始分别表示，如图 3-3 中的 L_1、L_2。总轴距为各轴距之和。

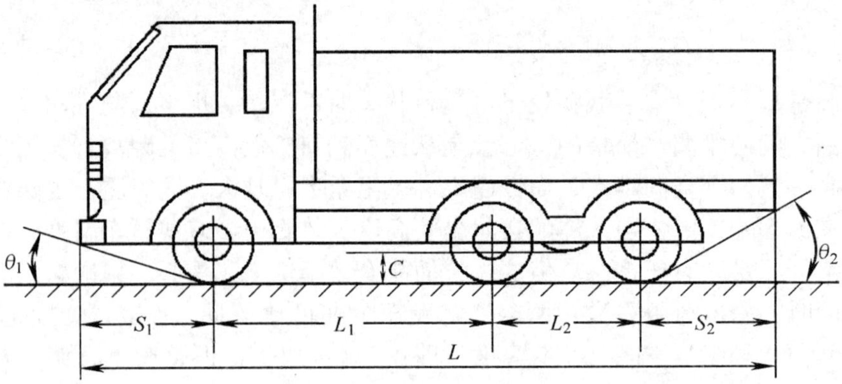

图 3-3　汽车其他主要结构参数示意图

5. 轮距

汽车轴的两端为单车轮时，轮距为车轮在支撑平面上留下轨迹的中心线之间的距离，如图 3-4a 中的 A。当汽车车轴的两端为双车轮时，轮距则是指两双胎接地点连线中点之间的距离，如图 3-4b 中的 A。

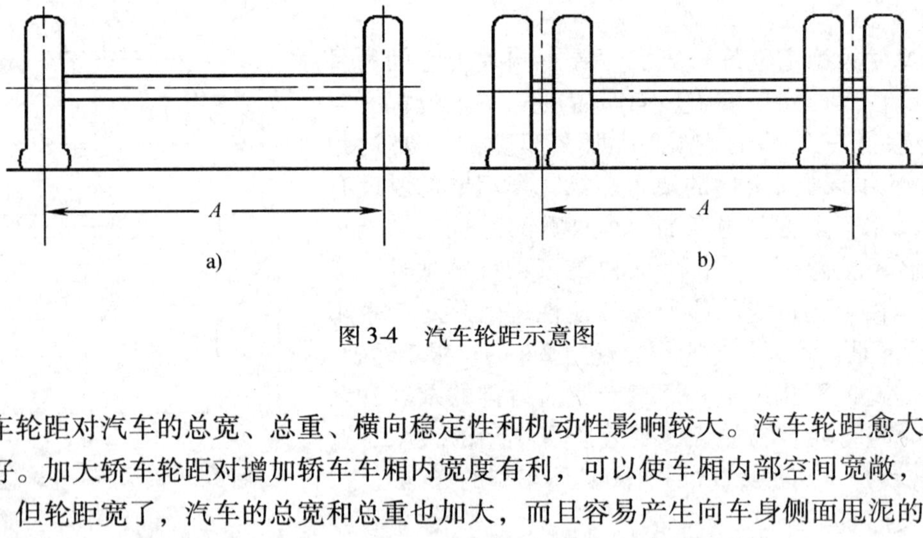

图 3-4　汽车轮距示意图

汽车轮距对汽车的总宽、总重、横向稳定性和机动性影响较大。汽车轮距愈大，横向稳定性愈好。加大轿车轮距对增加轿车车厢内宽度有利，可以使车厢内部空间宽敞，乘坐舒适度提高。但轮距宽了，汽车的总宽和总重也加大，而且容易产生向车身侧面甩泥的缺点。此外，轮距过宽会影响汽车的安全性，因此，轮距应与车身宽度相适应。

6. 前悬（LF）和后悬（LR）

汽车的前悬是指汽车最前端（除灯罩、后视镜等非刚性固定部分外）至前轴中心之间的水平距离，如图 3-3 中的 S_1。前悬的长度应足以固定和安装驾驶室前支点，发动机、散热器、转向器、弹簧前托架和保险杠等零件和部件。前悬不宜过长，否则，汽车的接近角将变得太小。

汽车的后悬是指汽车最后端（除灯罩等非刚性固定部分外）至后桥中心之间的水平距

离，如图 3-3 中的 S_2。后悬的长度主要决定于后厢长度、轴距和轴荷分配情况，同时要保证适当的离去角。

GB 7258—2004《机动车运行安全技术条件》中对汽车后悬的规定：对于客车及封闭式车厢，后悬不超过 65% 轴距；对于其他机动车，后悬不超过 55% 轴距；同时规定所有后悬不超过 3.5m；对于多轴汽车，轴距按总轴距计算，后悬从最后一轴算起。

7. 最小离地间隙

最小离地间隙是指汽车满载静止时，汽车中间区域内最低点（除了车轮）距地面的距离，如图 3-3 中的 C。它与汽车无碰撞通过有障碍物或凹凸不平地面的能力有关。

最小离地间隙越大，汽车通过有障碍物或凹凸不平地面的能力就越强，但使得重心增高，降低汽车行驶稳定性；最小离地间隙越小，车辆通过有障碍物或凹凸不平地面的能力就越弱，但重心降低，可增加汽车行驶稳定性。

最小离地间隙与车型的功能、空气动力学性能有关，例如跑车的最小离地间隙比较小，而越野车的最小离地间隙比较大。

8. 接近角与离去角

接近角是汽车满载静止时，汽车前端突出点的下沿向汽车前轮所引切线与地面的夹角。如图 3-3 中的 θ_1。

离去角是汽车满载静止时，汽车后端突出点的下沿向汽车后轮所引的切线与地面的夹角。如图 3-3 中的 θ_2。

汽车的接近角和离去角都反映汽车的通过能力，也就是汽车的最大爬坡度和最大下坡度。汽车的最大爬坡度不可能超过其接近角，汽车的最大下坡度不可能超过其离去角。由于对越野车的通过性要求比较高，因此越野车的接近角和离去角，相比于主要在城区行驶的轿车的接近角和离去角要大。

9. 最小转弯半径（图 3-5）

最小转弯半径是指当汽车的转向盘转到极限位置，汽车以最低稳定车速转向行驶时，外侧转向轮的中心平面在支承平面上滚过的轨迹圆半径。最小转弯半径表征了汽车通过狭窄弯曲地带或绕过不可越过的障碍物的能力。汽车最小转弯半径越小，其机动性能越好，弯道通过性能越强，停车和调头越方便。

汽车最小转弯半径有左、右最小转弯半径不同的区别。

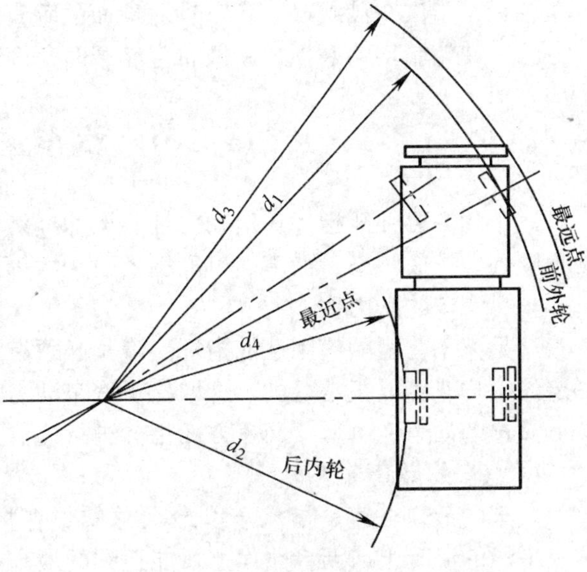

图 3-5　汽车最小转弯半径示意图

10. 纵向通过角

汽车纵向通过角是指汽车静载时，分别切于前、后轮胎外缘的两平面，相交于车底下部最低部位所夹的最小锐角。它是指汽车前后车轮中间离地距离最小的刚性部件，与前后车轮外沿的连线的夹角的补角。该角为车辆可以越过的最大角度。汽车纵向通过角越大，通过凸起障碍物的能力就越强。

二、汽车质量参数

汽车主要有以下质量方面的参数。

1. 汽车的整备质量

汽车的整备质量是指汽车按出厂技术条件装备完整（如备胎、工具等安装齐备），各种油液添满后的质量。以前惯称“空车重量”（即没有载货或载人）。

汽车的整备质量是汽车的一个重要设计指标。该指标既要先进又要切实可行。它与汽车的设计水平、制造水平以及工业化水平密切相关。在同等车型条件下，采用优化的设计方法、先进的生产工艺和技术，能够降低汽车的整备质量。

2. 额定载质量

汽车的额定装载量是指汽车在硬质良好（水泥混凝土或者沥青混凝土）路面上行驶时所允许的额定载质量。越野汽车的额定载质量是指越野行驶时所允许的载质量。

轿车的额定载质量是以座位数表示的。城市客车载客量包括站立乘客和座位数两部分，站立人数按 8～10 人/m^2 计算。长途和旅游客车的载客量等于座位数。

3. 汽车总质量

汽车总质量是指汽车装备齐全，并按规定装满客、货时的整车质量。

汽车总质量 = 汽车整备质量 + 汽车额定载质量

4. 整备质量利用系数

整备质量利用系数是指汽车额定载质量与整车整备质量的比值。

整备质量利用系数取决于每个部件、总成、结构的完善程度，以及结构中轻质材料的使用率。它反映了该车型的设计水平、制造水平以及经济性。整备质量利用系数高，说明该车型的材料利用率和制造水平高。

5. 轴荷

轴荷是指汽车满载时，各车轴对地面的垂直载荷。

为了使轮胎均匀磨损，一般希望满载时每个轮胎的负荷大致相等。具体可参见标准。

第二节　汽车主要性能指标

汽车的主要性能指标包括动力性、燃油经济性、制动性、通过性、操纵性和稳定性、行驶平顺性、排放污染、噪声、可靠性及耐久性等。

一、汽车的动力性

这是汽车首要的使用性能指标。汽车必须有足够的牵引力才能克服各种行驶阻力，保证一定的平均速度以正常行驶。这取决于汽车动力性能的优劣。

汽车的动力性可从下面三方面指标进行评价。

1. 汽车的最高车速 v_{max}

汽车的最高车速是指汽车以最大总质量在风速小于等于 3m/s 的条件下，在干燥、清洁、平坦的混凝土或沥青路面上所能达到的最高稳定行驶速度。

2. 汽车的加速能力

汽车的加速能力指汽车在各种使用条件下迅速增加汽车行驶速度的能力。加速过程中加速用的时间越短、加速度越大或加速距离越短的汽车，加速性能就越好。常用加速时间来评价。

加速时间是指汽车以最大总质量在风速小于等于3m/s 的条件下，在干燥、清洁、平坦的混凝土或沥青路面上，由某一低速度加速到另一高速度所需的时间。加速时间分为原地起步加速时间和超车加速时间。

1）原地起步加速时间：是指汽车用规定的低挡起步，选择适当的换挡时机逐步换挡到最高挡后以最大的加速度加速到某一规定车速或达到某一规定距离所需要的时间。常用从静止状态加速到100km/h，或从静止状态加速行驶400m 的距离所需要的时间。原地起步加速时间越短，汽车的动力性能越好。

2）超车加速时间：是指汽车用最高挡或次高挡，由某一预定车速全力加速到另一预定高速所需要的时间。汽车超车加速时间越短，说明其高挡位加速性能越好，动力性能越佳。这段时间短，说明汽车的超车加速性能强大，可以减少超车过程中两车并行的时间，有利于安全行驶。

3. 汽车的爬坡能力

汽车的爬坡能力常用汽车最大爬坡度来衡量。汽车最大爬坡度是指汽车以最大总质量在风速小于等于3m/s 的条件下，在干燥、清洁的混凝土或沥青坡道路面上，以最低挡前进能够爬上的最大坡度。

汽车的爬坡能力反映汽车最大牵引力的大小。

不同类型的汽车对上述三项指标要求各有不同：轿车与客车偏重于最高车速和加速能力，载重汽车和越野汽车对最大爬坡度要求较高。但不论何种汽车，为在公路上能正常行驶，必须具备一定的平均速度和加速能力。

二、汽车的燃油经济性

为降低汽车运输成本，要求汽车以最少的燃料消耗，完成尽量多的运输量。汽车在一定的使用条件下，以最少的燃油消耗量完成单位运输工作量的能力，称为燃油经济性。

汽车的燃油经济性评价指标有两种形式：

1）汽车在一定的使用条件下，每行驶100km 消耗掉的燃油量，单位 L/100km。我国及欧洲常用此指标。比如吉利金刚标准型 1. 5MT 轿车公布的 60km/h 等速油耗为 4. 6L/100km、2005 款爱丽舍 X 手动挡轿车公布的 90km/h 等速油耗为 6. 8L/100km。此指标的数值越大，反映汽车的燃油经济性越差。

2）汽车在一定的使用条件下，每加仑燃油行驶的里程数，单位为 mile/gal（英里/加仑）。美国常用此指标，此值越高越好。

三、汽车的制动性

良好的制动性是汽车安全行驶的保证，也是汽车动力性得以发挥的前提。汽车制动性有下述三方面的内容。

1. 制动效能

制动效能是汽车迅速减低行驶速度直至停车的能力。制动效能是汽车制动性能最基本的评价指标。制动效能常用一定初速度下，制动过程中的制动时间、制动减速度和制动距离来评价。

汽车的制动效能除和汽车技术状况有关外，还与汽车制动时的速度以及轮胎和路面的情况有关。

制动距离与行车安全有直接的关系，同时也是评价汽车制动性能最直观的指标。通过比较两辆汽车在同一初速度下的制动距离，可以直接分辨出制动效能的高低。比如同是吉利车系的金刚和自由舰，在初速度同为100km/h的情况下，金刚轿车的制动距离是43.1m，而自由舰轿车的制动距离是46.8m，反映了金刚轿车比自由舰轿车在制动性能上的进步。通常，判断轿车的制动效能，以热车制动距离不超过42m为很好，热车制动距离在43～47m为良好，热车制动距离超过48m为差。

2. 制动效能的恒定性

汽车在短时间内连续制动后，制动器温度升高，导致制动效能下降，这称为制动器的热衰退。

汽车连续制动后制动效能的稳定程度称为制动效能的恒定性，或者称为制动系统抗热衰退性。

汽车涉水后制动效能也会下降。汽车涉水后制动效能的保持程度用汽车制动系统抗水衰退性来表示。

3. 制动时汽车的方向稳定性

方向稳定性是指汽车在制动过程中按指定的路线行驶，不发生跑偏、侧滑和失去方向的能力。

当汽车的左右侧制动力不一样时，容易发生跑偏。而当汽车车轮因制动而趋于抱死时，易发生侧滑并失去方向稳定性和操纵性。为防止上述现象发生，现代汽车设有制动防抱死系统ABS，防止紧急制动时因车轮抱死而发生危险。

四、汽车的通过性

汽车在一定的载质量下能以较高的平均速度通过各种坏路及无路地带和克服各种障碍物的能力，称为汽车的通过性。各种汽车的通过能力是不一样的。轿车和客车由于经常在市内行驶，设计通过能力就低。而越野汽车、军用车辆、自卸汽车和载货汽车，就必须设计有较强的通过能力。

影响汽车通过性的因素有很多：采用较宽断面的胎、多胎可以减小滚动阻力；采用较深的轮胎花纹可以增加附着系数而不容易打滑；采用四轮驱动的方式可使汽车的动力性得以充分地发挥；合理选择汽车的结构参数，可以使汽车具有优良的克服障碍的能力，如较大的最小离地间隙、接近角、离去角、车轮半径和较小的转弯半径、横向通过半径和较大的纵向通过角等，都可提高汽车的通过能力。

五、汽车的操纵性和稳定性

1）汽车的操纵性是指汽车对驾驶员转向指令的响应能力，直接影响到行车安全。汽车轮胎的气压和弹性、悬挂装置的刚度以及汽车重心的高低都对汽车的操纵性有重要影响。

2）汽车的稳定性是汽车在受到外界扰动后恢复原来运动状态以及汽车抵御发生倾覆和侧滑的能力。对于汽车来说，侧向稳定性尤为重要。当汽车在横向坡道上行驶、转弯以及受其他侧向力时，容易发生侧滑或者侧翻。汽车重心的高度越低，稳定性越好。

合适的前轮定位角度可以使汽车具有自动回正和保持直线行驶的能力，提高汽车直线行驶的稳定性。如果汽车装载超高超重、转弯时车速过快、横向坡道角过大或者偏载，都会严重降低汽车的稳定性，造成汽车侧滑及侧翻。

六、汽车的行驶平顺性

汽车在行驶过程中，路面不平所产生的冲击会造成汽车的振动，使乘客感到疲劳和不舒适，或者使所装载的货物损坏。同时，车轮的振动将对车轮与地面间的附着性能产生不良影响。振动引起地附加动载荷还将加速汽车零部件的磨损，缩短汽车的使用寿命。

汽车在行驶中对路面不平的隔振、降振程度，称为汽车的行驶平顺性。

汽车行驶平顺性的评价指标有：

1）客车和轿车采用“舒适降低界限”：当汽车速度超过此界限时，就会降低乘坐舒适性，使人感到疲劳不舒服。该界限值越高，说明平顺性越好。

2）货车采用“疲劳-降低工效界限”。汽车车身的固有频率也与行驶平顺性有关。从舒适性出发，车身的固有频率在600～850Hz的范围内较好。良好的轮胎弹性、性能优越的悬挂装置、座椅的降振性能以及尽量小的非悬挂质量，都可以提高汽车的行驶平顺性。

七、汽车的排放污染物

汽车废气主要有三个排放源：尾气、曲轴箱窜气和油箱油气蒸发。其中曲轴箱窜气和油箱油气蒸发已经得到比较好地控制，被充分循环利用，所产生的污染很小。目前汽车的排放污染物主要来自尾气。

汽车尾气中所含的有害物质主要是：一氧化碳CO、碳氢化合物HC、氮氧化物NO_x以及颗粒物PM。我国的汽车排放控制标准在前面的第二章第一节“汽车发动机”中已经作了详细介绍。

八、汽车的噪声

随着汽车工业的迅速发展，人们对于汽车的舒适性和振动噪声控制的要求越来越严格。据国外有关资料表明，城市噪声的70%来源于交通噪声，而交通噪声主要是汽车噪声。它严重地污染着城市环境，影响着人们的生活、工作和健康。所以噪声的控制，不仅关系到汽车乘坐舒适性，而且还关系到环境保护。一切噪声又源于振动，振动能够引起某些部件的早期疲劳损坏，从而降低汽车的使用寿命。过高的噪声既能损害驾驶员的听力，还会使驾驶员迅速疲劳，从而对汽车行驶安全性构成了极大地威胁。所以噪声控制关系到汽车的耐久性和安全性。因此振动、噪声和舒适性这三者是密切相关的，既要减小振动，降低噪声，又要提高乘坐舒适性，保证产品的经济性，使汽车噪声控制在标准范围之内。

1. 噪声的种类

汽车噪声从来源上可分为发动机、底盘噪声、电器设备噪声和车身噪声。其中发动机噪声占汽车噪声的二分之一以上，包括进排气噪声和机体运动噪声（如发动机振动、配气轴的转动、进排气门开关等引起的噪声）。所以发动机的减振、降噪成为汽车噪声控制的关键。此外，汽车轮胎在行驶时也会产生较大的噪声。这是轮胎在地面滚动时，位于花纹槽中的空气被反复挤出与吸入所产生的泵气声和轮胎与路面撞击声的综合。

2. 噪声控制标准

欧洲的法规规定，从1996年10月起，客车的外部噪声必须从77dB降到74dB，到2000年进一步降低到71dB。日本的法规规定，小型汽车的噪声标准控制在76dB以下。在我国，国家标准GB 1495—2002《汽车加速行驶车外噪声限值及测量方法》规定了车外、车内噪声的测量方法和限值标准。其中大客车的噪声许可值不得超过82dB，轻型载货车不得超过83dB。由此可见，我国的车辆噪声控制指标与发达国家还存在一定差距，有待进一步提高。

3. 噪声的控制方法

根据噪声产生和传播的机理，可以把噪声控制技术分为以下三类：一是对噪声源的控制，二是对噪声传播途径的控制，三是对噪声接收者的保护。其中对噪声源的控制是最根本、最直接的措施，包括降低噪声的激振力及降低发动机部位对激振力的响应等，即改造振源和声源。但是在对噪声源难以进行控制时，就需要在噪声的传播途径中采取措施，如采取吸声、隔声、消声、减振及隔振等措施。汽车的减振降噪水平与整车的动力性、经济性、可靠性及强度、刚度、质量、制造成本和使用密切相关。

九、汽车可靠性

汽车的可靠性分为狭义可靠性和广义可靠性。

1. 狭义可靠性

指汽车在规定的使用条件下，在规定的时间或者规定的里程内完成规定功能的能力。

例如，报废条件相同的汽车，有些行驶了几千千米就屡出故障，如刮水器出问题、门锁扣不上、电窗失灵、丧失部分功能等，而有些行驶了几万千米没有出现什么问题，一切功能正常。那么前者的可靠性差，后者的可靠性高。

2. 广义可靠性

指汽车在规定的使用条件下，在整个寿命期内完成规定功能的能力。

GB/T 12678—1990《汽车可靠性行驶试验方法》规定了汽车可靠性的评价指标，常用的有平均首次故障里程、平均故障间隔里程、千公里维修时间、千公里维修费用等。

购买汽车的人最关注的问题之一是汽车质量，汽车质量的一项重要指标就是汽车的可靠性。

十、汽车的耐久性

汽车的耐久性是指汽车在规定的使用和维修条件下，达到某种技术或经济指标极限时，完成规定功能的能力。

GB/T 12679—1990《汽车耐久性行驶试验方法》规定了汽车耐久性的综合评价指标是耐久度。

汽车的耐久度是指汽车在规定的使用和维修条件下，能够达到预定的初次大修里程而不发生耐久性损坏的概率。汽车的耐久性损坏是指汽车零件的疲劳损坏已变得异常频繁、磨损超过极限、材料锈蚀老化严重、汽车主要性能下降超过规定的限值、维修费用不断大幅度增长并已达到经济上不合算或安全得不到保证的程度。汽车耐久性损坏的结果是需要更换主要总成或对汽车进行大修。

一般只有大批量生产的汽车才进行耐久性试验。

小　结

评价汽车技术水平高低以及性能好坏的最重要、最直接的办法就是查看、检测和比较其技术参数与性能指标。不同的车型，有不同的技术参数要求与性能指标。

汽车技术参数分为汽车结构参数和汽车质量参数。汽车主要结构参数包括车长、车高、车宽、轴距、轮距、前悬、后悬、最小离地间隙、接近角、离去角、最小转弯半径和纵向通过角等。汽车质量参数主要包括汽车的整备质量、额定载质量、汽车总质量、整备质量利用系数和轴荷等。

汽车的主要性能指标包括动力性、燃油经济性、制动性、通过性、操纵性和稳定性、行驶平顶性、排放污染、噪声、可靠性及耐久性等。

复习思考题

3-1 汽车主要结构参数有哪些？对于车长、车高和车宽国家标准有怎样的规定？

3-2 什么是汽车的接近角与离去角？什么是汽车的纵向通过角？

3-3 汽车主要质量参数有哪些？

3-4 什么是汽车的整备质量、额定载质量和总质量，它们之间是怎样的关系？

3-5 汽车有哪些主要的性能指标？汽车动力性可从哪几方面指标进行评价？

3-6 汽车的制动性包含有哪几方面的内容？

第四章　汽车编码与汽车铭牌

【学习目标】

1. 掌握车辆识别代号（VIN）编码的作用、管理规则，重点掌握我国的车辆识别代号管理办法。

2. 了解我国汽车型号编制规则及汽车铭牌的相关规定。

3. 了解部分国外著名汽车厂家汽车型号编制规则。

第一节　车辆识别代号（VIN）编码

现在世界各国汽车公司生产的汽车大部分都使用了车辆识别代号 VIN（Vehicle Identification Number）编码。车辆识别代号 VIN 编码由一组字母和阿拉伯数字组成，共 17 位，又称车辆 17 位识别代号编码。它是识别一辆汽车不可缺少的工具。

VIN 编码的每位代码代表着汽车的某一方面信息参数。按照识别代号编码顺序，从 VIN 编码中可以识别出该车的生产国、制造公司或生产厂家、车的类型、品牌名称、车型系列、车身形式、发动机型号、车型年款（属哪年生产的年款车型）、安全防护装置型号、检验数字、装配工厂名称和出厂顺序号码等。

一、VIN 编码的作用

17 位识别代号编码经过排列组合可以使全世界生产的车辆在 30 年内不会发生重号现象。因为现在的汽车车型生产年限在逐渐缩短，一般 8 ~ 12 年就淘汰不再生产，所以 17 位识别代号编码已足够应用。所以车辆识别代号 VIN 编码又称为汽车身份证。许多国家明确规定没有 VIN 编码的车辆不准进口。

各国机动车管理部门办理车辆牌照时，可以将车辆的 17 位识别代号编码输入计算机，以备需要时调用（如处理交通事故、保险索赔、被盗车辆的报案与归还等）。

由于汽车修理逐步实现了电脑管理和故障诊断，在各种测试仪表和维修设备中都可以存储汽车的 VIN 编码数据，记录汽车的维修数据，为今后的维修提供参考和依据，从而提高维修的质量和效率。

VIN 编码在汽车配件的经营管理上也起着重要作用。比如在查找目录中的汽车零件之前，首先确认 17 位识别代号的车型年款，以免误选、错装汽车零配件。

在汽车评估时，通过车辆的 VIN 编码，不仅可以获得车辆的车型年款、发动机型号、车身形式等必要的技术资料，而且可以查询其故障维修记录。汽车 VIN 编码一般以标牌的形式，装贴在汽车的不同部位。利用汽车 VIN 编码还可以鉴别出拼装车、走私车。

二、VIN 编码管理规则简介

各国政府以及各汽车公司从不同的层面对本国或本公司生产汽车的 17 位识别代号编码作出了具体规定。

1）各国的技术法规一般只规定车辆识别代号的基本要求。这些要求主要是：车辆 VIN

编码应由17位代号编码组成并且应保证30年内不会重号，VIN编码字母和数字的尺寸、书写形式、排列位置和安装位置应该按照相应规定等。除对个别的符号有硬性规定之外，对具体符号的含义一般不作硬性规定，而由生产厂家自行规定其代表的含义。

各国有关车辆识别代号的技术法规既有差异，也有共同之处，总体上是大同小异。

2）各汽车公司对于VIN编码的规定，会随着车型年款的不同和汽车发往国家的不同（各国政府对VIN编码有不同的规定和要求）而有所不同。有的汽车公司按不同汽车分部分别进行规定（比如美国通用汽车公司）；有的汽车公司直接按车型或车名分别进行规定（如日本丰田汽车）。

3）2004年，我国《车辆识别代号管理办法（试行）》施行，在全国范围内规范车辆的生产，并为车辆管理提供依据。

三、我国的《车辆识别代号管理办法（试行）》

1. 基本要求

1）每一辆汽车、挂车、摩托车和轻摩都必须具有车辆识别代号。

2）在30年内生产任何车辆的识别代号不得重复。

3）车辆识别代号应尽量标示在车辆右侧的前半部分、易于看到且能防止磨损或替换的结构件上。

4）对于不超过9人座的车辆或者最大总质量不超过3.5t的货车，车辆识别代号应永久地标示在仪表板上靠近风窗立柱的位置，在白天不需移动任何部件从车外便能够分辨出车辆识别代号。

5）车辆识别代号的字码在任何情况下都应是字迹清楚、坚固耐久、不易替换。

6）车辆识别代号的字码高度：若直接打印在车辆结构件（车架、车身等部件）上，则字高至少应为7mm，深度至少应为0.3mm；其他情况，字高至少应为4mm。

7）车辆识别代号中仅能采用下列阿拉伯数字和大写英文字母：

1 2 3 4 5 6 7 8 9 0 A B C D E F G H J K L M N P R S T U V W X Y Z（字母I、O、Q不能使用）。

8）车辆识别代号在车辆或标牌上应尽量标示在一行，此时不可使用分隔符。特殊情况下，因技术原因必须标示在两行时，两行之间不应有空行，每行的开始与终止位应选用一个分隔符表示。分隔符必须是不同于车辆识别代号所用的任何字码，且不易与车辆识别代号中的字码混淆。

9）车辆识别代号在文件上表示时应标示在一行，不允许有空格，不允许使用分隔符。

10）车辆识别代号还应标示在产品标牌上（两轮/轻便摩托车可除外）。

11）车辆识别代号可采用人工可读码形式或机器可读的条码形式进行标示。若采用条形码，应符合GB/T 18410—2001的要求。

2. 基本内容

车辆识别代号由三个部分组成。

第一部分为世界制造厂识别代号（WMI）；第二部分为车辆说明部分（VDS）；第三部分为车辆指示部分（VIS），如图4-1所示。

1）第一部分（WMI）

第一部分为世界制造厂识别代号，必须经过申请、批准、备案后才能使用。

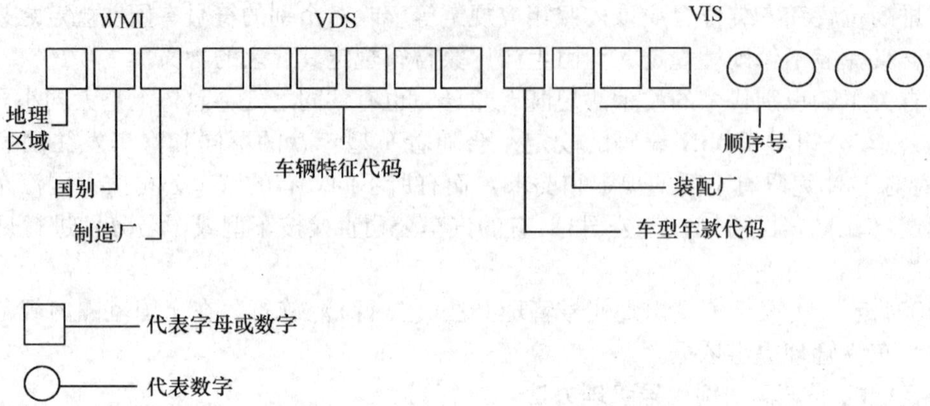

图 4-1　车辆识别代号

1）第一位码：标明地理区域，如非洲、亚洲、欧洲、大洋洲、北美洲和南美洲。

2）第二位码：标明一个特定地区内的一个国家。美国汽车工程师协会（SAE）负责分配国家代码。第一、二位字码的组合可以保证国家识别标志的唯一性。

3）第三位码：标明某个特定的制造厂，由各国的授权机构负责分配。如果某制造厂的年产量少于 500 辆，其识别代码的第三个字码就是阿拉伯数字 9。第一、二、三位字码的组合可以保证汽车制造厂识别标志的唯一性。

以下是几家国内汽车制造厂的 WMI 编号：

LSV——上海大众、LFV——一汽大众、LDC——神龙富康、LEN——北京吉普、LHG——广州本田、LHB——北汽福田、LKD——哈飞汽车、LS5——长安汽车、LSG——上海通用、LB3——吉利汽车。

（2）第二部分（VDS）

第二部分是车辆说明部分，识别车辆的一般特性。VDS 部分由 6 位字码组成，代号顺序由制造厂决定。如果制造厂不用其中的一位或者几位，应在该位置填入占位符（由制造厂自选的字母或数字）。

车辆识别代号 VIN 编码的第九位为校验位。校验位提供校验 VIN 编码正确性的方式，在车辆的识别过程中起着极其重要的作用。通过检验校验位可以核定整个 VIN 码是否正确。例如，一部富康 1.4i 轿车的 VIN 编码为 LDC131D2010020808，如果其中的一位或几位被涂改，那么通过“车辆识别系统”软件，经过针对校验位的一系列运算，就能判定该 VIN 编码为非法代码，从而帮助识别车辆的合法性。

（3）第三部分（VIS）

第三部分是车辆指示部分，由 8 位字码组成，最后 4 位应是数字。

1）第一位（即 VIN 编码的第 10 位）：指示年份，具体规定见表 4-1（30 年循环一次）。

2）第二位（即 VIN 编码的第 11 位）：可用来指示装配厂。若无装配厂，制造厂可规定其他的内容。

表 4-1 标示年份的字码

年份	代码	年份	代码	年份	代码	年份	代码
2001	1	2011	B	2021	M	2031	1
2002	2	2012	C	2022	N	2032	2
2003	3	2013	D	2023	P	2033	3
2004	4	2014	E	2024	R	2034	4
2005	5	2015	F	2025	S	2035	5
2006	6	2016	G	2026	T	2036	6
2007	7	2017	H	2027	V	2037	7
2008	8	2018	J	2028	W	2038	8
2009	9	2019	K	2029	X	2039	9
2010	A	2020	L	2030	Y	2040	A

3）如果车辆制造厂生产的完整车辆或非完整车辆年产量不少于500辆，此部分的第3~8位字码（即VIN编码的第12~17位）用来表示生产顺序号。如果车辆制造厂生产的完整车辆或非完整车辆年产量少于500辆，则此部分的第3、4、5位字码（即VIN编码的第12~14位）应与第一部分的三位字码一同表示一个车辆制造厂，第6、7、8位字码（即VIN编码的第15~17位）用来表示生产顺序号。

3. 车辆识别代号示例

（1）中国北京吉普汽车有限公司VIN示例

L E 4 E J 6 8 W A V 5 7 0 0 3 2 1

第1位是生产地理地区代码，由ISO统一分配亚洲地区代码。中国定为L。

第2位是生产国家代码，由ISO统一分配中国的代码，中国北京吉普汽车有限公司使用E。

第3位是生产厂被批准备案的车型类别代码，4—BJ2021系列。

第4位是（厂定）最大总质量分级代码，E——1361~1814kg。

第5位是车型种类代码（按驱动车轮和转向盘位置），J——4×4左置转向盘。

第6位（厂定）对BJ2020和BJ2022系列为装配类型代码，其中，1——装配线上装配；2——非装配线上装配。

对BJ2021系列为车型系列代码。6——中档型（用于BJ2021E和BJ2021EL）。

第7位是车身类型代码，8——四门金属硬顶。

第8位是发动机类型代码，W——2.5L四缸化油器式汽油机。

第9位（厂定）对BJ2020和BJ2022系列为工厂检验代码，对BJ2021系列为包装代码，A——BJ2021EL。

第10位是车型年款代码，V——1997。

第11位是装配工厂代码，5——北京吉普汽车有限公司总装厂。

第12~17位是出厂顺序号代码，第12位为日历年的末位数字，7在这里代表1997年；第13~17位按照每个日历年的生产顺序从00001~99999来顺序编排。

（2）上海大众桑塔纳

L S V H J 1 3 3 0 2 2 2 2 1 7 6 1

第 1 ~3 位世界制造厂识别代码，LSV——上海大众汽车有限公司。

第 4 位是车身形式代码，H——4 门加长型折背式车身。

第 5 位是发动机/变速器代码，对于车型系列为上海桑塔纳轿车、上海桑塔纳旅行轿车、上海桑塔纳 2000 轿车，J——AYJ(06BC)/FNV(01N. A)。

第 6 位是乘员保护系统代码，1——安全气囊（驾驶员）。

第 7 ~8 位是车辆等级代码，33——上海桑塔纳轿车、上海桑塔纳旅行轿车、上海桑塔纳 2000 轿车。

第 9 位是校验位，0 ~9 中任何一数字或字母“X”。

第 10 位是年份代码，2——2002。

第 11 位是装配厂代码，2——上海大众汽车有限公司。

第 12 ~17 位是车辆制造顺序号。

该 VIN 码的含义是：上海大众汽车有限公司生产的桑塔纳 2000 型轿车，该车配备 AYJ 发动机，FNV(01N. A) 自动变速器，出厂编号 221761。

（3）德国奔驰汽车公司 BENZ

W D B G A 5 7 B 6 P B 1 2 7 8 1 0

第 1 位是生产国别码，W——德国

第 2 ~3 位是生产厂代码，DB——戴姆勒 · 奔驰

第 4 位是车身及底盘系列代码，G——140 系列

第 5 位是发动机类型代码，A——汽油发动机，B——柴油发动机

第 6 ~7 位是车型代码，57——S600 四门轿车 5. 0L <1994>

第 8 位是乘客保护装置情况代码：

A——三点式安全带；

B——三点式安全带及防撞安全气囊；

C——三点式安全带及紧急情况收缩装置；

D——座椅式安全带及驾驶员防撞安全气囊；

E——座椅式安全带及驾驶员、前排乘员防撞安全气囊。

第 9 位是 VIN 检验数代码。

第 10 位是车型年款代码，P——1993 年。

第 11 位是总装工厂代码。

第 12 ~17 位是出厂序号代码。

第二节　我国汽车型号编制规则及汽车铭牌

一、我国汽车型号编制规则

虽然有 GB/T 3730. 1—2001《汽车和挂车类型的术语和定义》及 GB/T 15089—2001《机动车辆及挂车分类》两个国家标准，我国编制各类汽车产品型号依然在采用 GB/T 9417—1988《汽车产品型号编制规则》。

GB/T 9417—1988《汽车产品型号编制规则》适用于新设计定型的各类汽车和半挂车，不包括军用特种车辆。

1. 汽车型号构成

GB/T 9417—1988《汽车产品型号编制规则》规定汽车产品的型号由名称代号、车辆类别代号、主参数代号和产品序号组成。必要的时候，可以附加企业自定代号，如图 4-2 所示。

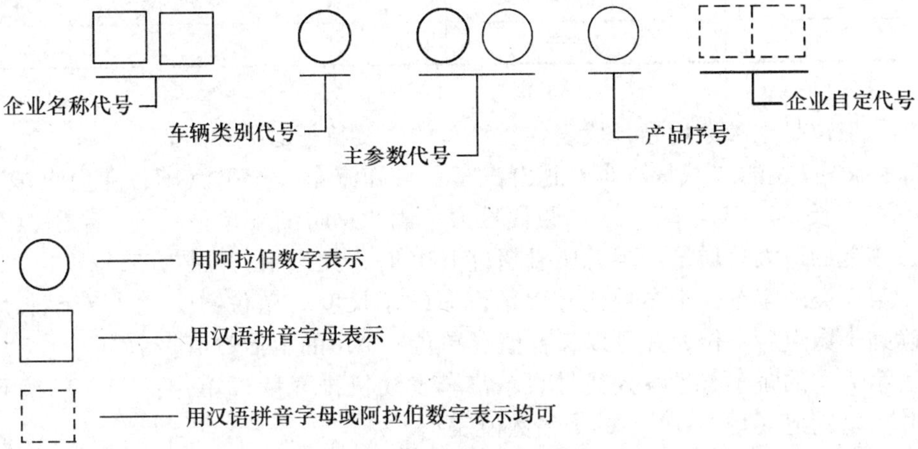

图 4-2　汽车型号构成示意图

对于专用汽车及专用半挂车，其型号构成中增加了专用汽车分类代号，如图 4-3 所示。

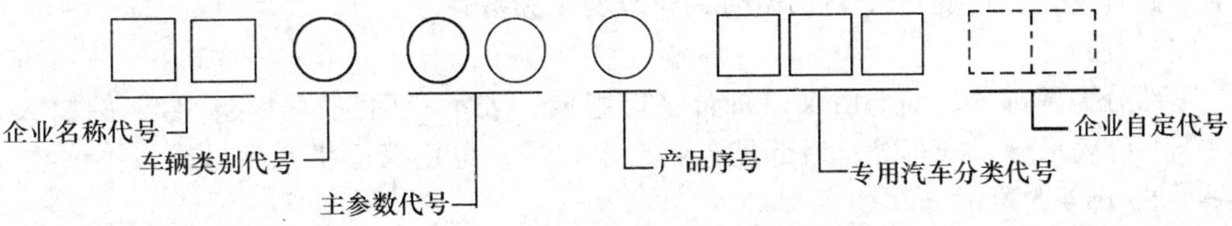

图 4-3　专用汽车及专用半挂车型号构成示意图

为了避免与数字混淆，以上代号中不能采用汉语拼音字母中的“O”和“I”。

2. 汽车型号基本内容

汽车型号应能表明汽车的厂牌、类型和主要特征参数等。汽车型号均应由汉语拼音字母和阿拉伯数字组成。汽车型号包括如下三部分：

（1）首部

首部是识别企业名称的代号，由两个或三个汉语拼音字母组成。如图 4-2 所示。例如，CA 代表第一汽车制造厂、EQ 代表第二汽车制造厂、TJ 代表天津汽车制造厂、HMC 代表海南马自达汽车制造公司等。

（2）中部

中部由四位阿拉伯数字组成，包括车辆类别代号、主参数代号和产品序号。

其中第一位数字是车辆类别代号，代表该车的类型，见表 4-2（注意：没有代号 8）。需要说明的是，在这里汽车的分类依然采用过去的分类方法，而没有采用当前执行的 GB/T

3730.1—2001《汽车和挂车类型的术语和定义》及 GB/T 15089—2001《机动车辆及挂车分类》两个国家标准。

表 4-2　汽车类别代号

车辆类别代号	车辆种类	车辆类别代号	车辆种类
1	载货汽车	5	专用汽车
2	越野汽车	6	客车
3	自卸汽车	7	轿车
4	牵引汽车	9	半挂车及专用半挂车

第二、三位是主参数代号，代表各类汽车的主要特征参数：

对于第 1 ~5 类的“载货汽车、越野汽车、自卸汽车、牵引汽车、专用汽车”以及第 9 类的“半挂车及专用半挂车”，主参数代号为车辆的总质量（单位：t）。牵引汽车的总质量包括牵引座上的最大总质量。当总质量超过 100t 时，允许用三位数字表示。

对于第 6 类的客车，主参数代号表示汽车的总长度（单位：m）。当车辆长度小于 10m 时，精确到小数点后一位，并且以长度值（单位：m）的十倍数值表示。

对于第 7 类的轿车，主参数代号表示汽车发动机排气量（单位：L），精确到小数点后一位，并且以其值（单位：L）的十倍数值表示。

主参数的数字按《数字修约规则》的规定，不足规定位数时，在参数前以数字“0”占位。

第四位代表产品的序号，用阿拉伯数字表示，数字由 0、1、2、3…依次使用。当车辆的主参数有变化，且变化大于 10% 时，应改变主参数代号。

（3）尾部

尾部分为两部分，前部由汉语拼音字母组成，表示专用汽车分类代号，例如 X 表示厢式汽车，G 表示罐式汽车等；后部是企业自定代号，可用汉语拼音字母或阿拉伯数字表示。如图 4-2、图 4-3 所示。

基本型汽车的编号一般没有尾部。为了将其变型车（例如采用不同的发动机、加长轴距、双排座驾驶室等）与基本型区别，常在尾部加 A、B、C 等企业自定代号。有些车在四位数字后还有一些字母，这些字母没有准确的定义，是由生产厂家自定义的。

3. 示例

1）BJ2020S：BJ 代表北京汽车制造厂，2 代表越野车，02 代表该车总质量为 2t，0 代表该车为第一代产品，S 为厂家自定义。

2）TJ7131U：TJ 代表天津汽车制造厂，7 代表轿车，13 代表排气量为 1.3L，1 代表该车为第二代产品，U 为厂家自定义。

3）BH7160M：BH 代表北京现代汽车有限公司，7 代表轿车，16 代表排气量为 1.6L，0 代表该车为第一代产品，M 为厂家自定义。

二、汽车铭牌

国家标准 GB/T 18411—2001《道路车辆产品标牌》对汽车铭牌作了明确规定。

1. 形式

道路车辆产品标牌的形式如图 4-4 所示。制造厂可采用自己选定的字体及颜色，背景与字体颜色的选择应保证标牌内容清晰美观、易于辨认。标牌分两个区域：虚线上部是“规定区”，下部为“自由区”。

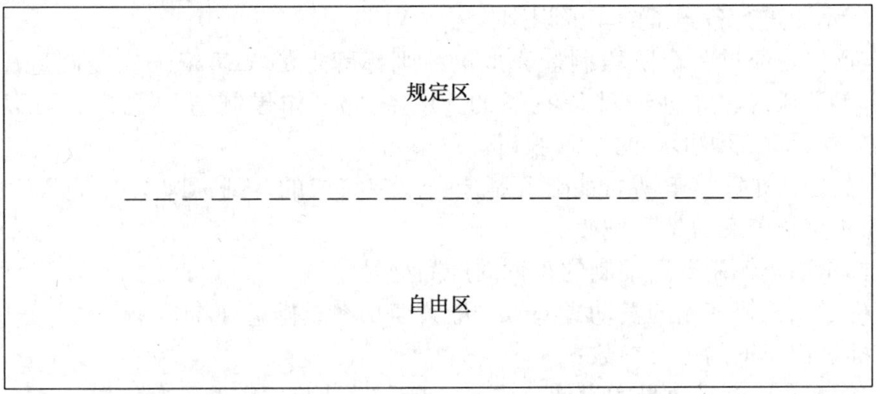

图 4-4　车辆标牌的形式

2. 尺寸

道路车辆产品标牌的尺寸可由制造厂根据产品的具体形式及固定位置确定，应满足明显、清晰易于识别阅读的要求。

3. 标牌的位置

1）每一辆车都应具有标牌。车辆标牌应位于车辆前进方向的右侧；如受结构限制，亦可放在便于接近和观察的其他位置。例如，半承载式车身、非承载式车身结构的车辆标牌在右纵梁上；一厢式车身的车辆标牌在车身内部右侧；两厢式车身、三厢式车身的车辆标牌在发动机舱内右侧；两轮摩托车、轻便摩托车的标牌在右侧或中部等。

2）对于经过两个或两个以上阶段制造完成的车辆，中间制造厂、最后阶段制造厂应负责编制相应的车辆标牌，标牌应固定在其制造或改装的部件上。

3）此位置应是不易磨损、替换、遮蔽的部位。

4）如果制造厂愿意，也可在车辆多处标示标牌，但至少应有一处满足第一条和第三条的要求。

5）至少有一处标牌的固定位置应在产品说明书中标明。

4. 标牌的固定

1）车辆标牌应永久性地固定在不易拆除或更换的车辆结构件或部件上。比如车架、底盘或其他类似的结构件上。

2）标牌应牢固地、永久地固定，不损坏则不能拆卸。应保证标牌不能被完整地拆下移作他处使用。

5. 标牌的内容

（1）规定区的内容要求包含以下几个方面内容

1）应标示出车辆制造厂或装配厂合法的厂标、商标或品牌的文字或图案。

2）应标示出车辆制造厂合法的名称全称以及车辆制造厂按照国家标准 GB/T 16737—2004《道路车辆　世界制造厂识别代号（WMI）》的要求备案了的世界制造厂识别代号

（WMI）。

3）如果车辆通过了形式认证，则应标示出形式认证编号。

4）应标示出进行备案了的车辆识别代号（VIN）。

如果车辆仅是经过一个阶段制造完成的，则标牌上的 VIN 编码应是制造厂按照 GB/T 16736 的要求编制的、并且经过备案了的 VIN 编码。如果制造厂愿意，可以按照 GB/T 18410 的规定标示条形码形式的 VIN 编码。

如果车辆是在非完整车辆的基础上制造、改装完成的，则标牌上的 VIN 编码应是完整抄写原有的非完整车辆的 VIN 编码。

5）应标示出车辆制造厂编制的车辆的产品型号。

6）应标示出车辆使用的发动机型号、最大净功率或排量（半挂车、全挂车除外）。

7）应标示出车辆的主要参数：

对于载货汽车应标示出最大设计总质量、最大设计装载质量、座位数；

对于客车应标示出最大设计总质量、额定载客人数；

对于乘用车应标示出最大设计总质量、座位数；

对于半挂牵引车应标示出牵引座上最大设计静载荷、牵引销孔直径、最大设计牵引质量；

对于特种汽车应标示出能够反应其主要功能的技术参数；对于非完整车辆应标示出整备质量、最大设计总质量；

对于半挂车应标示出牵引销工作直径、作用在牵引车上的最大设计静载荷、最大设计总质量、外形尺寸（长×宽×高）；

对于全挂车应标示出作用在连接装置上的最大设计静载荷、最大设计总质量、外形尺寸（长×宽×高）；

对于三轮货（或客）运摩托车应标示出最大设计总质量、最大设计装载质量（或额定载客人数）。此处不再额外对两轮摩托车和轻便摩托车进行规定。

8）应标示出车辆产品的生产序号。

如果车辆制造厂仅仅是完整车辆或非完整车辆制造厂，由于 VIN 的后六位已经表示出车辆的生产顺序号，标牌上则可以不标示车辆的生产序号。

如果车辆制造厂不仅仅是完整车辆或非完整车辆制造厂，同时还是中间制造厂或最后阶段制造厂，则标牌上应标示出车辆的生产序号。

9）应至少标示出车辆产品的生产年月。采用的书写方式通常是□□□□年□□月，如 2007 年 7 月。

（2）自由区的内容要求

1）如果车辆是在非完整车辆的基础上制造完成的，车辆制造厂应在自由区内标示“车辆是在★★★★生产的☆☆☆☆型号的非完整车辆的基础上进行制造”。其中，“★★★★”处填写制造所购车辆的非完整车辆制造厂名称全称，“☆☆☆☆”处填写非完整车辆的车辆型号。例如，对于一辆由外购的无车身底盘制造而成的客车，可叙述为：“车辆是在★★★★生产的☆☆☆☆型客车底盘的基础上进行制造”。若此客车再次被改装成专用客车（如救护车），可叙述为：“车辆是在★★★★厂生产的☆☆☆☆型客车基础上进行制造”。

2）如果车辆是在无车身的非完整车辆的基础上制造完成的，车辆制造厂应在自由区内对车身类型加以描述。

3）车辆制造厂还可以根据实际情况的需要在标牌的自由区内标示经过本厂制造完成的有关车辆的其他信息。

4）无以上内容标示时，制造厂也可不在标牌上设自由区。

6. 其他要求

1）标牌上所用的汉字及阿拉伯数字、罗马字母的字高应不小于4mm。若将标牌内容直接打印在车辆部件上，则打印字高不小于7mm。

2）出口车辆的标牌，可将汉字与外文并列标注，亦可根据使用国的要求制作标牌。

7. 汽车铭牌示例

（1）载货汽车

上海汽车工业（集团）总公司生产的某一型号的大通牌载货汽车如图4-5所示。

上海汇众汽车制造有限公司　　制造

LSHA12A29XA000001

（如果车辆通过了形式认证，标示出形式认证编号）

品牌：大通牌		型号：	
发动机型号：			
发动机最大净功率：	kW	最大设计总质量：	kg
最大设计装载质量：	kg	座位数：	
生产序号：		生产日期：□□□□年□□月	

图4-5　某载货汽车标牌示例

（2）客车

上海汽车工业（集团）总公司生产的某一型号的浦江牌客车。

上海电车厂　制造

LSKA01B19WBOO1624

（如果车辆通过了形式认证，标示出形式认证编号）

品牌：浦江牌		型号：
发动机型号：		
发动机最大净功率：	kW	额定载客人数：
最大设计总质量：	kg	
生产序号：		生产日期：□□□□年□□月

———————————————————————

（此处同时还可以增加有关车辆的一些技术参数。）

图4-6　某客车标牌示例

（3）乘用车

上海大众汽车有限公司生产的某一型号的桑塔纳牌乘用车如图 4-7 所示。

上海大众汽车有限公司　制造

LSVBCGC26XC000001

（如果车辆通过了形式认证，标示出形式认证编号）

品牌：桑塔纳牌		型号：	
发动机型号：			
发动机最大净功率：	kW	座位数：	
最大设计总质量：	kg		
生产序号：		生产日期：□□□□年□□月	

（此处同时还可以增加有关车辆的一些技术参数。）

图 4-7　某乘用车标牌示例

（4）半挂牵引车

（制造厂名称）制造

（VIN）

（如果车辆通过了形式认证，标示出形式认证编号）

品牌：		型号：	
发动机型号：		牵引座上最大设计静载荷：	kg
牵引销孔直径：	mm	最大设计牵引质量：	kg
生产序号：		生产日期：□□□□年□□月	

（此处同时还可以增加有关车辆的一些技术参数。）

图 4-8　某半挂牵引车标牌示例

第三节　国外著名汽车厂家汽车型号简介

一、法拉利汽车型号

法拉利汽车的型号通常用“F”打头（F 是法拉利英文 Ferrari 的首个字母），但也有部分车型没有 F 字母。后面的数字大多是和发动机的排量有关，一般第一和第二位数字是表示排量、第三位数字表示气缸数，但有例外。

例如：

1）F355：355 的前两位数字 35 代表其排量为 3. 5L，而最后一位数字 5 代表每气缸有 5

个气门。

2）F512M：512 代表其排气量为 5L，且有 12 个气缸，M 代表它的外观经过改款。

3）F50：50 代表该车是法拉利汽车厂建厂 50 周年的纪念车。

4）550Maranello：该车型命名比较复杂，具有多重意义。550 首先代表其排气量为 5.5L，其次，在推出之时正逢法拉利汽车厂建厂 50 周年志庆，Maranello 则是法拉利汽车厂所在城市的名称。

二、奥迪汽车型号

大部分奥迪汽车轿车的型号是用公司英文（Audi）的第一个字母“A”打头，如奥迪 A2、A3、A4、A6、A8 系列等。后面的数字越大表示等级越高，A2、A3 系列是小型轿车，A4 系列是中级轿车，A6 系列是高级轿车，A8 系列是豪华轿车（目前 A8 是奥迪最高档的轿车）。

除了以 A 字打头的轿车外，奥迪还有 S 系列、Q 系列、R 系列和 TT 系列等。S 系列多是高性能运动车型，但并非是越野车，主要包括 S3、五秒俱乐部的成员 S4、S6 以及将尖端科技荟萃于一身的 S8。Q 系列中的 Q7 是一款 SUV 车，它将运动性、功能性、高科技和豪华品质巧妙地融为一体。TT 系列则全部是跑车。

三、奔驰汽车型号

奔驰车的级别和排量都是标在左边的。有些车右边还标有 DIESEL 或 TURBODIESEL 的字样，其中 DIESEL 表示是柴油发动机，TURBODIESEL 表示是涡轮增压柴油机。

奔驰汽车前面的字母表示类型和级别：A 级是小型单厢车，C 级为小型轿车，E 级为中级轿车，S 级为高级轿车，M 级为 SUV，G 级为越野车，V 级为多功能厢式车，SLK 为小型跑车，CLK 为中型跑车，SL 为高级跑车，CL 为高级轿跑车，SLR 为超级跑车。

奔驰汽车型号中间的数字表示发动机排量，如 280、300 及 500 代表发动机排量分别为 2.8L、3L 及 5L。

奔驰汽车型号尾部的字母 L 表示为加长车型，Diesel 表示为柴油。如 S600L 则表示为高级、排量 6L、加长型轿车。

四、宝马汽车型号

宝马（BMW）汽车公司主要生产轿车、跑车、越野车三大车种。

宝马轿车有 3、5、7 和 8 四个系列，轿车型号的第一个数字即为系列号，第 2 和第 3 个数字表示排量，最后的字母 i 表示燃油喷射，A 表示自动挡、C 表示双座位，S 表示超级豪华。

例如：

1）318iA 表示汽车为 3 系列、发动机排量 1.8L、燃油喷射、自动挡。

2）850Si 表示汽车为 8 系列轿车、发动机排量 5L、超级豪华型、燃油喷射。

宝马汽车型号中代表排量的数字，大部分与发动机排量近似。但随着车型的不断更新，个别车型将发动机的排量增大了。为了市场需要，有些车型仍采用老型号，如现在 750i 的发动机排量为 5.4L（而不是 5.0L）、540i 的发动机排量为 4.4L（而不是 4.0L）。

宝马跑车型号用 Z 打头，主打车型有 Z3、Z4、Z8 等，后面的数字越大表示越高级。

宝马越野车用 X 打头，代表车型是 X5。

小　结

VIN车辆识别代号编码由一组字母和阿拉伯数字组成，共17位，又称17位识别代号编码。世界各国汽车公司大都采用了VIN（Vehicle Identification Number）车辆识别代号编码。VIN编码的每位代码代表着汽车的某一方面信息参数。按照编码的顺序，从VIN编码中可以识别出该车的生产国、制造公司或生产厂家、车的类型、品牌名称、车型系列、车身形式、发动机型号、车型年款（属哪年生产的车型）、安全防护装置型号、检验数字、装配工厂名称和出厂顺序号码等。经过排列组合，17位代号编码可以使汽车生产在全世界范围30年之内不发生重号现象，如同汽车的身份证。

各国政府以及各汽车公司从不同的层面对本国或本公司生产的汽车的17位识别代号编码作出具体规定。各国国家层面的技术法规一般只规定车辆识别代号的基本要求。各国有关车辆识别代号的技术法规既有差异，也有共同之处。各汽车公司对于VIN编码的规定，随着车型年款的不同和汽车发往国家的不同（各国政府对VIN编码有不同的规定和要求），也会有所不同。

目前我国按照《车辆识别代号管理办法（试行）》对车辆编码进行规范管理。

我国编制各类汽车产品型号依然在采用1988年颁布的国家标准GB/T 9417—1988《汽车产品型号编制规则》。GB/T 9417—1988《汽车产品型号编制规则》适用于新设计定型的各类汽车和半挂车，不包括军用特种车辆。

国家标准GB/T 18411—2001《道路车辆　产品标牌》对汽车铭牌的形式、尺寸、标牌的位置、标牌的固定以及标牌的内容作了明确规定。

复习思考题

4-1　VIN编码主要有哪些作用?

4-2　我国的《车辆识别代号管理办法（试行）》规定车辆识别代号由哪几个部分组成?

4-3　我国汽车型号编制规则中汽车型号由哪几部分构成?

4-4　国家标准GB/T 18411—2001《道路车辆　产品标牌》对汽车铭牌的内容作了怎样的规定?

第五章　汽车使用寿命及报废

【学习目标】

1. 了解汽车使用寿命的分类，掌握不同使用寿命的含义及相互之间的关系。
2. 掌握汽车经济使用寿命的指标及影响汽车经济使用寿命的因素。
3. 了解我国汽车的报废标准，掌握汽车报废标准最新动态。

第一节　汽车使用寿命

汽车的使用寿命是汽车从开始使用到不能使用的整个时期，指从技术上和经济上汽车的使用极限，用累计使用年数或者累计行驶里程数表示。

一、汽车使用寿命的分类

汽车使用寿命可分为技术使用寿命、合理使用寿命和经济使用寿命。

1. 技术使用寿命

汽车的技术使用寿命又称“物理使用寿命”，指汽车从全新状态投入生产开始，直到在技术上不能按原有用途继续使用为止的时间。

汽车技术使用寿命与汽车的制造质量、材料品质、使用条件、驾驶操作技术及保养、维修质量等因素有关。汽车有时可通过恢复性修理延长车辆的技术使用寿命。但是，随着使用时间的延长，汽车的维修费用也会随着增加。

2. 经济使用寿命

汽车的经济使用寿命是指汽车从全新状态开始，到年平均总费用最低的使用年限。超过这个年限，汽车在技术上仍可继续使用，但年平均总费用上升，在经济上不合算。

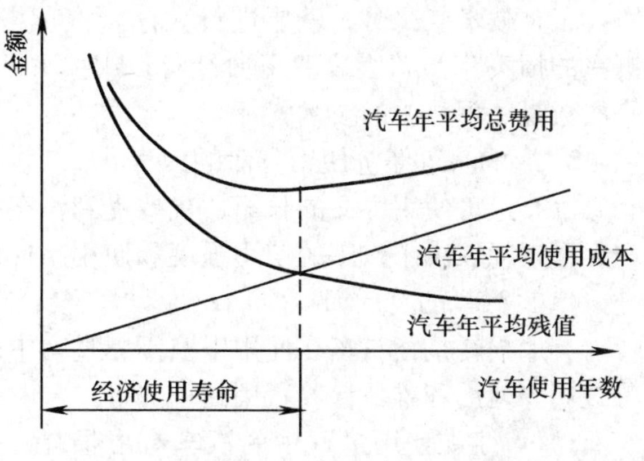

图 5-1　汽车经济使用寿命分析示意图

如图 5-1 所示，汽车经济使用寿命是从汽车使用总成本出发，分析车辆制造成本、使用与维修成本、管理费、车辆当前的折旧以及市场价格变化等因素，经过分析做出的综合性经济评定。

研究汽车使用寿命的重点应该是汽车经济使用寿命。国外对汽车经济使用寿命作了大量研究。据资料介绍，在一辆汽车的整个使用时期内，汽车的购置费平均约占全部使用期内总费用的 15%，而使用、维修费用占总费用的 85%。所以，如果汽车在长期运行中能保持较低的使用维修费，其汽车经济使用寿命则长，反之则短。

许多国家的汽车使用期限完全按经济规律确定，除了考虑车辆本身的运行费用增加外，还考虑新车型性能的改进和价格下降等因素。部分国家载重汽车的经济使用寿命见表 5-1。

表 5-1 部分国家载重汽车平均经济使用寿命 （单位：年）

国 别	美国	日本	德国	法国	英国	意大利	中国
平均经济使用寿命	10.3	7.5	11.3	12.1	10.6	11.2	10

3. 合理使用寿命

汽车的合理使用寿命是以汽车经济使用寿命为基础，综合考虑整个国民经济的发展水平，计入经济承受能力和能源节约等因素所制定的适合国情的使用期限。简单来说，就是汽车到了经济使用寿命，但是否需要更新，还要视国情而定。

二、汽车经济使用寿命

1. 指标

汽车经济使用寿命的指标主要包括：使用年限、行驶里程和大修次数。

（1） 使用年限

即汽车从开始投入运行到报废的年数。

这种方法的优点是除了考虑运行时的损耗，还考虑闲置的自然损耗，计算简单。但它的缺点是不能充分真实地反映汽车的使用强度和使用条件，造成使用年数相同的车辆之间技术状况差异很大。

（2） 行驶里程

即汽车从开始投入运行到报废为止总的行驶里程。

这种方法的优点是部分反映了汽车的使用强度，但缺点是反映不出运行条件的差异和闲置期间的自然损耗。

对于许多营运车辆，使用年数大致相同，但由于不同的运行条件，可能其累计行驶里程就差异很大，所以行驶里程是一项重要的考核指标。

（3） 大修次数

汽车在使用过程中，当动力性和经济性下降到一定程度，无法用正常的维护和小修使其恢复正常技术状况时，就要进行大修。汽车报废前，就需要权衡“买新车的费用加旧车未折完的损失”与“大修费用加经营费用损失”两者的得失，综合衡量后得出经济合理的大修次数是一项重要的技术指标。

2. 影响汽车经济使用寿命的因素

汽车经济使用寿命的长短，主要受到汽车有形损耗和无形损耗的影响。而汽车有形损耗和无形损耗取决于汽车的使用强度和使用条件以及汽车使用地区的经济水平等。

（1） 汽车的有形损耗

有形损耗是指汽车在使用以及闲置过程中的损耗。如磨损、锈蚀、腐蚀、零件变形、疲劳破坏，使用和维护保养费用的增加等。

1） 发生在使用过程中的汽车有形损耗，主要是机件配合副的机械磨损、基础件的变形、零部件的疲劳损坏等，称为第一种损耗。

2） 汽车的有形损耗也发生在汽车的闲置过程中，如因闲置不用而生锈、因日晒雨淋而使橡胶件及车漆老化等，这些称为第二种损耗。

第一种损耗与汽车的使用时间和使用强度成正比，第二种损耗与闲置时间成正比。

（2） 汽车的无形损耗

无形损耗是指由于技术进步、生产效率的提高，使得生产同样车型汽车的成本降低，从而使原有汽车的价格下降；或者是由于技术进步、生产效率的提高，出现了性能好、效率高的新车型，使得原来的车型价格下跌，促使旧汽车提前更新。

（3）使用强度

前面说过，汽车的有形损耗与汽车的使用强度有关。而不同的汽车、不同的使用者、不同的用途，汽车的使用强度差异很大，汽车的经济使用寿命也不一样。

从行驶里程上来说，汽车的使用强度从 1×10^4km/年～15×10^4km/年不等。显然，年平均行驶里程越长，汽车的使用强度越大，经济使用寿命也越短。表5-2列出了几种车辆年均行驶里程。从表中看出：私家车强度最低，长途客车的强度最高。

表5-2　各类车辆年均行驶里程　（单位：10^4km/年）

私家车	商用车	出租车	公交车	长途客车	大货车
1～3	2～5	10～15	8～12	10～20	8～12

从用途来看，出租车的使用强度显然大于私家车，经常超载的汽车使用强度要大于正常运载的汽车。

（4）使用条件

汽车的使用条件影响汽车的有形损耗，从而影响汽车的经济使用寿命。汽车的使用条件包括道路条件及自然条件。

道路条件对汽车的有形损耗与汽车的经济使用寿命影响很大。如果道路条件差，一方面会使得车速变慢，从而使汽车的燃油消耗增加，另一方面还会使汽车的磨损增加，最终使汽车的经济使用寿命下降。

自然条件的差异如各地温度、湿度、空气密度、含氧量以及空气中沙尘含量等的不同，也会影响汽车的有形损耗和无形损耗，从而使得汽车的经济使用寿命不同。

（5）经济水平

不同的国家，经济发展水平不同。我国各地的经济发展速度及发展水平有很大的差异。各地的物价指数、劳动力价格指数等直接影响着汽车的有形损耗和无形损耗，从而影响汽车的经济使用寿命。

第二节　我国汽车的报废标准

一、汽车强制报废标准简介

我国汽车的报废标准目前执行的是1997年发布的《机动车（汽车）强制报废标准》。此标准第二次修改是2004年，要求轿车、面包车（微型车除外）上牌以后6年之内每两年检验一次，第6年～第15年每年年检一次，超过15年而没有报废的车辆，第15～第21年每年检验两次，第21年以后每年检验四次，该标准一直实行至2006年。该标准大体上遵循着“以使用年限为主、使用里程为辅”的强制报废原则。

但是，现行的汽车报废标准在实施过程中存在着六大问题：

1）现行标准与现有法规个别项目不协调。

2）规定的年限和里程需要调整。

3）技术要求及指标体现不充分。

4）部分项目和指标难以操作。

5）车检内容与报废标准要求不一致。

6）对挂车的报废没有作出规定。

2006年，新《汽车强制报废标准》草案中，弱化了年限和里程指标，强化车辆的技术状态及安全、节能、环保指标，同时兼顾可操作性。与旧标准相比，新标准将取消小型、微型乘用车的报废年限规定，对其他车型的延长报废年限进行调整，把使用里程从强制报废指标变为参考指标，更多考量排放和安全技术状况。

新《汽车强制报废标准》使那些车况不错、技术也较新的汽车可以正常地延长使用寿命，而某些技术落后、车况很差的汽车如果检验不符合要求，即使没有达到原先规定的年限也必须报废。

值得特别注意的是，新《汽车强制报废标准》对汽车的使用年限重新进行了规定，取消了私家车等非营运车的报废年限，改为自注册登记以后第21年起，其安全技术检验增加功率检验项目，该检验项目要求车辆底盘输出功率不低于发动机额定功率的60%或者最大净功率的65%。

新《汽车强制报废标准》同时还规定，在一个检验周期里的车辆，安全不合格、环保不达标者将被强制报废。功率检验项目也将取代目前的油耗检测项目，以淘汰性能指标较差的车辆。这样，许多已经使用了10多年甚至20年以上的轿车，如果车况良好、能够在年检中通过各项严格检测，就不必报废。

新的《汽车强制报废标准》会对二手车市场产生深刻的影响。二手车市场里不仅有使用年数比较长的汽车，也包含一些在技术上比较落后、在工艺与材料使用上水平很低的汽车，新的《汽车强制报废标准》将使那些报废的老爷车、严重损坏过的事故车等逐渐退出二手车市场，从而提升二手车市场里汽车的整体品质。从国外的经验看，这将会增加人们购买二手车的信心，对于促进二手车市场的繁荣有明显的好处。

二、新《汽车强制报废标准》的主要内容

1. 机动车强制报废的条件

1）达到使用年限。

2）经修理和调整仍不符合GB/T 7258《机动车运行安全技术条件》要求。

3）经修理和调整或者采用排放控制技术后，排气污染物及噪声不符合在用机动车排放国家标准。

4）因故损坏，车辆发动机、车架（或承载式车身）需要一同更换。

5）因故损坏，车辆发动机、车架（或承载式车身）之一需要更换，且变速器总成、驱动桥总成、非驱动桥总成、转向系统、前悬架、后悬架中3个或3个以上总成需要一同更换。

6）在一个机动车安全技术检验周期内连续三次检验不合格。

7）在检验合格有效期届满后连续两个机动车安全技术检验周期内未参加检验或者未取得机动车检验合格标志。

8）小型、微型非营运载客汽车自注册登记后第21年起、专项作业车自注册登记后第16年起，其安全技术检验应增加功率检验项目。小型、微型非营运载客汽车以及专项作业车在进行功率检验时，底盘输出功率低于发动机额定功率的60%或最大净功率的65%。

2. 各类机动车的使用年限规定

1）小型、微型出租载客汽车使用8年，中型出租载客汽车使用10年，大型出租载客汽车使用12年。

2）小型、微型租赁载客汽车使用10年，大、中型租赁载客汽车使用15年。

3）小型、微型教练载客汽车使用10年，中型教练载客汽车使用12年，大型教练载客汽车使用15年。

4）公共汽车、无轨电车使用13年。

5）大型旅游、公路客运汽车使用15年。

6）其他小、微型营运载客汽车使用8年，其他大、中型营运载客汽车使用15年。

7）大、中型非营运载客汽车使用20年。

8）三轮汽车、装用单缸发动机的低速载货汽车使用9年，装用单缸以上发动机的低速载货汽车及微型载货汽车使用12年，半挂牵引汽车及其他载货汽车使用15年。

9）右置转向盘汽车使用10年。

10）全挂车使用10年，半挂车、中置轴挂车使用15年。

11）正三轮摩托车使用10～12年，其他摩托车使用11～13年，具体使用年限由各省、自治区、直辖市人民政府有关部门在上述使用年限范围内，结合本地实际情况确定。

3. 新标准对各种机动车行驶里程的规定

1）小型、微型出租载客汽车行驶60万km，中型出租载客汽车行驶50万km，大型出租载客汽车行驶60万km。

2）小型、微型租赁载客汽车行驶50万km，大、中型租赁载客汽车行驶60万km。

3）小型、微型和中型教练载客汽车行驶50万km，大型教练载客汽车行驶60万km。

4）公共汽车、无轨电车行驶40万km。

5）大型旅游、公路客运汽车行驶60万km。

6）其他小型、微型及大型营运载客汽车行驶60万km，其他中型营运载客汽车行驶50万km。

7）小、微型非营运载客汽车行驶60万km，大、中型非营运载客汽车行驶50万km。

8）装用单缸以上发动机的低速载货汽车行驶30万km，微型载货汽车行驶50万km，半挂牵引汽车及其他载货汽车行驶60万km。

9）专项作业车行驶50万km。

10）正三轮摩托车行驶10万km，其他摩托车行驶12万km。

11）挂车行驶60万km。

小　　结

汽车的使用寿命是汽车从开始使用到不能使用的整个时期，是指从技术上和经济上分析汽车的使用极限，用累计使用年数或者累计行驶里程数表示。汽车使用寿命可分为技术使用寿命、合理使用寿命和经济使用寿命。研究汽车使用寿命的重点是汽车经济使用寿命。三种汽车使用寿命的关系是：技术使用寿命＞合理使用寿命＞经济使用寿命。

新《汽车强制报废标准》弱化了年限和里程指标，强化了车辆的技术状态及安全、节能、环保指标，兼顾可操作性。与现行标准相比，新标准将取消非营运小型、微型乘用车的报废年限规定，对其他车型的报废年限进行调整，把使用里程从强制报废指标变为参考指标，更多考量排放和安全技术状况。

新《汽车强制报废标准》通过对汽车排放标准更严格的监督，一方面有利于提高在用的车辆的整体质量，同时也有利于充分发挥汽车的使用价值，符合国际上车辆报废的通行处理方法。

复习思考题

5-1 什么是汽车使用寿命、有哪几种分类、具体的含义是什么？

5-2 汽车经济使用寿命通常有哪些指标？影响汽车经济使用寿命的因素有哪些？

5-3 简要叙述我国汽车的报废标准。

第六章　汽车评估基本方法

【学习目标】

1. 了解二手车评估的概念，掌握二手车评估的组成要素。

2. 掌握二手车评估的程序和二手车评估常用的标准，了解二手车评估的特点。

3. 重点掌握二手车评估的基本原则。

4. 重点掌握二手车评估方法中的现行市价法、重置成本法、收益现值法和清算价格法。

5. 熟悉现行市价法应用的前提、掌握运用现行市价法评估的基本步骤和现行市价法的几种常用计算方法、了解现行市价法的特点。

6. 了解重置成本法的理论依据、车辆的贬值及应用重置成本法的前提条件。

7. 重点掌握应用重置成本法评估二手车的具体程序和方法，了解重置成本法的特点。

8. 了解应用收益现值法的前提条件、掌握应用收益现值法的评估程序、了解收益现值法的特点。

9. 了解清算价格法的适用范围和决定清算价格的主要因素，掌握应用清算价格法的具体评估方法。

10. 重点掌握评估方法的选择与成新率的确定。

11. 了解其他二手车评估方法以及美国二手车的评估方法。

第一节　汽车评估概述

汽车评估应该包括两个方面的内容：新汽车评估和二手汽车评估。本章重点讨论二手汽车评估，关于新汽车评估的内容，将在第九章中介绍。

过去，二手汽车被称为旧汽车。在一些国家标准里，也将二手车定义为旧机动车。这样的称呼或者定义实际上是不准确的，与国际上通行的定义和称呼也不相一致。2005 年颁布的《二手车流通管理办法》中，明确规范了二手车的定义。

一般来说，旧汽车是指因使用而变得陈旧的汽车，是一个相对狭义的概念，而二手车是指从办理完注册登记手续至达到国家强制报废标准之前进行交易并转移所有权的汽车（包括三轮汽车、低速载货汽车，即原农用运输车）、挂车和摩托车，概念上相对广义、也准确。比如一辆刚刚买的新车，车主在办理完注册登记手续后因为某种原因需要转让，这样的车称为二手车就比较准确，称为旧汽车就不恰当。

一、二手车评估的概念

二手车评估是指由专业的汽车鉴定评估人员，按照特定的评估目的，遵循法定或者公允的标准和程序，运用科学的方法，对汽车进行手续检查、技术鉴定和估算价格的过程。

二、二手车评估的组成要素

二手车交易是汽车工业发展到一定阶段时，为适应市场需要、促进汽车行业健康正常发展的必然产物。在汽车业发达的国家，二手车的交易往往比新车的交易更加活跃。而规范的二手车交易不能离开二手车评估。

二手车评估包含六大要素：

1）评估的主体：即二手车评估由谁来承担。

2）评估的客体：即二手车评估的对象。

3）评估的目的：即二手车发生的经济行为的性质，它决定评估标准和方法的选择。

4）评估的程序：即二手车评估遵循的程序。

5）评估的标准：即二手车评估采用的计价标准。

6）评估的方法：即确定二手车评估值的手段和途径。

三、二手车评估的主体和客体

1. 二手车评估的主体

二手车评估的主体就是汽车评估业务的承担者，即从事评估的机构及专业评估人员。

因为二手车评估直接涉及当事人双方的权益，是一项专业性很强的工作，所以，对专业评估机构的资质以及专业评估人员的素质都有比较高的要求。二手车鉴定评估机构是由专业评估人员组成的。

二手车鉴定评估机构应当具备下列条件：

1）是独立的中介机构。

2）有固定的经营场所和从事经营活动的必要设施。

3）有3名以上从事二手车鉴定评估业务的专业人员（目前在国家职业大典中的正式名称是“二手车鉴定评估师”，2007年以前的的名称是“旧机动车鉴定估价师”）。

4）有规范的规章制度。

对二手车鉴定评估专业人员的要求是：

1）必须掌握一定的资产评估业务理论，熟悉资产评估的基本原理和方法。

2）具有一定的政策水平，掌握、熟悉有关的政策、法规、行业管理制度、以及相关的技术标准。

3）具有一定的汽车专业检测技能，能够借助必要的检测仪器，对汽车的技术状况进行准确的判断和鉴定。

4）具有较高的收集、分析信息资料的能力。

5）具备经济预测、财务会计、市场、金融、物价、法律等多方面的知识。

6）具有良好的职业道德。

最后，也是最关键的，须经过严格的考试或考核，取得二手车鉴定评估师职业资格证书。

2. 二手车评估的客体

二手车评估的客体即被评估的车辆。需要强调的是，被评估的车辆应该是合法的车辆。下列车辆禁止经销、买卖、拍卖和经纪，自然也不能被评估：

1）已报废或者达到国家强制报废标准的车辆。

2）在抵押期间的车辆或者未经海关批准交易的海关监管车辆。

3）在法院、检察院及其他司法或行政执法部门依法查封、扣押期间的车辆。

4）通过盗窃、抢劫、诈骗等违法犯罪手段获得的车辆。

5）发动机号码、车辆识别代号或者车架号码与登记号码不相符或者有凿改迹象的车辆。

6）走私或非法拼（组）装的车辆。

7）没有证明或凭证的车辆。

8）国家法律法规禁止经营的车辆。

四、二手车评估的目的与任务

二手车评估的目的是为了正确反映汽车的价值及其变化，为即将要发生的、涉及汽车的经济行为提供公平的价格尺度。具体而言，二手车评估的目的和任务包括以下几个方面。

1. 二手车交易

二手车评估的大部分目的是为二手车交易提供服务。此时，由鉴定评估机构的专业评估人员，按照交易的目的，选择恰当的评估方法，确定汽车的评估价格。二手车的评估价格供交易双方参考。

2. 二手车所有权变更

二手车评估的另一个目的是为二手车所有权变更提供服务。当企业或个人的产权变动涉及二手车所有权变更时，二手车评估可作为变更汽车所有权的量的方面的法律依据。

3. 司法咨询服务

当司法诉讼涉及到汽车方面的内容时，当事人可以委托汽车评估机构对汽车进行评估。这里，二手车评估一方面可以帮助当事人真实掌握汽车的价值，另一方面，可以帮助法院依据评估结果作出相应判决。

4. 拍卖

对于进入拍卖程序的汽车（如罚没汽车、抵押汽车、企业清算汽车或抵债汽车等），在拍卖前都需要进行鉴定估价，以准确地确认其价值，为合理地设置拍卖底价提供依据。

5. 抵押与担保

当以汽车为抵押物或者以汽车作为担保物向银行贷款时，银行通常要求首先对抵押或担保的汽车进行评估以保证发放贷款的安全性。

6. 识别拼装车辆

汽车评估机构依靠其专业知识，在评估过程中，能够识别非法拼装车、走私车、报废车等，防止这些车辆进入市场。

7. 汽车置换

随着汽车市场的发展，汽车置换逐渐成为汽车经销商和一些汽车制造厂的重要的盈利手段。汽车经销商通过二手车的收购以及销售，与新车销售一起获取利益。在此过程中，二手车评估为确定合理的二手车收购以及销售价格提供依据。

五、二手车评估的程序

二手车评估的程序通常分为以下三个步骤。

1. 接受委托

接受委托是二手车评估的开始阶段。通常是委托人向汽车评估机构发出书面形式的委托要约，委托汽车评估机构对特定的车辆按特定的目的进行评估，汽车评估机构根据具体的情况选择接受或者不接受委托。如果汽车评估机构接受委托，双方签订汽车评估委托书，明确双方的权利、责任和义务，完成第一步的接受委托程序。

2. 勘察检验

汽车评估机构接受委托后，紧接着就需要对被评估车辆进行实地勘察、检验、核定和鉴定，并收集相关资料，为评估提供可靠依据。

3. 评定估算

专业汽车评估人员在勘察检验的基础上，根据被评估车辆的特点和评估的目的，选择适当的评估方法，对被评估车辆的现值进行评定和估算，从而确定车辆最终的评估值，并出具正式的二手车鉴定评估报告书。

六、二手车评估的标准

在评估的过程中，必须选择一个恰当的评估标准，即评估计价时适用的价值类型。在二手车评估中，评估的标准有许多种，具体选用哪种，由评估的目的决定。目前二手车评估的标准主要有以下几种。

1. 现行市价标准

二手车评估的现行市价标准是以类似被评估车辆在公开市场的交易价格为基础，根据被评估车辆的情况进行修正，从而确定被评估车辆当前价值的一种二手车评估计价标准。

例如，评估一款二手车，当地市场上车型类似、配置类似、生产年代相近的车款市价便具有相当高的参考作用，作一定地修正后便可以作为此二手车的评估计价标准。

市场经济越发达、资讯越发达，市场上存在的类似车辆越多，也越适合使用现行市价标准。而且，市场中存在的类似车辆越多，应用现行市价标准得到的评估结果的准确度、可信度也越高。

现行市价标准是二手车评估中最经常采用的计价标准之一。

2. 重置成本标准

二手车评估的重置成本标准是指在目前条件下，以按功能重新购置被评估车辆所需的成本来确定被评估车辆价值的一种计价标准。

当二手车评估的目的是资产保全或者投保时，用此标准比较适合。当市场不够发达，市场上与被评估车辆类似的车辆不多甚至没有而无法运用现行市价标准时，可以采用重置成本标准。

3. 收益现值标准

二手车评估的收益现值标准主要应用于营运车辆的评估，它是根据被评估车辆（通常是营运车辆）未来将产生的预期收益，按适当的折现率折算成现值，从而评定被评估车辆的当前价值的一种评估计价标准。收益现值标准一般不用于普通非营运车辆的评估。

4. 清算价格标准

二手车评估的清算价格标准主要用于以企业破产、停业清算、资产抵押为目的的涉及汽车的评估。此类评估的一个非常重要的特点是资产需要快速变现。

二手车评估的清算价格标准就是以被评估车辆能够实现快速变现的价值为依据，确定被评估车辆现时价值的一种计价标准。

因为清算价格一般低于市场价格，所以清算价格标准的运用范围有严格限制。

七、二手车评估的特点

一般的评估通常具有现实性、市场性、预测性、公开性、咨询性几个特性。

汽车在我国与其他类型的资产有很大的区别，随着近年来我国汽车工业的快速发展，家庭汽车保有量迅速增加，汽车已经逐渐成为消费品。汽车有它自身的一些特点：

1）汽车的单位价值较大，生命周期比较长。

2）汽车的使用范围很广。

3）汽车的用途、使用条件、使用强度及维护水平的差异很大。

4）对汽车的使用有严格的登记管理制度，汽车附加的税费比较高。

5）汽车是高科技产品，专业技术性很强，汽车评估需要专门技术人才。

以上这些汽车的特点，决定了二手车评估有以下特点：

1）二手车评估以技术鉴定为依据。一方面，随着近年来电子技术及计算机技术的发展和在汽车上的大量应用，汽车的科技含量越来越高。所以，评定汽车的价值，必须通过技术检测等手段来鉴定。另一方面，汽车在长期的使用过程中，机件不断磨损，随着行驶里程、使用年限的增加，汽车的有形损耗和无形损耗不断加剧，而损耗程度却又因汽车的使用条件、使用强度、维修和保养水平的不同而差异很大。所以，必须通过检测等技术手段来鉴定汽车的损耗程度，以便既科学又准确地评定汽车的价值。

2）二手车评估以单辆为评估对象。因为汽车的个体单位价值相差比较大，汽车的类别型号多，结构差异很大，所以为了保证评估的质量，二手车评估一般都是分整车逐个进行鉴定评估。只有遇到产权整体转让时，为了简化程序以提高评估效率，经过转让双方同意后可以采用整批评估的方式。

3）汽车评估须考虑税费及管理费。我国对车辆实行严格的登记管理制度，汽车的管理费、附加税费比较高。在二手车评估时，必须考虑以上这些费用。

八、二手车评估的业务类型

按二手车鉴定估价服务对象的不同，二手车评估的业务类型一般分为交易类和咨询服务类。

1. 交易类

二手车评估以二手车交易业务为服务对象，为二手车交易提供有偿服务。这是二手车评估的主要业务。

2. 咨询服务类

二手车评估以非交易业务为服务对象，是一种有偿的咨询服务。

九、二手车评估的方法

在评估学中，评估的基本方法有三种，即现行市价法、重置成本法和收益现值法，另外还有一种派生的方法——清算价格法。

在二手车评估中，通常也是采用现行市价法，重置成本法，收益现值法和清算价格法。还有一些实用的方法。

十、评估的基本假设

在二手车评估中，通常有三种基本假设，即继续使用假设、公开市场假设和清算假设。设定假设的目的是反映二手车在被评估时的状态。对于不同的假设条件，适用不同的评估标准及评估方法，最终得到不同的评估结果。

1. 继续使用假设

在这类假设中，二手车将继续使用（不论是按原来的用途或者是改变用途），并且将在使用中产生效益。这是体现二手车使用价值的假设。

2. 公开市场假设

在这类假设中，二手车可以公开交易，交易的价格取决于市场的供求关系。这是能够反映二手车实际价值的假设。因为只有在一个发达的、既公平又公开的市场里，二手车的成交价格才最能体现其真实价值。

3. 清算假设

在这一类假设中，二手车是在某种强制状态下被出售，交易双方的地位不平等，并且通常要求交易在短时间内完成。因此，在此假设中，二手车的评估价值一般低于前两种假设条件下的评估值。清算假设一般只适用于企业破产或停业清算等特殊情形下的二手车评估。

十一、二手车评估的基本原则

为了正确反映在经济活动中涉及汽车的价值及其变化，为针对汽车的经济行为提供公平的价格尺度，二手车评估必须遵循一定的原则，以确保评估结果公平、公正、合理。

1. 专业性原则

专业性原则一方面对二手车评估机构的资质和组成有强制性要求，同时对从事二手车评估的专业评估人员的技能和素质有具体的要求。唯有这样才能保证鉴定评估结果的专业性和准确性。

2. 独立性原则

独立性原则要求从事二手车评估的机构和人员必须是独立的第三者，与当事人没有利益上的联系，从而保证评估工作严格按照相关的法律和公允的评估程序、选择适当的评估标准和方法、独立地进行评估工作，得到公平合理的评估结果。

3. 客观性原则

二手车评估工作须以车辆的实际状况为依据，真实地测量和纪录车辆的相关数据，客观地评估车辆的价值。

4. 科学性原则

在二手车评估工作中，应该根据被评估车辆的特点和特定的评估目的，选择适当的评估标准和评估方法，制定科学合理的评估方案，使评估结果合理可靠。

5. 可行性原则

在二手车评估工作中，所得到的评估结果不能脱离实际，一定要得到市场的认可并且是切实可行的。

第二节　现行市价法

现行市价法又称“市场法”或者“市场价格比较法”。现行市价法是指通过比较被评估车辆与评估基准地市场近期发生交易的类似车辆相同和相异之处，将交易价格作适当地调整，从而确定被评估二手车价值的一种评估方法。

现行市价法是评估学三大基本方法之一，也是二手车评估中最直接、最简单、最有效的一种评估方法，运用最为广泛。

现行市价法通过市场调查，选择一辆或几辆与被评估车辆相同或相似的车辆作为参照物，分析参照物的结构、功能、性能、市场环境等方面，并且与被评估车辆作对应比较，找出两者的相同与不同之处，分析这些相同与不同之处对被评估车辆价格的影响，经过调整后，计算出被评估车辆的市场价格。

一、现行市价法应用的前提

应用现行市价法，首先必须具备合适的参照车辆。而要寻找到合适的参照车辆，就必须具备以下条件：

1）有一个成熟的、健康的、竞争完全充分的二手车交易市场。一方面，只有在这样的市场里，才会有大量的二手车交易，也才可能找到与被评估车辆类似的车辆交易价格。另一方面，可参照的类似车辆交易越多，所得到的评估结果越准确、越有实际意义。

2）参照车辆与被评估车辆可比较的性能指标和技术参数等资料是可收集的，并且这些性能指标和技术参数对价格的影响因素既明确又可以量化。

3）找到的参照车辆是近期成交的，性能指标和技术参数是可比较的。近期成交是指成交日期与被评估车辆的评估基准日接近。二手车评估一般要求参照车辆是在三个月内成交的，以保证参照车辆的成交价格具备较高的参照性。性能指标和技术参数可比较是指车辆的类型、型号、成色、主要参数、价格条件等方面差别不大。

二、运用现行市价法评估的基本步骤

1. 收集资料

运用现行市价法评估二手车的第一步就是要考察被评估车辆，同时收集所有与其相关的资料。需要收集的资料包括被评估车辆的类型、型号、主参数、出厂日期、该车型是否在产（如果在产，市场价格多少）以及该车使用情况（包括使用性质、已使用年限、尚可使用年限、技术状况）等。

2. 选择参照车辆

在二手车评估中，通常需要选择三辆以上的参照汽车。所选择的参照汽车须根据评估的特定目的，按可比性原则选择二手车交易市场中的参照车辆。二手车评估中的可比性因素包括：

1）车辆类型：在二手车评估中，只能选择同类车参照。如轿车对轿车，货车对货车等。同时还须考虑车辆的型号和生产厂家，尽量选择相同或者相近的汽车。

2）主要技术参数：在二手车评估中，参照车辆只能选择主要技术参数与被评估车辆相近的。比如轿车须选排量相近的，货车须选载重量相近的，客车须选座位数相近的等。

3）功能：要求参照车辆与被评估车辆的功能相同或相近、配置相同或相近。

4）车辆用途：只能选择使用性质相同的车辆作为参照车辆。比如，营运车不能作为非营运车的参照车辆，出租车不能作为租赁车的参照车辆，家用车不能作为公用车的参照车辆等。

5）车辆成色：要求选择与被评估车辆使用年限、行驶里程相近的参照车辆。

6）车辆技术状况：在二手车评估中，要求选择技术状况与被评估车辆相近的车辆作为参照车辆。

7）交易动机和目的：交易的动机和目的不同，交易价格往往差别很大。比如车辆出售是以抵债为目的，那么此时的交易价格通常比正常的交易价格低许多。所以在选择参照车辆时，须选择交易动机和目的与被评估车辆相同的参照车辆。

8）交易时间：参照车辆的交易时刻与评估基准日不能差太久，一般要求小于三个月，否则其参照价值就差很多。随着我国汽车工业的飞速发展，汽车市场的竞争也越来越激烈，汽车的价格波动也越来越大。新车市场的价格变化必然影响二手车市场的价格。所以，应该尽量选择与评估日期相近的成交车辆作为参照车辆。

9）交易地点：我国地域差别比较大，各地区经济发展不平衡，物价也不一样。不同地区的二手车市场中，同样车辆的成交价格可能差异很大。为了保证评估结果地准确和有效，选择的参照车辆交易地点与评估基准地最好在同一城市，至少也应该在同一个经济区域。

10）交易数量：交易的数量对交易的价格有很大的影响。在二手车评估中，应该选择交易数量与被评估车辆交易数量相近的参照车辆。

3. 分析被评估车辆与参照车辆的差异，进行价格修正

这里有一个通用的公式

$$P_1 = C_1 K_1 K_2 K_3 K_4 K_5 \cdots$$

式中 P_1——“参照车辆1”的修正价格；

C_1——“参照车辆1”的交易价格；

K_1——主要参数修正系数；

K_2——功能修正系数；

K_3——使用年限与行驶里程修正系数；

K_4——技术状况修正系数；

K_5——评估时间修正系数。

按上面的公式，可依次计算出“参照车辆2”、“参照车辆3”等的修正价格 P_2、P_3 等。

在二手车评估中，以上修正系数的确定通常需要依靠经验积累。

4. 计算评估值

有了上一步得到的各参照车辆的修正价格，将各参照车辆的修正价格平均，便可计算出被评估车辆的最终评估值。

$$\text{评估值}\ P = (P_1 + P_2 + P_3 + \cdots + P_n)/n$$

式中，P_1、P_2、$P_3 \cdots P_n$ 分别为各参照车辆的修正价格。

三、现行市价法的具体计算方法

运用现行市价法的具体计算方法主要有直接比较法和类比调整法两种。

1. 直接比较法

直接比较法也称为直接法。即利用二手车市场中具有相同基本特征的参照车辆的交易价格直接与被评估车辆进行比较，从而判断被评估车辆价值的方法。通常是直接将参照车辆交易价格作为评估价格。

在二手车评估中，完全相同的车辆是很难找到的。通常能够具有汽车类别相同、主要技术参数相同、结构性能相同就可以认定为具有相同基本特征。

2. 类比调整法

类比调整法也称为类比法，是现行市价法中最基本的评估方法之一。当在二手车市场中不能找到具有相同基本特征的参照车辆时，便不能采用直接法。但如果能找到类似的参照车辆，可采用类比调整法。

类比调整法不要求参照车辆与被评估车辆一样，只要在车辆的主要方面基本相同或相似。类比调整法通过对比分析参照车辆与被评估车辆之间的差异，在参照车辆成交价格的基础上调整被评估车辆的价值。

在具体的二手车评估过程中，类比调整法通常有以下几种具体的计算方法：

1）直接售价类比法：即以参照车辆的成交价为基础，考虑参照车辆与被评估车辆在功能、市场条件和销售时间上的差异。此时

$$评估值=参照车辆成交价+功能差异值+时间差异值+\cdots\cdots$$

或

$$评估值=参照车辆成交价\times功能差系数\times时间差系数\times\cdots\cdots$$

2）功能价值法：即以参照车辆的成交价为基础，考虑参照车辆与被评估车辆的功能差异后进行调整，从而估算被评估车辆的价值。此时

$$评估值=参照车辆成交价\times功能价格系数$$

3）价格指数法：即以参照车辆的成交价为基础，考虑参照车辆的成交时间与被评估车辆评估基准日的时间差异对车辆价值的影响，利用价格指数调整被评估车辆的价值。此时

$$评估值=参照车辆成交价\times(1+物价变动指数)$$

4）成新率价格法：即以参照车辆的成交价为基础，考虑参照车辆与被评估车辆新旧程度的差异，调整被评估车辆的价值。此时

$$评估值=参照车辆成交价\times(被评估车辆成新率/参照车辆成新率)$$

5）市价折扣法：即以参照车辆的成交价为基础，考虑被评估车辆在销售条件、销售时限等方面的不利因素，凭借评估人员的经验，设定一个折扣率来估算被评估车辆的价值。此时

$$评估值=参照车辆成交价\times(1-折扣率)$$

6）成本市价法：即以被评估车辆现行的合理成本为基础，利用参照车辆的成本价比率来估算被评估车辆的价值。此时

$$评估值=被评估车辆现行合理成本\times(参照车辆成交价/参照车辆现行合理成本)$$

7）市盈率乘数法：即以参照车辆的市盈率作为乘数（即倍数），与被评估车辆的收益额相乘，得到被评估车辆价值的方法。此时

$$评估值=被评估车辆收益额\times参照车辆的市盈率$$

此方法局限于在营运车辆的评估中运用。

四、现行市价法的特点

运用现行市价法作二手车评估，其中已经考虑了车辆的各种贬值因素，包括有形损耗、功能性损耗和经济性损耗。一般来说，市场价格是车辆各种因素对车辆价值影响的综合体现，有形损耗、功能性损耗对车辆所造成的贬值作用都会在市场价格中体现。而经济性贬值则表现为供求关系的变化对市场价格的影响。所以，在应用现行市价法时，不再另行计算以上这些因素对评估值的影响。

1. 现行市价法的优点

1）现行市价法能客观、综合而又充分地反映汽车当前的市场状况，同时反映相关的配件及修理业目前的市场状况。因为评估的参数和指标直接来自市场，所以评估值能充分反映市场的现实价格。

2）因为来源于市场，所以评估结果容易被市场各方所承认，具备较强的实际意义和实用价值。

2. 现行市价法的缺点

1）现行市价法需要有成熟、健康、活跃、竞争充分的二手车交易市场作为基础。我国的二手车交易近年来发展很快，但仍处于初级阶段，而且地区间存在巨大的差异，许多地方

的二手车交易市场尚处于发育不够完善阶段，经常出现找寻参照车辆困难的问题，或者是找到的参照车辆与被评估车辆差异太大，使得运用现行市价法进行二手车评估受到很大制约。

2）应用现行市价法进行二手车评估，经常遇到影响汽车价值的因素多而复杂的困难。比如，即使是同一品牌、同一型号的汽车，不同的使用者、不同使用环境以及不同的维护保养都会造成车辆个体间巨大的差异。而要求这些因素完全一样是不现实的。这给运用现行市价法进行二手车评估增加了很大的难度。

3）现行市价法对信息资料的数量和质量要求比较高。这一方面要求评估人员有丰富的评估经验和评估技巧，同时要求专业评估人员加强平时的数据收集和经验积累。

五、应用现行市价法举例

2007 年 8 月，海南省海口市李先生有一辆一汽海马产的“福美来 AT”家用轿车欲转让，委托海口某二手车鉴定评估机构对该车进行评估。

二手车鉴定评估机构首先对该车的基本情况进行了解：该车 2003 年产、行驶里程 8 万 km、正常保养、无重大事故纪录，经电脑检测无故障、车况良好。

该车为海南本地生产，在海口及海南的市场保有量较高，在二手车市场的交易量也比较大，适合运用现行市价法进行评估。评估机构接受委托后立即对海口的二手车市场进行了调查，选取了三宗交易作为评估参照。

1）参照汽车一：“福美来 AT”轿车，2003 年产、行驶里程 9 万 km、无重大事故纪录、车况良好，成交时间是在 2007 年 7 月，成交价格 6.2 万元。

2）参照汽车二：“福美来 AT”轿车，2003 年产、行驶里程 7 万 km、无重大事故纪录，车况良好，成交时间是在 2007 年 6 月，成交价格 6.8 万元。

3）参照汽车三：“福美来 AT”轿车，2003 年产、行驶里程 12 万 km、无重大事故纪录，车况一般，成交时间是在 2007 年 8 月，成交价格 5.8 万元。

因为找到的参照汽车都是近期成交的，与被评估汽车的评估基准日非常接近，同时参照汽车的性能指标和技术参数与被评估汽车非常相近，所以参照车辆的成交价格具备较高的参照性，可以应用类比调整法中的直接售价类比法，然后计算出被评估汽车的评估值。计算过程如下：

假定轿车总共可累计行驶 50 万 km，则各参照汽车成交价折算到行驶里程为 8 万 km 的修正值分别为：

“参照汽车一”修正值 $=6.2\times(50-8)/(50-9)=6.35$ 万元；

“参照汽车二”修正值 $=6.8\times(50-8)/(50-7)=6.64$ 万元；

“参照汽车三”修正值 $=5.8\times(50-8)/(50-12)=6.41$ 万元。

由此，可得到

被评估汽车的评估值 $=(6.35+6.64+6.41)/3=6.47$ 万元

第三节　重置成本法

重置成本法又称成本法，是评估学三大基本方法之一。重置成本法是指在汽车能继续使用的前提下，以现时条件重新购置一辆全新状态的被评估汽车所需的全部成本（即完全重置成本）减去各种因素引起的汽车贬值后，得到被评估汽车现时价值的一种评估方法。

一、重置成本法的理论依据

在市场经济条件下，任何一个理性的人在购买某件物品时所愿意支付的价格，不会超过购买与其具有同等效用的全新物品的购置成本。也就是说，重置被评估汽车的成本是购买一辆全新的、与被评估汽车功能效用相同的汽车所需支付的最低金额。被评估汽车的评估值是其重置成本扣除各种因素所造成的贬值后的结果。这就是重置成本法的理论依据。

按重新购置所用的材料、技术的不同，可将重置成本区分为复原重置成本和更新重置成本。

1. 复原重置成本

选用与被评估汽车相同的材料、制造标准、设计结构和技术条件，以现时价格复原购置相同的全新汽车所需的全部成本称为复原重置成本，简称复原成本。

2. 更新重置成本

更新重置成本是利用新材料、新技术、新设计等，以现时价格购置与被评估汽车相同或相似功能的全新汽车所支付的全部成本，简称更新成本。

在进行重置成本计算时，如果同时可以取得复原成本和更新成本，应选用更新成本，因为科技的进步也需要在评估中得到体现。

二、汽车的贬值

所有汽车的价值都是变量，它随着汽车的使用、闲置以及其他因素的变化而变化，且总的趋势是贬值。除了市场价格、供需关系变化的因素之外，造成汽车贬值的影响因素主要有以下几点。

1. 实体性贬值

汽车的实体性贬值也称有形损耗，是指汽车在存放和使用过程中，由于自然力的作用（包括物理和化学的作用）而发生的实体价值损耗。比如汽车零部件因使用而造成的磨损、因长期闲置而造成的锈蚀等。

确定被评估汽车实体性贬值，可以通过检查被评估汽车的新旧程度、部件的损耗程度以及仪表、内饰的磨损程度来判断。如果用损耗率来衡量，则全新车的损耗率等于零、报废车的损耗率等于100%，而其他车的损耗率介于二者之间。

2. 功能性贬值

功能性贬值也称无形损耗，是指由于科技的进步而导致的汽车贬值。科技的进步使得新的具有同等功能的汽车价格降低，从而导致原来的汽车贬值。功能性贬值又可细分为两种：一种是由于科技的进步，劳动生产率得到提高，使得目前再生产同样功能汽车的成本下降，从而造成原来的汽车贬值；另一种是由于科技的进步，出现了性能更加优良的汽车，使得原来的车型落后了，从而造成原来的汽车贬值。

3. 经济性贬值

经济性贬值是指由于外部经济环境变化所造成的汽车贬值。影响汽车价值的外部经济环境包括国家宏观经济政策、环境保护政策、市场需求以及通货膨胀等。经济性贬值虽然是因为外部的经济环境变化、而不是由汽车本身因素所引起，但是在经济环境瞬息万变的今天，其影响不可忽视。

三、应用重置成本法的前提条件

重置成本法是二手车评估中的一种常用方法。尤其是在二手车交易市场发展不完善的地方，应用前一节介绍的现行市价法在客观条件上受到一定限制时，可考虑采用重置成本法进行评估。但是，应用重置成本法须具备以下两个基本条件。

1. 被评估汽车可重新购置或者装配

国产汽车或者是在国内生产的合资品牌汽车不难满足此项要求。对于进口量小、车型陈旧或已停产的部分进口汽车，满足此项要求比较困难。但如果能够找到功能相同或相似的汽车替代，也可认为满足了此项要求。

2. 被评估汽车因各种因素而引起的贬值可以量化

要求实体性贬值和功能性贬值可以在科学检测的基础上予以量化，经济性贬值可以用数值来测量和计算。

四、应用重置成本法评估

在二手车评估中应用重置成本法可以用以下的基本公式：

$$评估值=重置成本-实体性贬值-功能性贬值-经济性贬值 \tag{6-1}$$

或

$$评估值=重置成本\times成新率 \tag{6-2}$$

一般来说，式（6-1）优于式（6-2），因为式（6-1）中扣除了有形、无形及经济性贬值。但是，在实际评估时，各项贬值量的确定比较难，弹性也比较大。所以，常常运用式（6-2）来估算。因为在式（6-2）中，成新率综合了各项贬值因素，既能反映实际，又便于实际评估操作。

1. 重置成本的确定

应用重置成本法进行二手车评估时，无论是国产车还是进口车，一律采用国内现行市场价作为确定重置成本的基础，同时将购置附加费等大额税费计入重置成本中。确定重置成本时，应以评估基准日在汽车所在地收集到的相关价格资料为准。

确定重置成本的具体方法有很多，主要有以下几种。

（1）重置核算法

也称细节分析法或直接法。即根据重建或购置被评估汽车所消耗的材料数量、工时数、各种费用等，细分后，按现时单价逐一计算，最后汇总得出被评估汽车的重置成本。

在计算消耗的材料费用、人工费用以及其他各种费用成本时，可分为直接成本和间接成本两部分。直接成本是指购置全新汽车时所花费的直接计入购置成本中的支出部分，如汽车按现行市场价计算的买价，加上汽车的运输费、消费税、人工费、购置附加费等。间接成本是指购置汽车所发生的管理费、登记费等。两者相加即得到重置成本。计算公式为

$$汽车重置成本=直接成本+间接成本$$

（2）指数调整法

也称物价指数法，是指以被评估汽车的原始价值为基础，通过价格变动指数来推算被评估汽车重置成本的方法。计算公式为

$$汽车重置成本=被评估汽车原始成本\times(汽车评估时物价指数/汽车购买时物价指数)$$

例如：2006 年 6 月评估某辆汽车，该汽车购于 2000 年，原价 18 万元，若 2000 年和 2006 年汽车的定基物价指数（以 1999 年为固定基期）分别为 96% 和 83%，则该车的重置成本为

$$重置成本=18万\times(83\%/96\%)=15.56万$$

物价指数分定基物价指数和环比物价指数两种。

定基物价指数是指按时间顺序编制的物价指数数列中，都以某一固定时期作为基期，从

而反映物价的长期动态。环比物价指数是指物价指数以其相邻的前一时期为基期，从而反映物价的逐期变化程度。

在上述的应用指数调整法的公式中，物价指数必须是定基物价指数，汽车评估时物价指数与汽车购买时物价指数的基期应该一致。

运用指数调整法须注意以下几点：

1）首先必须检查被评估汽车的购买原价。如果账面不清，汽车的原价不明确，则不能使用指数调整法。

2）确定物价指数时，一定要注意数据的权威性和可靠性。若有相关分类物价指数，选择相应分类物价指数。

3）若选用的物价指数与评估基准日之间有时间差异，应根据物价指数变化趋势作适当地调整。

当被评估汽车无法取得现时市价时（如淘汰的车型、进口车等），采用指数调整法是比较现实可行的。

（3）功能价格指数法

是指将与被评估汽车用途、功能相同或相似的新车作为参照汽车，通过被评估汽车与参照汽车生产能力的相对比例来调整估算被评估汽车的重置成本。计算公式为

$$重置成本 = 参照汽车价值 \times (被评估汽车生产能力/参照汽车生产能力)$$

例如：评估某辆货车，其额定载重量为8t。现在市场上同型号、额定载重量为10t的新货车的价格为9万。按照功能价格指数法，被评估货车的重置成本为

$$重置成本 = 9 \times (8/10) = 7.2\ 万$$

2. 确定汽车的实体性贬值

汽车的实体性贬值即汽车的有形损耗，是汽车在存放和使用过程中，由于自然力的作用（包括物理和化学的作用）而发生的汽车实体价值损耗。汽车实体性贬值的测算方法主要有以下两种。

（1）观察法

观察法是汽车专业技术人员通过对被评估汽车实体进行实际观测和技术鉴定取得汽车的有形损耗率，以有形损耗率来推断被评估汽车的新旧程度，从而计算汽车的实体性贬值。计算公式为

$$汽车实体性贬值 = 汽车重置成本 \times 有形损耗率$$

如果用成新率，则

$$汽车实体性贬值 = 汽车重置成本 \times (1 - 成新率)$$

（2）使用年限法

使用年限法是根据被评估汽车的实际已使用年限与汽车的总使用年限之比来确定被评估汽车的损耗率，计算公式为

$$汽车实体性贬值 = 汽车重置成本 \times (汽车实际已使用年限/汽车总使用年限)$$

如果新的《汽车强制报废标准》正式取消部分汽车的使用年限规定，则使用年限法不能应用在这些汽车的实体性贬值测算中。

3. 确定功能性贬值

功能性贬值细分为两种：一种是由于科技的进步，劳动生产率得到提高，使得目前再生

产同样功能汽车的成本下降，从而造成原来的汽车贬值；另一种是由于科技的进步，出现了性能更加优良的汽车，使得原来的车型落后了，从而造成原来的汽车贬值。前一种功能性贬值称为一次性功能贬值，而后一种称为营运性功能贬值。

（1）一次性功能贬值的测定

1）对于市场上能买到，厂家继续生产的全新汽车，可直接采用当前市场价格作为其评估值，这样的评估值就已经包含了功能性贬值因素。

2）若被评估汽车已经淘汰或停产，无法得到其当前的实际市场价，则只能采用参照汽车的价格，按前面介绍的现行市价法进行估算。估算时需要注意的是：参照汽车功能通常比被评估汽车有所改进和增加，所以价值通常要高于被评估汽车。

（2）营运性功能贬值的估算

营运性功能贬值的估算步骤为：

1）选定参照汽车，将其与被评估汽车对比，找出营运成本有差别的内容和差值。

2）确定被评估汽车尚可使用的年限。

3）查明应上缴的所得税率及当前的折现率。

4）通过计算“超额收益”或“成本降低额”得出营运性功能贬值。

例如：一辆额定载重量为5t的货车，营运成本为满载油耗27L/100km，维修费为3.1万元/年，求其功能性贬值。选择的参照车同样是额定载重量为5t的货车，重置成本一样，营运成本为满载油耗26L/100km，维修费为3万元/年。

按每日营运150km、每年出车250天、油价为6元/L计算。被评估汽车每年超额油耗费用为

$$(27-26)/100\ \times 150 \times 250\text{ 天} \times 6\text{ 元} = 2250\text{ 元}$$

超额维修费：3.1－3＝0.1万元＝1000元

则每年总超额营运成本＝2250＋1000＝3250元/年

如果所得税按33%税率计算，则

$$\text{每年超额营运成本净额} = 3250 \times (1-33\%) = 2177.5\text{ 元/年}$$

取折现率为11%，并假设被评估车继续运行5年。可查表得11%折现率5年的折现系数为3.696。最终可得

$$\text{被评估车营运性功能贬值} = 2177.5 \times 3.696 = 8048.04\text{ 元}$$

4. 确定经济性贬值

经济性贬值是由于各种外部因素（比如经济政策、市场竞争、价格等）的变化，而造成被评估汽车的贬值。比如汽车因积压或不能充分发挥功能而造成的贬值。汽车经济性贬值的计算公式为

$$\text{经济性贬值} = \text{汽车重置成本} \times (1 - \text{被评估汽车实际生产能力}/\text{被评估汽车设计生产能力})$$

由于影响经济性贬值的因素多而复杂，实际操作中难以把握，所以在二手车评估时只能统筹考虑或不考虑经济性贬值。

5. 求取被评估物的评估值

确定了以上的重置成本、实体性贬值、功能性贬值和经济性贬值后，便可采用重置成本法中的式（6-1）来计算被评估汽车的评估值

$$\text{评估值} = \text{重置成本} - \text{实体性贬值} - \text{功能性贬值} - \text{经济性贬值}$$

若能全面、综合地分析被评估汽车，确定其成新率，则可用重置成本法中的式（6-2）来计算被评估汽车的评估值

$$评估值 = 重置成本 \times 成新率$$

五、重置成本法的特点

重置成本法主要有以下几个特点：

1）重置成本法比较充分地考虑了被评估汽车的损耗，评估结果相对公平合理。

2）在现行市价法条件不具备的情况下，重置成本法是一种切实可行的评估方法。

3）在我国许多市场不发达地区，重置成本法具有较强的可操作性。

4）重置成本法的工作量大，其中的经济性贬值常常无法计算。

第四节　收益现值法

收益现值法是指运用适当的折现率，通过将被评估汽车未来的预期收益折算成现值来计算被评估汽车价值的一种评估方法。收益现值法也属于三种基本评估方法之一，简称收益法。

一、应用收益现值法的前提条件

收益现值法通常用于营运汽车的评估。收益现值法的理论依据是效用价值论，即汽车价值的大小取决于汽车效用的大小。汽车的效用大，其评估价值相应也高。

应用收益现值法必须具备以下两个条件：

1）被评估汽车的未来收益既是独立的、又是能连续用货币计量的可预期收益。

对于二手车评估，只有用于生产的营运性的汽车才存在独立的、连续的、可预测的收益，适合采用收益现值法。如果被评估汽车的未来收益不稳定或者不存在，比如非营运汽车，就不适用收益现值法。

2）与未来预期收益相关的风险可以预测，并且能用货币衡量。

通常来说，对于风险大的投资，要求的回报也高。预测二手车的预期收益时必须考虑风险因素。不同的风险系数，将预期收益折算成现值时所取的折现率也不一样。

二、应用收益现值法的评估程序

1. 预测被评估汽车未来收益

被评估汽车的未来预期收益是指预期的正常收益，而不是实际收益。这里所说的预期正常收益是排除了实际收益中特殊的、偶然的因素所得到的正常收益。所以，应收集与被评估汽车未来预期收益有关的市场、财务、管理、风险等资料，分析影响收益的各种因素，并且进行测算，从而科学地预测预期收益。具体分为以下两步：

（1）确定汽车的剩余经济寿命期

营运性的汽车都有使用年限的规定，二手车的剩余经济寿命期就是指从评估基准日到该车规定报废的年限，具体可参照评估时适用的《汽车强制报废标准》计算。

（2）预期收益额的确定

在运用收益现值法评估时，收益额的确定是关键。收益额是指被评估汽车在使用过程中产生的收益。收益额的确定应把握两点：

1）收益额的定义：收益额是指汽车未来期望收益，是通过预测分析得到的，不是现在

或者过去的实际收益值。

2）收益额的构成：收益额可以由税后利润、税后利润与提取折旧之和、利润总额三种名目构成。具体选择哪种名目，须符合评估目的和特点。运用收益现值法对二手车评估时，预期收益额常选用税后利润。

2. 确定折现率

对于二手车来说，确定折现率，首先应明确折现的内涵。

所谓折现，就是将未来的收益按照一定的比率，折算成现在（评估基准日）的现值。这里有一个资金时间优先的概念，或者说是资金的时间价值——即资金在周转及扩大再生产过程中，随着时间的延长而增值，具体表现为利息或利润。因为资金有时间价值，所以，将来收益的价值低于现在收益的价值。并且，收益的价值随着时间的推迟而有规律地降低。

运用收益现值法评估二手车，就是要将其未来的、各个时期的收益按资金的时间价值、进行时间价值的计算后换算成现在（评估基准日）的现值。资金的这个时间价值计算过程就是折现的算术过程，其中使用的换算比率就是折现率。

换言之，折现是将一个特定的比率应用于一个预期的将来收益流（即可测的、连续的收益），从而得出当前的价值。从折现率本身来说，它是一种特定条件下的收益率，说明汽车取得该项收益的水平。收益率越高，汽车的评估值反而越低。因为在最终收益一定的情况下，收益率越高，意味着单位资产的增值率越高，资产的当前价值反而越低。

折现率的确定是运用收益现值法进行二手车评估遇到的比较棘手的问题，微小的差异就会导致评估结果很大的不同。确定折现率，不仅应定性分析，还应定量分析。折现率类似利率但不完全相同，利率是资金的报酬，只表示资产本身的获利能力，而与使用条件、使用者、用途没有直接的联系；折现率则与汽车、以及汽车所有者的使用效果、汽车的用途有关，包含对汽车进行管理的报酬。

一般折现率应包含无风险利率、风险报酬率和通货膨胀率。每个行业、企业都有具体的资金收益率。折现率可借以参照，但最后选择的折现率应不低于银行存款或国债的利率。

3. 采用一定的折现率将被评估汽车的未来预期收益折算成现值，确定汽车的评估值

二手车收益属于有期限收益，其评估可通过测算各期内的预期收益，将其折现后累计，即可得到评估值

$$P = \sum_{i=1}^{n} \frac{R_{\mathrm{i}}}{(1+r)^{i}} \tag{6-3}$$

式中 P——被评估汽车的评估值；

R_{i}——被评估汽车各期的预期收益；

r——汽车收益的折现率；

n——汽车的剩余经济寿命期。

一辆出租车，按当地规定还能运营5年。通过分析测算，该出租车在未来5年的预期收益分别为8万元、7万元、6万元、5万元、4万元，折现率为8%。运用收益现值法，按式(6-3)，可以计算出该出租车的评估值为

$$P = \sum_{i=1}^{n} \frac{R_{\mathrm{i}}}{(1+r)^{i}} = \left(\frac{8}{(1+8\%)} + \frac{7}{(1+8\%)^{2}} + \frac{6}{(1+8\%)^{3}} + \frac{5}{(1+8\%)^{4}} + \frac{4}{(1+8\%)^{5}}\right)$$

$= 24.57$ 万元

三、收益现值法的特点

1. 应用收益现值法的优点

1）应用收益现值法，能够与投资决策相结合，比较适用于评估营运的汽车。

2）收益现值法能相对准确而又直观、贴切地反映被评估汽车的效用价值，易于被交易双方接受。

2. 应用收益现值法的缺点

1）评估时预期收益的预测难度比较大。

2）评估时容易受到主观性因素和未来不可预见因素的影响，应用的局限性比较大。

第五节　清算价格法

清算价格法不属于评估学的基本方法，是以评估学的三种基本方法为基础，以清算价格为标准的一种方法。所谓清算价格，是指企业由于清算、破产、偿还债务或其他原因，要求在规定的期限内（通常比较短促）将被评估物变现，这种在短期内将被评估物变现的价格就是清算价格。

清算价格法在原理上与现行市价法基本相同，所不同的是迫于企业急于将资产变现的时间压力，清算价格往往大大低于现行市场价格。正因为如此，清算价格法在二手车评估中的适用条件受到严格限制，只适用于企业由于破产、偿还债务或其他原因需要清算时资产中包含的汽车部分的评估。

一、清算价格法的适用范围

1）破产。因为经营亏损而资不抵债时，企业依法宣告破产，法院依法以其全部财产（注册资金范围内的）清偿债务。此时，企业的财产（包含汽车）通常要求在规定的期限内（比较短促）变现。

2）抵押。企业或个人以汽车抵押融资贷款，到期不能偿还时，需变卖抵押汽车偿还。

3）企业停业及其他急于变现的情况。

二、决定清算价格的主要因素

1. 破产形式

若原来的所有者（卖方）丧失了对财产的处置权，没有讨价还价的余地，则以买方出价决定财产的售价，此时的清算价格非常低；若原来的所有者并未丧失对财产的处置权，则以双方议价决定财产的售价，此时的清算价格相对前者要高。

2. 债权人处置被评估物的方式

视当初的合同条款，决定债权人处置被评估物的方式，从而影响清算价格。

3. 清理费用

企业破产后，往往清理费用占较大比重。在应用清算价格法进行二手车评估时，须对此予以充分考虑。清算价格不能低于清理费用。

4. 拍卖时限

通常，拍卖的时限长，清算价格相对较高；反之，拍卖的时限短，清算价格相对较低。

5. 拍卖范围

拍卖范围对清算价格也有比较大的影响。拍卖范围大，相应的清算价格高；反之，拍卖范围小，相应的清算价格则低。

6. 拍卖方式

对汽车来说，若与企业其他资产一起整体拍卖，可能比分割拍卖的价格高，相应的清算价格也高。

7. 参照汽车的市场价格

市场上类似汽车的价格高，则被评估汽车的清算价格也高。

三、清算价格法的具体评估方法

1. 现行市价折扣法

现行市价折扣法是首先用现行市价法对被评估汽车进行评估，确定一个初步的评估价格，然后根据快速变现的原则评定一个折扣率，用折扣率乘以前面得到的初步评估价格，最终得到清算价格的方法。

折扣率须根据具体情况确定，约在0.5～0.85范围内。

2. 重置成本折扣法

重置成本折扣法是先用重置成本法得到被评估汽车的初步评估价格，然后根据快速变现的原则评定一个折扣率，用折扣率乘以前面得到的初步评估价格，最终得到清算价格的方法。

3. 收益现值折扣法

收益现值折扣法是针对营运车辆，先用收益现值法得到被评估汽车的初步评估价格，然后根据快速变现的原则评定一个折扣率，用折扣率乘以前面得到的初步评估价格，最终得到清算价格的方法。

4. 模拟拍卖法

模拟拍卖法是通过向潜在的购买者询价的办法获得市场信息，然后经过综合分析最终确定汽车清算价格的一种方法。

四、应用举例

一辆公司用的POLO1.6轿车，因为清偿债务将被拍卖。该车至评估基准日已使用了2年，行驶了6万km，无事故纪录，经过检测，技术性能良好。试评估该车的清算价格。

评估过程：

本次评估的目的是债务清偿，适用清算价格法。采用重置成本折扣法。

1. 确定汽车的重置成本全价

根据市场调查，此车型当前的全新售价为11.18万元，按规定，此汽车购置税率10%计算，得

$$重置成本全价=(11.18+11.18/1.17\times10\%)万元=12.136万元$$

2. 确定汽车的成新率

因为无事故，成新率与其新旧程度相符，可采用行驶里程折旧。按新的报废标准，被评估车总行驶里程为60万km，目前已行驶6万km，所以

$$成新率=(1-6/60)\times100\%=90\%$$

3. 确定其在公平市场条件下的评估值

因其技术性能良好，所以其功能性损耗及经济性损耗很小，可忽略不计。

所以，在公平市场条件下，被评估汽车的评估值$=12.136\times90\%$万元$=10.922$万元

4. 确定折扣率

根据市场调查，当折扣率取 0.6 时，可在规定的清算日前将车卖出，故取 0.6 折扣率。

5. 确定清算价格

$$清算价格 = 10.922 \times 0.60\ 万元 = 6.55\ 万元$$

第六节　评估方法的选择与成新率的确定

一、评估方法的选择

现行市价法、重置成本法、收益现值法和清算价格法这些评估方法各有特点，相互间也有一定联系。选择适当的评估方法有利于快速准确地评估二手车的实际价值。

具体选择四种评估方法中的哪种方法，应根据以下条件来确定：

1）现行市价法是二手车评估优先考虑采用的方法。它符合市场经济规律，评估结果易于被各方接受。但现行市价法需要有一个成熟的市场环境，需要存在大量的评估参照物。

2）重置成本法是二手车评估中经常采用的评估方法，其评估理论接近二手车实际。在现行市价法条件不具备的情况下，是一种容易被接受的评估方法。但重置成本法工作量大，经济性贬值不易准确计算。

3）收益现值法只在少数营运车评估上使用。

4）清算价格法只在少数破产、抵押、急于变现等二手车评估上使用。

二、成新率的确定

二手车评估中经常涉及汽车的成新率，通过汽车成新率可以方便快捷地得出二手车的评估值。确定二手车的成新率通常有“使用年限法”和“综合分析法”两种。

1. 使用年限法

使用年限法可分为以下几种方法。

（1）等速折旧法

按照等速折旧法，使用年限成新率

$$C_n = (1 - Y/G) \times 100\%$$

式中　G——规定使用年限；

Y——已使用年限。

（2）加速折旧法

加速折旧法分为“年份数求和法”和“双倍余额递减法”两种。

1）年份数求和法

$$C_n = \left(1 - \frac{2\sum_{n=1}^{Y}(G+1-n)}{G(G+1)}\right) \times 100\%$$

2）双倍余额递减法

$$C_n = \left(1 - \frac{2\sum_{n=1}^{Y}\left(1-\frac{2}{G}\right)^{n-1}}{G}\right) \times 100\%$$

式中　G——规定使用年限；

Y——已使用年限。

关于汽车规定使用年限，新的《汽车报废标准》正式颁布执行后，取消部分汽车的报废年限，则可通过一定推算求得。汽车已使用年限是汽车已使用的工作量的一种计量方法。它是以汽车正常使用为前提的。所以在计算时，可综合考虑已使用年限和行驶里程数，得出一个“折算年限”作为上面公式里的“已使用年限”：

折算年限 = 总累计行驶里程/年平均行驶里程

折算年限既反映了汽车的使用情况、使用强度，又包括了汽车的运行条件和某些停驶时间较长汽车的实际情况及自然损耗。

我国各类汽车年平均行驶里程见表6-1。

表6-1　我国各类汽车年平均行驶里程表

汽车类别	年平均行驶里程/万 km	汽车类别	年平均行驶里程/万 km
微型、轻型货车	3～5	租赁车	5～8
中型、重型货车	6～10	旅游车	6～10
私家车	1～3	中、低档长途客运汽车	8～12
行政、商务用车	3～6	高档长途客运汽车	15～25
出租车	10～15		

运用使用年限法求取汽车的成新率通常采取加速折旧法，而不用等速折旧法，因为二手车的市场价格呈加速折旧的趋势。

2. 综合分析法

综合分析法是以使用年限法为基础，再综合考虑影响二手车价值的多种因素，以系数来调整确定成新率的一种方法。计算公式为

$$C = C_n \times J_t$$

式中　C——成新率；

C_n——使用年限成新率；

J_t——鉴定调整系数。

鉴定调整系数 J_t 主要由汽车技术状况调整系数 J_z、重大事故调整系数 S_g、需要修理情况调整系数 X_1、品牌调整系数 P_p 以及使用强度调整系数 Y_q 按不同权重比例构成。各鉴定调整系数及权重说明如下：

（1）汽车技术状况调整系数 J_z

汽车技术状况是决定汽车性能完好率的最基本因素。用汽车技术等级来评定汽车技术状况按 JT/T 198—2004《营运汽车技术等级划分和评定要求》执行。标准将汽车技术等级分为三个等级 。技术状况调整系数 J_z 在1.1～0.8之间，占30%权重。

（2）重大事故调整系数 S_g

重大事故造成汽车主要结构件损伤，即使修复后，汽车也会留下严重质量缺陷。所以，在二手车交易中，事故车价值较低。重大事故调整系数 S_g 在0.5～1之间，占25%权重。

（3）需要修理情况调整系数 X_1

需要进行修理或换件的二手车，其交易价格受很大影响。用“需要修理费”占重置成本的比例来衡量需要修理的程度是比较合理和切实可行的。修理费的评定按评估基准地的市价评估。需要修理情况调整系数 X_1 在 1 ~ 0.2 之间，占 20% 权重。

（4）品牌调整系数 P_p

汽车的品牌对汽车价格影响很大，但品牌的影响是个变数。有的汽车品牌的价值在上升，有的则在降低。品牌调整系数 P_p 在 0.7 ~ 1.6 之间，占 15% 权重。

（5）使用强度调整系数 Y_q

客车和小轿车的使用强度主要反映在行驶里程上。货车则除了通过行驶里程，还须通过其当前技术状况判断是否经常超载行驶来判断其使用强度。行驶里程可以从汽车的里程表直接读取，同时结合车况、使用性质以及经验来认证，防止造假。使用强度调整系数 Y_q 在 0.5 ~ 1 之间，占 10% 权重。

综上所述，鉴定调整系数

$$J_t = J_z \times 30\% + S_g \times 25\% + X_1 \times 20\% + P_p \times 15\% + Y_q \times 10\%$$

第七节　其他二手车评估方法介绍

二手车评估除了前面介绍的四种方法之外，还有一些其他的实用评估方法。

一、中国汽车报驰昊旧机动车价值指南

该价值指南系综合考虑汽车的生产年代、上牌时间、行驶里程、技术参数、品牌及市场状况等，确定出汽车在“标准状态”下的当月二手汽车交易参考价值。表 6-2 就是 2007 年 3 月发布的“中国汽车报驰昊旧机动车价值指南”中北京现代汽车有限公司所生产的部分车型的数据。

表 6-2　北京现代汽车有限公司生产汽车于 2007 年 3 月的数据　（单位：元）

索纳塔系列				
2005 年新车上户	标准状态价值	60000km	65000km	70000km
索纳塔 2.0 MT 标准型	89700	89150	88550	87900
索纳塔 2.0 AT 标准型	99150	98550	97850	97150
索纳塔 2.0 MT 舒适型	101750	101150	100450	99750
索纳塔 2.0 AT 豪华型	112350	111700	110900	110100
2006 年新车上户	标准状态价值	35000km	40000km	45000km
索纳塔 2.5 AT 尊贵型	154050	153200	152100	151000
伊兰特系列				
2006 年新车上户	标准状态价值	35000km	40000km	45000km
伊兰特 1.6 MT 标准型 CVVT	78550	78100	77550	77000
伊兰特 1.6 AT 舒适型 CVVT	85300	84800	84200	83600
伊兰特 1.6 MT 豪华型 CVVT	85900	85400	84800	84200
伊兰特 1.6 AT 豪华型 CVVT	93250	92700	92050	91400

（续）

途胜系列				
2006 年新车上户	标准状态价值	35000km	40000km	45000km
御翔 2.0 MT 舒适型	127300	126550	125650	124750
御翔 2.0 AT 豪华型	140750	139950	139000	138000
雅绅特系列				
2006 年新车上户	标准状态价值	35000km	40000km	45000km
雅绅特 1.4 GL MT 基本型	60250	59900	59500	59050
雅绅特 1.4 GLS MT 舒适型	62150	61800	61350	60950
雅绅特 1.4 GL AT 基本型	70600	70200	69700	69200
雅绅特 1.4 GLS AT 豪华型	74250	73800	73300	72800

表中的“标准状态”是指：

1）汽车自使用之日起，即使用生产厂指定的各种油料，在生产厂指定的特约服务站进行例行保养和维护换件。

2）汽车处于优良的机械状态且不需修整，发动机舱干净无渍迹，漆面光滑无锈斑，车胎较新且型号匹配正确，未发生严重交通事故。

3）月平均标准行驶里程为 2000km。

例如，一辆 2005 年（新车）上户的北京现代生产的索纳塔 2.0 AT 豪华型，在 2007 年 3 月时处于“标准状况”。则其价值可通过查上表得到为 112350 元。

但是，二手车市场上大量交易的是非标准状况的二手车。非标准状况的二手车必须转换调整为标准状况后再应用价值指南。若汽车行驶里程超出标准行驶里程，可在表中按扩展里程数查询相应的价值。

二、驰昊旧机动车检测千分表

若汽车的技术状况与标准状况有差异，可依照上海驰昊公司制订的旧机动车检测千分表对汽车的各个项目进行检查。检测千分表总分为 1000 分，在以下按项目进行的检查中，若某个项目出现问题，则从总分中扣去该项目相应的分值，若汽车的同一问题在不同的检查项目中出现，则只扣取最高分。

鉴定程序共分三个部分：静态检查、原地启动检查和路试检查，千分表设计的分值比例是静态 55%，动态 26%，路试 19%。项目的分数值表明其相对重要度。二手车检测的最终得分数越高，表明汽车的状况越好。以扣分后的最终得分数与满分 1000 分的比值评定汽车的价值。表 6-3 为驰昊旧机动车检测千分表的部分内容。

表 6-3　驰昊旧机动车检测千分表

1. 静态检查				
项　　目	动 作 内 容	检　　查	可能的问题	分值
转向盘	上下摇动	松动	主轴上部磨损	2
	转动转向盘、调整高度	游隙、是否正常	转向盘使用频繁，整个转向系统包括横拉杆等连接部分	3

（续）

项　目	动作内容	检　查	可能的问题	分值
1. 静态检查				
喇叭	按喇叭	响声	喇叭簧片、继电器	1
风窗玻璃洗涤器	喷洗风窗	喷嘴流畅	电动机坏、堵塞、缺水	2
刮水器片	起动刮水器	无松旷、角度正常	机构松动	1
各种按钮	操作一遍	指示灯正常、回位	失效	1
座位	调整位置、角度	滑槽、定位、锁止	固定不稳	2
	观察滑槽磨损情况	调整的频度	多人用车	1
遮阳板	翻动遮阳板	外观、支架	卡住	1
节气门踏板	踩下、松开踏板	顺畅	连杆机构拉索	1
制动踏板	踩下、松开踏板	游隙小、有力	油路、执行机构	2
离合器踏板	踩下、松开踏板	间隙不合适	离合器片磨损	10
		踩踏沉重	分离机构	4
驻车制动拉杆	拉起、放松	弹簧作用灵敏、有一定多余空间		3
变速器变速杆	依此挂挡	咬合明确		1
2. 原地起动检查				
项　目	动作内容	检　查	可能的问题	分值
发动机	起动发动机	怠速抖动、各缸压力、怠速转速、逐缸断火	怠速过低、发动机支架不稳固、有未点火的气缸等	5
	听发动机声响	异响如气门声等	哒哒声为气门间隙过大;隆隆声为轴承坏	10
	踩下节气门踏板提高转速或测缸压	异响如咯咯声或缸压底	活塞问题	50
	鞋底或废布堵住排气管	发动机在几秒内没有熄火	车底有嚓嚓声,密封性不好	25
	打开润滑油添加口盖	是否有汽油味	活塞环损坏	50
	观察排气颜色	白烟不断或颜色偏蓝	吃润滑油	25
发电机	测发电机电压	是否正常	充电电压过高	5
发动机电喷系	起动发动机	故障灯是否亮	电喷系统故障	30
动力转向系统	一只手转动转向盘	车轮是否转动,用力大小	动力转向系统失效	30
3. 路试检查				
项　目	动作内容	检　查	可能的问题	分值
直线行驶	转向盘正位	是否跑偏、车轮是否摆动、发飘;转向盘是否振动	胎压不均、事故车车轮定位不准、转向系统有问题、车架变形;轮辋变形、动平衡有问题	30
转向灯亮灭装置	左右拨动转向灯	自动消灯器在转向盘回正时自动跳回		5
车身发响	关闭车窗坏路行驶	听车内响声	车身钣金件、座椅、附件安装问题	10
悬架弹簧	过坑洞	感觉回弹、听异响	悬架弹簧、减振器等	10

三、驰昊二手车市场关注指数

随着新车及二手车市场各种因素的变化，二手车市场对各品牌的关注程度每天都会发生变化，对于各品牌的关注率必然出现此消彼涨的波动。而关注率的变化反映了市场对各品牌之间的关注程度的差异、反映了各品牌二手车买卖交易的变化趋势、也反映了二手车市场上对该品牌二手车的需求旺盛程度。下面介绍衡量这种关注率变化的“驰昊二手车市场关注指数”。

1）“驰昊二手车市场关注指数”是衡量汽车买卖双方对某一品牌汽车关注程度增减的指标，其关注指数的数值就是该品牌关注率的变化值。该指标将上个月用户对该品牌与对同一分类组中其他品牌关注程度的相对比例值（即关注率）的平均数设定为基数100点。比如：A品牌汽车在7月份平均有580,000人关注，A品牌所在的分类组中有15个汽车制造商，7月份共有11,600,000人关注该分类组的汽车，则A品牌汽车的关注量在7月份占本分类组中总关注量的5%，即A品牌汽车7月份的月平均关注率为5%。在8月的某一天，A品牌汽车的关注量为21,000人，当天A品牌所在的分类组共有375,000人关注，则这一天A品牌汽车的关注率为$21000 \div 375000 \times 100\% = 5.60\%$。那么，当天A品牌的市场关注指数为

$$\text{市场关注指数} = 5.60\% \div 5\% \times 100 = 112$$

它表示，当天A品牌汽车在其分类组中的关注率比7月份A品牌的平均关注率提高了12%。

图6-1所示是北京现代汽车有限公司于2007年10月某一天的“驰昊二手车市场关注指数”。

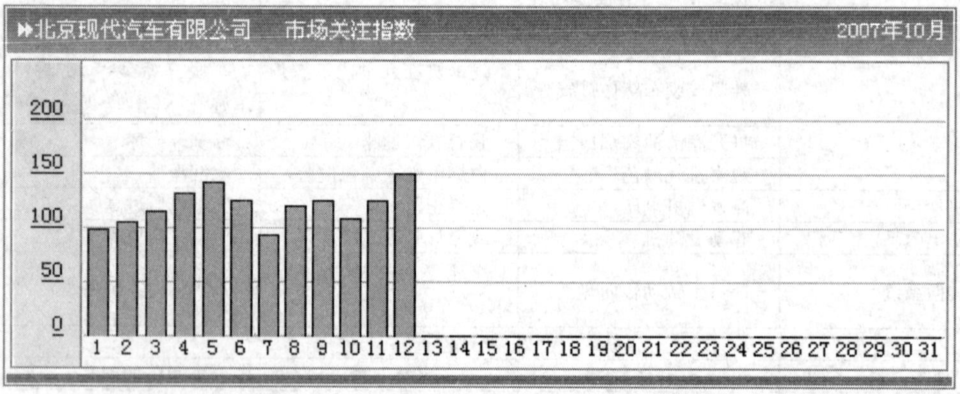

图6-1　北京现代汽车有限公司某一天的“驰昊二手车市场关注指数”

2）“驰昊二手车市场关注指数”作为一种监测二手车市场上用户对各汽车产品关注程度的量化指标，反映某品牌的当日关注率与上月平均关注率数值的变化量。它反映了各品牌二手车买卖交易的变化趋势、也反映了汽车市场上对该品牌二手车的需求旺盛程度，所以可作为买卖二手车交易时机选择的风向标和品牌价值变化的参考。指数的数值越大，说明品牌关注程度越高，交易也越活跃。

表6-4是上海驰昊商务咨询有限公司在2007年3月按生产厂商对汽车品牌所作的分组情况。

表 6-4　按生产厂商对汽车品牌的分组情况表（2007 年 3 月）

1. 汽车制造商主力车型市场价格在 10 万元以上组	
北京现代汽车有限公司	东风汽车有限公司乘用车
东南（福建）汽车工业有限公司	广州本田汽车有限公司
华晨金杯汽车有限公司	上海大众汽车有限公司
上海通用汽车有限公司	奇瑞汽车有限公司
神龙汽车有限公司东风雪铁龙	沈阳华晨宝马汽车有限公司
天津丰田汽车有限公司	一汽大众汽车有限公司
一汽海马汽车有限公司	一汽轿车股份有限公司
重庆长安福特汽车有限公司	
2. 汽车制造商主力车型市场价格在 10 万元以下组	
比亚迪汽车有限公司	昌河汽车有限公司
长安铃木汽车有限公司	东风柳州汽车有限公司
东风悦达起亚汽车有限公司	贵州云雀汽车有限公司
哈尔滨哈飞汽车制造有限公司	湖南江南汽车制造有限公司
江苏南亚自动车有限公司	南京菲亚特汽车有限公司
山东荣成汽车有限公司	陕西汉江汽车公司
上海华普汽车公司	浙江吉利汽车有限公司
上海通用五菱汽车有限公司	天津华利汽车有限公司
天津一汽汽车有限公司	一汽吉轻厂
重庆长安汽车有限公司	
3. 汽车制造商主力车型为越野及多功能车组	
北京吉普汽车有限公司	北京汽车制造有限公司
北汽福田汽车有限公司	东风本田汽车有限公司
广州宝龙汽车公司	河北长城汽车股份有限公司
河北大迪汽车工业公司	河北石家庄双环汽车有限公司
河北中兴汽车公司	湖南长丰汽车制造股份有限公司
华泰现代汽车有限公司	江淮汽车公司
江铃陆风汽车有限公司	金杯通用汽车有限公司
南海福迪汽车有限公司	庆铃汽车股份有限公司
上海万丰客车制造有限公司	四川丰田汽车公司
四川新大地汽车销售有限公司	一汽丰越汽车有限公司
郑州日产汽车有限公司	中国扬子集团汽车总厂

四、应用举例

2007 年 3 月，海南省海口市赵先生有一辆北京现代汽车有限公司 2006 年生产的伊兰特 1.6 AT 舒适型欲转让，委托二手车鉴定评估机构对该车评估。

1. 汽车基本情况调查

二手车鉴定评估机构首先对该车的基本情况进行调查并纪录：该车为私家车，各项手续齐全合法，各种税费均已经交纳，至评估时已行驶45000km，保养正常、无重大事故纪录。

2. 评估方法选择

该车在海南的保有量不大，近期二手车市场没有成交纪录，与该车类似的二手车成交也很少，所以很难应用现行市价法。如果应用重置成本法，确定各项因素引起的贬值难度较大，容易出现误差。根据该车实际情况，二手车鉴定评估机构拟运用“驰昊旧机动车价值指南”进行评估。

3. 车况检测

按照“驰昊旧机动车检测千分表”中的项目对该车逐项检测。通过检测，发现该车存在以下问题：

1）离合器踏板间隙不合适，可能是因为离合器片磨损，扣10分。

2）燃油表没动静，可能是线路或仪表损坏，扣2分。

3）蓄电池电量不足，可能需要更换新蓄电池，扣10分。

4）风窗玻璃胶条是新的，可能玻璃曾破损，扣20分。

5）轮胎存在偏磨，可能车轮定位或悬架有问题，扣20分。

6）打开空调开关后感觉制冷效果较弱，可能是制冷剂缺乏，扣5分。

7）在路试检查中，发现在空挡滑行时发动机有轻微霹雳声，可能是排气门密封不严或是点火装置故障，扣5分。

4. 评估过程

1）由以上的车况检测，可以得到该车的分值为1000 - 10 - 2 - 10 - 20 - 20 - 5 - 5 = 928。其与满分1000分的比值为0.928。

2）查询2007年3月发布的“驰昊旧机动车价值指南”，可得到北京现代汽车有限公司2006年生产的伊兰特1.6 AT舒适型行驶45000km、处于标准状况时的价值为83600元。

3）由此，可得到该车的评估值为83600 × 0.928 = 77580元。

五、美国二手车评估方法简介

美国是一个汽车大国。目前，美国新汽车的年平均销量约为1600万辆，而二手车的年平均销量却高达4000万辆以上，大约是新车的2～3倍。巨大的二手车交易量一方面反映了美国汽车消费的理性化，消费者根据自己的需要选择购买合适的汽车。同时也反映了美国二手车市场经过数十年的发展已经相当成熟和规范，形成了一套行之有效的市场规则，从价格、质量、服务等多个汽车消费的关键领域给消费者提供了保证和信心。这其中有关二手车评估的做法值得参考和借鉴。

对于二手车的价格，美国建立了完善的二手车评估体系。在美国，二手车价格不是将原车价格折旧来确定的。二手车价格决定于二手车的市场残值，即该车目前在市场上还能卖多少钱。而二手车的市场残值由公认的二手车参考价格加上对该车的技术状态的鉴定来决定。除了原车的价格和使用时间、行驶里程等以外，该车日后的使用寿命和维修成本也是影响其价格的重要因素。所以，使用时间和行驶里程基本一样的两部二手车，很可能原来售价高的反而要卖得便宜。比如，由于近年来汽油价格持续上涨，相对比较省油的日产二手车价格就普遍比美国产二手车价格高，虽然原来是新车的时候美国车普遍比日本车价格高。

美国对二手车的估价方法主要是由行业协会、大公司等权威机构定期发布各种车型的二手车价格信息。这样的二手车价格参考信息有多种，其中美国汽车经销商协会（NADA）从1933年开始发行的《二手车价格指南》是较为权威的一种。二手车交易巨头美瀚公司以全球最大的汽车批发市场的平均数万笔交易数据为依据，每天更新制定的二手车价格指数也是主要参考价格之一。许多买车人和卖车人在交易前只需选择参考权威的二手车价格参考书，查阅材料，就不用担心成交价格会很离谱。

美国汽车经销商协会（NADA）发行的《二手车价格指南》按东南西北把美国分为九个区，各区有不同的版本，每月发行一本。指南中的价格分为置换价格（Trade-in）和零售价格（Retail Price）两大类别。置换价格是消费者在车行进行以旧换新时二手车的折价，通常也是经销商回收二手车的批发价，相对较低；零售价格则是车行单独出售的二手车价格，一般比置换价格高20%左右。

美国主要采用社会化认证的办法解决二手车车况认证，以防止二手车以次充好。目前，全美已经形成了几家权威的二手车车况认证机构，其遍布全国的派出机构的工作人员会根据顾客的需要详细检测二手车，到汽车管理局查阅有关事故等情况的记录，向顾客提供一份详细的车况检测报告。这样的服务需要收取一定的费用。经营二手车的公司也会对经销的二手车进行检测，给出详细的车况报告，并可以代客整修车辆。如果买车人买下后发现与检测报告有重大差异，可以向当地法院提出诉讼，一旦胜诉不仅可以退车，还可以获得高额赔偿。一些大型汽车连锁经销商明确承诺，决不收购和出售事故二手车。

小　　结

汽车评估包括新汽车评估和二手车评估两个方面。二手车评估是指由专门的汽车鉴定评估人员，按照特定的评估目的，遵循法定或者公允的标准和程序，运用科学的方法，对汽车进行手续检查、技术鉴定和估算价格的过程。

二手车评估包含六大要素：评估的主体、评估的客体、评估的目的、评估的程序、评估的标准和评估的方法。

二手车评估的目的和任务包括二手车交易、二手车所有权变更、法律咨询服务、拍卖、抵押与担保、识别拼装汽车以及汽车置换等。

二手车评估的程序通常分为三个步骤：接受委托、勘察检验和评定估算。

二手车评估的标准主要有现行市价标准、重置成本标准、收益现值标准和清算价格标准。

二手车评估主要特点是以技术鉴定为依据、以单台为评估对象、需考虑税费及管理费。

二手车评估中，通常采用现行市价法、重置成本法、收益现值法、清算价格法以及一些实用的评估方法。

复习思考题

6-1　二手车评估有哪些组成要素？

6-2　二手车评估的主体是什么？应当具备哪些条件？

6-3　对二手车专业鉴定评估人员的要求有哪些？

6-4　二手车评估的目的与任务是什么？

6-5　二手车评估的程序有哪些步骤?

6-6　二手车评估中，评估的标准常用的有哪几种?

6-7　二手车评估有哪些特点?

6-8　二手车评估的业务类型有哪些?

6-9　二手车评估常用的方法有哪些?

6-10　二手车评估的基本原则是什么?

6-11　什么是现行市价法？现行市价法应用的前提有哪些？现行市价法的特点是什么?

6-12　什么是重置成本法？应用重置成本法的前提条件有哪些?

6-13　什么是收益现值法，应用收益现值法的前提条件是什么?

6-14　什么是清算价格法，清算价格法的适用范围包括哪些?

6-15　如何选择评估方法？怎样确定二手车成新率?

6-16　试用驰昊旧机动车价值指南对北京现代汽车有限公司2006年生产的、行驶了9万km的索纳塔2.0 AT标准型汽车进行评估。

6-17　什么是驰昊二手车市场关注指数?

第七章　汽车技术状况鉴定

【学习目标】

1. 掌握汽车技术状况的静态直观检查的内容、程序和方法。
2. 重点掌握发动机技术状况的动态直观检查的内容、程序和方法。
3. 重点掌握底盘技术状况的动态直观检查的内容、程序和方法。
4. 重点掌握汽车技术状况的仪器检查包含的种类、检测项目与标准、检测方法。
5. 掌握常用的汽车检测仪器设备的使用。
6. 重点掌握汽车四轮定位检测的内容、程序和方法。
7. 掌握汽车发动机排气污染物检测的内容、标准、程序和方法。

随着汽车的使用，汽车的技术状况将逐渐下降。汽车的技术状况决定汽车的动力性、经济性、安全性、操纵性、环保性、舒适性和可靠性能等。所以，汽车技术状况的优劣决定了汽车的价值，是二手车评估的基本依据。掌握检测和鉴定汽车技术状况的知识，是进行二手车评估的前提。

汽车的技术状况是由汽车的性能技术参数决定的。这些性能技术参数涉及汽车的行驶安全、经济油耗、环保排污、舒适可靠等许多方面，有些可通过较为简单的静态直观检查获得，有些需通过动态直观检查获得，而有些则需采用特定的检测仪器和特定的试验方法来检测。

第一节　汽车技术状况静态直观检查

汽车技术状况的静态直观检查是评估人员在汽车处于静止状态时，根据自身的经验和技能，利用简单的工具，对汽车的技术状况进行检查和鉴定。

汽车技术状况的静态直观检查包括以下几方面内容。

一、汽车合法性检查

汽车的合法性检查是为了防止非法走私车、拼装车、组装车混入汽车市场。汽车合法性检查可分为两部分：一部分是针对进口汽车，检查其是否属于非法走私车或拼装车；另一部分是针对国产汽车，检查其是否为组装车或冒牌车。

1. 进口汽车的检查

正规的进口汽车是通过合法的贸易渠道进口的，在汽车的前风窗玻璃上有黄色的商检标志。这一类汽车的质量有保证，符合我国的汽车质量标准。同时，正规的进口汽车按要求都附有中文的使用手册和维修手册。而非法走私车或拼装车是指通过走私渠道非法进口的汽车。这些车有些是整车走私、有些是散件走私到境内后组装、有些是走私进口国外的废旧汽车、有些是整车切割走私进口后再拼装。这些走私车的使用性能和安全性能完全没有保障，往往留有重大事故隐患。所以，作为汽车评估的第一步，就要将这些非法走私车和拼装车挡在二手车市场门外。

对于非法走私车和拼装车，还可以从以下几方面来进行识别：

1）检查进口汽车的车辆识别代号 VIN 编码是否正确，同时检查汽车型号是否在我国的进口汽车目录上。

2）检查发动机室。打开发动机盖，检查发动机号与汽车行驶证上发动机号是否相符、检查发动机型号是否与该品牌型号汽车相符。如果相符，再检查发动机室内的管线布置是否凌乱、是否有重新装配或者改装的痕迹。

3）检查汽车外观。许多走私车是切割后走私的。走私者在境外将汽车切割后走私或作为汽车配件进口，到境内后再将其焊接起来。这样的车在焊接后虽然经过了精心的打磨和上漆等伪装，但是总会留有破绽，通过仔细的眼看手摸是可以发现痕迹的。

4）检查自动变速器。在我国（除了香港和澳门），所有汽车必须是左驾车。而有些国家和地区（如日本）的汽车是右驾车。从这些地方走私进来的配备自动变速器的汽车，在将右驾改为左驾的过程中，一般不可能更换变速器。这样通过变速杆就很容易识别，原来是右驾车的变速杆上的保险按钮仍然在右侧而不是在左侧。

2. 国产汽车的检查

我国从 1999 年 1 月 1 日起，所有新生产的车必须使用车辆识别代号 VIN 编码。通过检查汽车铭牌以及汽车的车辆识别代号 VIN 编码内容是否与汽车实物一致、检查发动机号和车架号与汽车行驶证上的内容是否相符来判别汽车是否为组装车或冒牌车。如果发现有不一致的地方或者发动机、车架上的号码有改动痕迹（如凿痕、锉痕、重新打刻痕迹、切割焊接金属块痕迹），则此车就有可能是非法车辆，须核查清楚。

二、汽车外部状况检查

1. 检查车身

通过检查汽车、尤其是轿车和客车的车身是否有严重的碰撞损伤，可以判断其是否为事故车。如果发生过严重碰撞损伤，小型客车会更换前纵梁。打开发动机盖，观察前纵梁与车身前围焊接处是否有二次焊接的痕迹。再站在车前，观察车身是否周正对称。检查车门、发动机盖、行李箱盖开关是否灵活，关后的缝隙是否均匀一致。用一块磁铁沿着车身移动，如果发现某处磁力突然减小，说明这里发生过碰撞损伤，修复时补了较多的原子灰。

检查车身的脱漆、锈蚀情况，检查镶条、车窗边缘、轮胎的磨损情况等可以帮助了解和掌握汽车的使用强度及保养情况。

2. 检查发动机室

发动机室的外观可从以下几方面检查：

1）打开发动机室盖，检查发动机的外观是否整洁。如果发动机上满是油污，一方面说明发动机可能存在某处漏油，另一方面说明此车日常维护保养不佳。

2）检查发动机各传动带的磨损情况，看有无偏磨、裂纹、油迹，检查松紧是否合适。

3）检查发动机的各连接件、紧固件和节气门拉线、喷油泵供油拉杆是否有松动、脱落或卡滞现象。

4）检查发动机供油系统、润滑系统的油路及各连接部位是否存在漏油现象。

5）检查散热器进出水连接软管是否有裂痕、散热器盖是否关闭严实、密封胶垫是否松脱。

6）检查发动机的散热器、水泵、机体以及气缸体、气缸盖与冷却管路的连接部位是否存在漏水现象。

7）检查发电机、起动机等处的电器线路是否连接牢固可靠、各缸的点火高压线是否有破损。

8）检查蓄电池的充电指示器，看蓄电池的电量是否充足。同时检查蓄电池的电解液液面高度是否符合要求、两个极桩上的电缆连接是否牢固可靠。

9）打开散热器盖，检查防冻液中是否掺有铁锈。如果发现有铁锈水，应重点检查冷却系统是否有渗漏部位。

10）拔出润滑油尺，检查润滑油液面高度。如果发现润滑油液面过高，而且油液浑浊，则有可能是气缸垫破损导致防冻液窜入油底壳，与润滑油混合形成乳浊液；如果发现润滑油液面过低，注意检查排气管口情况，防止因为气缸套与活塞环之间密封不严使得润滑油窜入燃烧室。

3. 检查汽车底盘

汽车底盘由传动系、行驶系、转向系和制动系四部分组成。检查汽车底盘就是对这四个部分分别检查。

（1）传动系的检查

1）检查离合器踏板的自由行程是否符合整车技术条件的有关规定、离合器摩擦片是否磨损到极限、铆钉是否松动；是否有弹簧发生疲劳折断；膜片弹簧是否有疲劳开裂；分离拨叉支点是否磨损；分离轴承是否磨损等。对于采用液压操纵机构的离合器，应检查液压系统是否存在泄漏。

2）检查变速器盖、壳体周围、加油螺塞、放油螺塞、轴承盖以及车速表软轴安装处是否有漏油痕迹；检查换挡控制机构是否调整不良、连接处是否磨损。

3）检查传动轴、中间轴以及万向节等处是否有裂纹和松动；检查传动轴是否有弯曲、传动轴轴管是否凹陷；检查万向节轴承有无因为磨损而松旷、万向节凸缘盘联接螺栓是否有松动等。

4）检查驱动桥桥壳是否有铸造缺陷或者裂纹；检查驱动桥加油螺塞、放油螺塞及油封、各接合面等处是否有漏油痕迹。

5）检查飞轮、离合器、变速器、传动轴以及驱动桥等处的固定螺栓是否松动。

（2）行驶系的检查

1）检查车架是否有弯曲、扭曲、断裂、锈蚀等损伤；检查车架上的螺栓、铆钉是否齐全和紧固。

2）检查汽车的前、后桥是否有变形和裂纹等。

3）检查汽车的悬架系统是否有损伤、螺栓是否有松动、减振器是否漏油等。

4）检查车桥和悬架之间的各种拉杆和导杆是否有变形，各接头和衬套是否松旷和移位。

5）检查车轮轮毂轴承是否松旷、轮胎螺母和半轴螺母是否齐全紧固；检查同一轴上的轮胎型号和花纹是否相同、轮胎型号是否符合规定的要求；检查轮胎的磨损是否超过极限、是否使用翻新轮胎、轮胎帘线是否外露等。

（3）转向系的检查

1）检查转向盘与转向轴的连接部位是否松旷。

2）检查转向器垂臂轴与垂臂连接部位是否松旷；检查纵、横拉杆球头连接部位是否松旷；检查纵、横拉杆臂与转向节的连接部位是否松旷；检查转向节与主销之间是否松旷。

3）检查转向节与主销之间是否配合过紧或缺少润滑；检查转向器是否缺少润滑油。

4）检查转向轴是否弯曲、其套管是否有凹瘪。

5）对于动力转向系统，还须检查动力转向泵驱动带是否松动、转向油泵安装螺栓是否松动、动力转向系统油管及管接头是否存在松动或者损伤等。

（4）制动系的检查

1）检查制动踏板的自由行程是否符合整车技术条件的有关规定；检查液压制动系统的总泵、分泵、管路和管路接头处是否有漏油。

2）检查油管是否有凹瘪；检查真空助力装置的真空管是否有损伤。

3）如果是气压制动系，检查蓄能器气压是否达到规定气压、气压制动管路是否有凹瘪。

4）检查驻车制动系统的缆线有无卡滞和锈蚀等。

4. 检查汽车电器系统

分别检查汽车各部分电器系统功能，看其是否工作正常。

检查汽车电路线束的连接和固定是否牢固、电路线束有无破损或烧焦痕迹。

检查照明、信号、仪表装置是否齐全，有无损坏。

第二节　汽车技术状况动态直观检查

汽车技术状况动态直观检查是汽车处于运动状态或发动机运转时，评估人员根据自身的经验和技能，利用简单的工具，对汽车的技术状况进行检查和鉴定。汽车技术状况动态直观检查主要包括发动机和底盘技术状况的动态直观检查。

一、发动机技术状况的动态直观检查

发动机是汽车的心脏，汽车的动力性、经济性和工作可靠性等性能指标都与发动机的性能有关。而发动机因为结构复杂、机件众多、负荷大、工况差，所以成为汽车上故障最多的部分，也因此成为汽车技术状况检查的重点。

根据 GB 7258—2004《机动车运行安全技术条件》的有关规定，在进行发动机技术状况的动态直观检查时，主要应注意以下方面。

1. 发动机的动力性能

如果汽车在行驶时出现加速无力或爬坡困难，那么有可能是汽车功率不足。汽车功率不足的最主要原因是发动机输出功率下降。

随着汽车运行里程的增加和使用时间的增长，发动机零部件中运动部件的磨损增加、非运动部件因自然因素引起的损耗增加，从而使得发动机的各个机构和系统工作不良，导致发动机工作性能下降。发动机工作性能下降最直接的表现就是发动机的输出功率下降。所以，可通过检查发动机的输出功率来了解发动机的技术状况。

通常情况下，一些运动部件的磨损往往是导致发动机输出功率下降的直接原因。如气缸与活塞之间，如果因磨损而导致间隙增大，将使得发动机功率下降；如果气门与气门座因磨

损烧蚀而使得密封性变差，或者是配气相位被改变，也将导致发动机功率下降；发动机的点火系统、供油系统、润滑系统和冷却系统如果工作不正常，都会导致发动机输出功率下降。

2. 发动机怠速运转情况

在怠速工况下，发动机应该在规定的转速范围内稳定运转。如果怠速转速过高或者运转不稳定，说明发动机怠速不良。

对于汽油发动机，怠速不良的原因主要有：点火正时、配气正时、气门间隙调整不当；发动机电控单元ECU有BUG需要打补丁或升级；节气门位置传感器、进气温度传感器或冷却液温度传感器有故障；点火系统或者供油系统工作不良等。

对于柴油发动机，怠速不良的原因主要有：供油正时、配气正时、气门间隙调整不当，燃油中混有水，各缸柱塞、出油阀偶件及喷油器工况不一致；调速器发生锈蚀、松旷、弹簧疲劳、供油拉杆对应的拨叉或齿扇松动，导致各缸喷油量或喷油压力不一致。

3. 润滑油压力

润滑油压力是否正常是反映发动机润滑系统工作状况的一个重要指标。在发动机怠速运转时，润滑油压力通常应不低于98kPa。发动机中速运转时，润滑油压力应该在196～392kPa范围内。

4. 尾气颜色

如果发动机技术状况良好，气缸内的混合气充分燃烧，汽油机排气管排出的尾气为无色的或白色的水蒸气（冬季）。柴油机排气管排出的尾气为淡灰色（带负荷时，颜色加深）。如果发动机排气管排出的尾气呈现蓝色，说明润滑油窜入燃烧室，有可能是气缸与活塞的密封不良。如果发动机排气管排出的尾气呈现黑色，说明燃烧不充分，发动机技术状况不佳。

5. 发动机的声响

技术状况良好的发动机运转时，仅发出均匀的排气声和轻微的、和谐的运转声。如果发动机在运转过程中发出其他不协调的声响（比如间歇的金属敲击声或摩擦声等），说明发动机工作异常。发动机所发出的不协调声响即为异响，反映发动机的某个部分或机构的技术状况发生了变化，并且有可能导致发动机技术状况进一步恶化甚至导致发动机发生事故性毁损。

发动机常见的异响有曲轴主轴承异响、连杆轴承异响、活塞敲缸异响、气门异响等。

6. 发动机的起动性能

正常情况下，用起动机起动发动机应在三次内起动成功，每次起动时间不超过5s。如果发动机不能正常起动，在排除了蓄电池电量不足和电缆连接不牢固的原因后，可能是起动机故障，或者是发动机故障造成起动困难，需进一步排查找出原因。

二、底盘技术状况的动态直观检查

底盘的作用是支承、安装汽车发动机及其他各部件和总成，形成汽车的整体造型，并接受发动机的动力，使汽车产生运动，保证正常行驶。底盘由传动系、行驶系、转向系和制动系四部分组成。底盘的技术状况决定汽车的行驶平顺性以及操纵稳定性，直接影响发动机动力的传递和发挥以及影响油耗。所以，汽车底盘技术状况的动态检查非常重要。

1. 传动系的检查

传动系技术状况的优劣，将直接影响发动机动力的传递。根据GB 7258—2004《机动车运行安全技术条件》，进行传动系技术状况的动态直观检查时，应注意以下几个方面：

（1）离合器

首先需要检查离合器分离是否彻底。在正常情况下，离合器应该分离彻底。在发动机怠速运转的情况下，踩下离合器踏板，如果挂挡齿轮有撞击声，而且挂挡困难，说明离合器分离不彻底。其次检查离合器接合是否平稳、是否打滑、分离或接合时有无异响。

（2）变速器

从低挡起步加速到高速挡，再由高速挡减至低速挡，检查变速器换挡是否轻便灵活、是否有异响、互锁和自锁装置是否有效、是否有乱挡现象、加减车速是否有跳挡现象。同时，换挡时变速杆不能与其他部件碰撞干涉。

自动变速器的汽车在平坦的路面起步时正常情况下是不需要踩加速踏板的。如果需要踩加速踏板才能起步，说明自动变速器保养不佳，可能有故障。自动变速器需检查是否有换挡迟滞现象。自动变速器应该换挡平顺，无明显发冲或顿滞的感觉，否则说明自动变速器保养不好，需要维修。

（3）传动系统间隙

将汽车加速行驶到40～60km/h后迅速松开加速踏板，检查有无明显的金属撞击声。如果有明显的金属撞击声，说明传动系间隙过大。

2. 行驶系和转向系的检查

汽车行驶系和转向系的技术状况对汽车的行驶安全性能和操纵稳定性有直接的影响。根据GB 7258—2004《机动车运行安全技术条件》，进行行驶系和转向系技术状况的动态直观检查时，主要检查以下几方面：

1）检查前轮轮胎磨损是否正常、是否有偏磨或不规则（羽片状、锯齿状、波浪状、碟片状）磨损，如果有，说明汽车的四轮定位不良或车轮动平衡没调好，需要调整。

2）检查汽车转向是否灵活轻便，转向后是否能自动回正。

3）检查汽车在行驶过程中是否有跑偏现象。

4）检查汽车前轮有无摆振现象。

3. 制动系的检查

制动系的技术状况直接影响汽车行驶与泊车的安全性。根据GB 7258—2004《机动车运行安全技术条件》，进行汽车制动系技术状况的动态直观检查时，主要检查以下几方面：

1）当汽车在不同速度行驶时，检查制动效能是否正常，制动距离是否过长，抬起制动踏板后是否有制动拖滞（即不能立即解除制动）。对于有ABS的汽车，检查ABS是否工作正常，有无制动抱死现象。

2）检查制动时汽车有无跑偏现象，如果有，说明汽车左右制动力不一致。

3）最后检查驻车制动效能是否正常。

第三节　汽车技术状况的仪器检查

在汽车评估中，当用前面介绍的静态和动态的直观检查方法不能准确地把握被评估的汽车的技术状况，或者对于一些评估准确性要求比较高的车，就需要使用仪器对被评估汽车的技术状况进行检查。

汽车技术状况的仪器检查包含的种类很多，在汽车评估中主要是对汽车综合性能的检测，具体的项目有汽车的动力性能、经济性能、安全性能、可靠性能和排气污染物的检测与评估。

一、汽车动力性能检测

汽车在使用一段时间后，技术状况会发生变化。汽车动力性能的改变首先表现为动力不足，影响汽车的工作效率。所以，动力性能是汽车最重要的基本性能。

检测汽车动力性能的方法主要有道路试验和室内台架试验两种。其中，室内台架试验不受外界环境影响，测试条件容易控制，所以在汽车检测站得到广泛应用。

1. 汽车动力性能评价指标

实践中，常用汽车的最高车速、加速能力、最大爬坡度、发动机最大输出功率以及底盘最大输出驱动功率作为汽车动力性能的评价指标。

关于汽车的最高车速 v_{max}、汽车加速能力和汽车最大爬坡度的概念，已经在第三章作了介绍，下面是发动机最大输出功率和底盘最大输出驱动功率的概念。

（1）发动机最大输出功率

发动机最大输出功率是指汽车发动机在全负荷状态下所输出的功率。新出厂的发动机铭牌上标注的是额定功率，是指发动机在全负荷状态下以额定转速（最大允许转速）运转时发出的功率。

汽车在使用一段时间后，因为技术状况的变化，发动机的最大输出功率会变小。可以用发动机的最大输出功率的减少值来评价发动机技术状况下降的程度。在 JT/T 198—2004《营运车辆技术等级划分和评定要求》中规定：如果汽车发动机的最大输出功率与额定功率的比值小于 75%，则该车技术状况为三级。

（2）底盘最大输出驱动功率

底盘最大输出驱动功率是指汽车在使用直接挡（即传动比为 1:1）行驶时，驱动轮输出的最大驱动功率。此时，发动机转速在额定转速附近。

底盘最大输出驱动功率代表汽车克服行驶阻力的最大能力，是评价汽车动力性的又一项重要指标。在汽车使用过程中，发动机及传动系技术状况的下降必然导致底盘最大输出驱动功率的下降。

2. 汽车动力性能检测项目与标准

汽车动力性检测项目主要有：加速性能检测，最高车速检测，滑行性能检测，发动机输出功率检测，底盘输出功率检测。

汽车动力性能检测依据的标准有：

JT/T 198—1995《汽车技术等级评定标准》；

GB/T 15746.2—1995《汽车修理质量检查评定标准—发动机大修》；

GB/T 3798.2—2005《汽车大修竣工出厂技术条件》；

GB/T 3799.1—2005《商用汽车发动机大修竣工出厂技术条件》。

3. 汽车动力性能检测方法

汽车动力性检测方法可以分为台试与路试两种。

（1）汽车动力性能台架检测

汽车动力性能台架检测主要是用无外载测功仪检测发动机的功率，用底盘测功机检测汽车最大输出功率、最高车速和加速能力。

汽车动力性能台架检测在室内进行，不受气候、驾驶技术等因素影响，只取决于测试仪器本身的精度，测试易于控制。所以汽车检测站广泛采用汽车动力性能台架检测方式。

为了取得精确的测量结果，底盘测功机的生产厂家应该在说明书中给出底盘测功机在测试过程中，不同转速下其自身机械摩擦所消耗的功率，对于风冷式底盘测功机，还需要给出不同转速下冷却风扇所消耗的功率。此外，由于底盘测功机的结构不同，对汽车在滚筒上模拟道路行驶时的滚动阻力也不同，在说明书中应给出不同尺寸的车轮在不同转速下的滚动阻力系数值。

1）汽车底盘输出功率的检测方法：通过底盘测功机检测车辆的最大底盘驱动功率，以评定车辆技术状况等级。

在汽车动力性能检测之前，必须按汽车底盘测功机说明书的规定进行试验前的准备。台架举升器应该处于举升状态，无举升器者滚筒必须锁定，车轮的轮胎表面不得夹有小石子或其他坚硬杂物。

汽车底盘测功机控制系统、道路模拟系统、引导系统、安全保障系统等必需工作正常。

在动力性检测过程中，控制方式处于恒速控制，当车速达到设定车速（误差 ±2km/h）并稳定 5s 后（如果时间过短，则检测结果重复性较差），计算机方可读取车速与驱动力数值，并计算汽车底盘输出功率，最后输出检测结果。

2）发动机功率的检测方法：用发动机无外载检测仪检测发动机功率，使用方便，检测快捷。在规范操作的前提下，既可对发动机动力性能进行检测并对检测数据进行管理，还可以用于同一发动机调试前后、维修前后的功率对比。具体方法如下：

起动发动机并预热至正常状态，与此同时接通无外载测功仪电源，连接传感器；按仪器使用说明书进行操作；从测功仪上读取（或算出）发动机的功率值。

3）数据处理：

①检测的数据处理：目前底盘测功机显示的数值，有的是功率吸收装置的吸收功率的数值，有的是驱动轮输出的最大底盘输出功率的数值。如果显示数值为功率吸收装置的吸收功率，在处理检测结果的数据时，必须增加汽车在滚筒上滚动阻力消耗的功率、台架机械阻力消耗的功率及风冷式功率吸收装置的风扇所消耗的功率，其计算式应为

$$P_d = P_x + P_g + P_t + P_f$$

式中 P_d——汽车底盘最大输出功率；

P_x——功率吸收装置所消耗的功率；

P_g——滚动阻力所消耗的功率；

P_t——台架机械阻力所消耗的功率；

P_f——风冷式功率吸收装置冷却风扇所消耗的功率。

②检测发动机最大输出功率的数据处理：依据 JT/T 198—2004《营运车辆技术等级划分和评定要求》的规定，所测定发动机最大输出功率应与发动机的额定功率相比较。

此时，发动机最大输出功率的计算式为

发动机最大输出功率 P_{max} = 附件消耗功率 P_1 + 传动系统消耗功率 P_2 + 底盘最大输出功率 P_{dmax}。

即在测得底盘最大输出功率之后，加上传动系统消耗功率 P_2 及附件消耗功率 P_1，便可

确定发动机最大输出功率 P_{max}，然后与发动机的额定功率相比较。

如果该汽车发动机的额定功率为净功率，不包括发动机附件消耗功率 P_1，则数据处理后进行比较的发动机最大输出功率 P_{max} 为 $P_2 + P_{dmax}$。

如果汽车发动机的额定功率为总功率，而不是净功率，则用发动机无外载测功仪测得的发动机功率 P 应加上发动机附件消耗功率 P_1 后才可与额定功率相比较。

（2）汽车动力性道路检测

通过道路试验分析汽车动力性能，其结果接近实际情况。汽车动力性在道路试验中的检测项目一般有高速挡加速时间、起步加速时间、最高车速、陡坡爬坡车速、长坡爬坡车速等，有时为了评价汽车的拖挂能力，还进行汽车牵引力检测。另外，有时为了分析汽车动力平衡问题，采用高速滑行试验测定滚动阻力系数 f 及空气阻力系数 C_d。由于汽车道路试验受到道路条件、风向、风速、驾驶技术等因素的影响，汽车动力性道路检测的可控性和可比较性差。汽车动力性道路检测项目依据的标准主要有：

GB/T 12534—1990《汽车道路试验方法通则》；

GB/T 12544—1990《汽车最高车速试验方法》；

GB/T 12543—1990《汽车加速性能试验方法》；

GB/T 12539—1990《汽车爬陡坡试验方法》；

GB/T 12537—1990《汽车牵引力性能试验方法》。

4. 汽车底盘测功机

底盘测功机是一种模拟检测设备。它可通过在台架上模拟汽车道路行驶工况来检测汽车的动力性能、排放及油耗等。底盘测功机分两类：单滚筒式和双滚筒式。单滚筒式底盘测功机的滚筒直径较大（约 1.5～2.5m），制造安装费用较高，测试精度也较高；双滚筒式底盘测功机的滚筒直径较小（约 18～50cm），设备成本较低，使用方便，但测试精度较低，常用于使用与维修行业及检测站和检测线。

底盘测功机主要由道路模拟装置、功率吸收装置、测量系统、安全保障系统和引导系统构成。

底盘测功机的道路模拟装置是采用滚筒来模拟路面，模拟精度与滚筒的直径、表面状况以及车轮在滚筒上的安置角度有关。滚筒的直径越大，模拟精度越高。

底盘测功机的功率吸收装置也称“加载装置”，种类有“电涡流式”、“水力式”和“电力式”。

底盘测功机测量的信号有车速信号和驱动力信号等。

底盘测功机的安全保障系统包括：（防止车轮在旋转过程中因侧向力作用驶出滚筒的）左右挡轮、系留装置、三角木、发动机与车轮冷却风机（防止过热）。

底盘测功机还有引导、举升及滚筒锁定系统。

5. 第五轮仪

在进行车辆道路试验时，一般采用第五轮仪测量汽车的行驶状态：动力性能、制动性能、燃油经济性能等。第五轮仪分为接触式和非接触式两种，非接触式如图 7-1 所示。

图 7-1　非接触式第五轮仪

二、汽车燃油经济性检测

1. 汽车燃油经济性评价指标

汽车燃油经济性一般是通过燃油消耗量试验来确定，它既是评价汽车技术状况及维修质量的综合性参数，也是诊断和分析汽车故障的重要参考。检测汽车燃油消耗量常使用燃油消耗检测仪，通过测定燃油消耗量的容积或质量来表示。在汽车检测站可通过汽车道路试验、或通过在底盘测功试验台上模拟路试来检测其燃油消耗量。

2. 燃油经济性路试检测

影响汽车耗油量的因素主要有以下几方面：

1）车辆的技术状况，包括发动机的技术状况和底盘的技术状况两部分。

2）道路条件及气候状况，包括路面质量、交通混合情况、平原还是坡道、海拔高度和天气等。

3）车辆载重及拖运情况。载质量越大或拖挂质量越大，耗油量越高。

4）驾驶操作状况。在其他条件相同的情况下,驾驶技术水平不同,耗油量可相差20% ~40%。

因此,汽车燃油经济性的主要试验方法必须有完整的规范。根据国家标准 GB/T 12545—1990《汽车燃料消耗量试验方法》规定,汽车在路试条件下燃料消耗量的试验方法如下：

1）试验规范：汽车路试的基本规范按照 GB/T 12534—1990《汽车道路试验方法通则》。

2）试验车辆载荷：除有特殊规定外，轿车为规定载荷的一半（取整数）；城市客车为总质量的65%；其他车辆为满载，乘员质量及其装载要求按 GB/T 12534—1990《汽车道路试验方法通则》规定。

3）试验仪器：车速测定仪和汽车燃油消耗仪的精度要求是0.5%；计时器的最小读数为0.1s。

4）试验一般规定：①试验车辆必须清洁，关闭车窗和驾驶室通风口，只允许开动为驱动车辆所必须的设备；②由恒温器控制的空气流必须处于正常调整状态。

5）试验项目：①直接挡全节气门加速燃料消耗量试验；②等速燃料消耗量试验；③多工况燃料消耗量试验；④限定条件下的平均使用燃料消耗量试验。

汽车检测站在进行路试时，一般以等速行驶燃料消耗量试验来检测汽车燃油消耗量，即汽车在常用挡位（直接挡）从车速20km/h（当最低稳定车速高于20 km/h时，从30km/h开始）开始，以间隔10km/h的整数倍的各预选车速，通过500m的测量路段，测定燃油消耗量 G（mL）和通过时间 t（s），每种车速试验往返各进行两次，直至达到该挡最高车速的90%以上（至少不少于5种预选车速）。两次试验时间的间隔（包括达到预定车速所需的助跑时间）应尽量缩短，以保持稳定的热状态。

各平均实测车速 v 及其相应的等速油耗量的平均值（每百公里）Q_0 为

$$Q_0 = \frac{G}{500}\text{mL/m} = 0.2G\ \text{L/100km}$$

$$V = 3.6 \times 500/t$$

上式中，t、G 是预选车速下的平均值。算出 Q_0 后应校正为标准状态下的 Q_c。标准状态是指大气温度20℃；大气压力100kPa；汽油密度0.742g/mL；柴油密度0.830g/mL。公式为

$$Q_c = Q_0/(C_1 \times C_2 \times C_3)$$

$$C_1 = 1 + 0.0025(20 - T)$$

$$C_2 = 1 + 0.0021(P - 100)$$

$$C_3 = 1 + 0.8(0.742 - \rho)\text{（汽油车）}$$

$$C_3 = 1 + 0.8(0.830 - \rho)\text{（柴油车）}$$

式中　C_1——环境温度校正系数；

C_2——大气压力校正系数；

C_3——燃油密度校正系数；

T——试验时的环境温度（℃）；

P——试验时的大气压力（kPa）；

ρ——试验时的燃油密度（g/mL）。

各种车速下油耗测试值对其平均值的相对误差不应超过 ±2.5%。

6）绘制等速燃料消耗量特性曲线：以车速为横轴，百公里燃油消耗量为纵轴，绘制等速燃料消耗量散点图，根据散点图绘制等速燃料消耗量的特性曲线即 Q_c-v 曲线，如图 7-2 所示为某些车型 Q_c-v 曲线。绘制时应使曲线与各散点的燃油消耗量差值的平方和为最小。

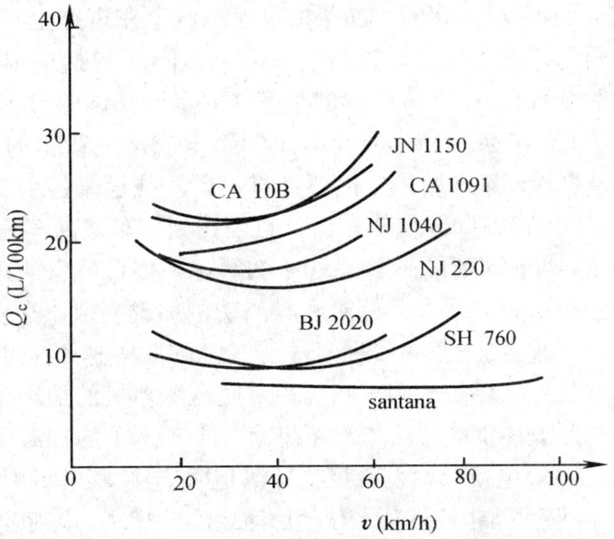

图 7-2　Q_c-v 曲线图

3. 汽车燃油消耗仪

汽车燃油消耗仪简称油耗计，作用是测量汽车的燃料消耗量，组成包括油耗传感器和两次仪表。油耗计种类繁多，按测量方法可分为：容积式油耗计、重量式油耗计、流量式油耗计、流速式油耗计。大多数油耗计都能连续并累计测量，但测试的流量范围和误差各不相同。

在路试检测油耗时，一般采用油耗传感器与非接触式或接触式第五轮仪配合使用。例如，在所有条件均满足 GB/T 12545—1990《汽车燃料消耗量试验方法》的条件下开始路试，如使用非接触式第五轮仪，首先在非接触式第五轮仪上定好测量距离（如 500m）及测量挡位，然后开始检测。当车速稳定到某一测量速度（如 50km/h）时，在车速仪上按下“开始”键，直至该车跑满 500m 里程（由于该车速仪事先已定好 500m 距离，所以在 500m 处自动停止计量），随后按下“停止”键。此时，该车在某一车速下行驶 500m 里程所消耗的燃油量和已换算好的百公里耗油量即可打印输出。

4. 燃油经济性台试检测

采用路试方法检测汽车燃油消耗量受到很多条件限制，而通过在底盘测功机上进行台架试验检测汽车燃油消耗量目前没有国家标准。为了方便和快捷，可参照 GB/T 12545.1—2001《乘用车燃料消耗量试验方法》和 GB/T 12545.2—2001《商用车辆燃料消耗量试验方法》的要求评价汽车燃油经济性，通过台架试验方法来模拟道路试验——即在底盘测功试验台上模拟道路等速行驶来检测汽车燃油消耗量。模拟的基本原理如下。

（1）常见检测油耗的方法

一种为质量法，即采用质量式油耗传感器在底盘测功试验台上进行油耗检测；另一种是容积法，即采用行星活塞式油耗传感器在底盘测功试验台上进行油耗检测。当汽车驶上底盘测功试验台后，拆卸燃油管路，接上油耗传感器，排除油路中的空气泡，然后在底盘测功试验台上进行加载，使加载量符合该车在路试状态下的各种阻力，然后进行油耗检测。

（2）台架试验中模拟加载量的确定

按照 JT/T 198—2004《营运车辆技术等级划分和评定要求》规定，应测量汽车等速百公里燃油消耗量。根据 GB/T 12545.1—2001《乘用车燃料消耗量试验方法》、GB/T 12545.2—2001《商用车辆燃料消耗量试验方法》、GB/T 12534—1990《汽车道路试验方法通则》规定：在限定条件下的平均使用燃料量试验的试验车速为建议轿车为 60±2km/h，铰接客车为 35±2km/h，其他采用 50±2km/h；载荷按照不同车型加载至限定条件；测试距离应保证不少于 500m。加载量是模拟汽车在道路上行驶时所受到的滚动阻力、空气阻力等行驶阻力，由于各个车型的实际情况不同（包括迎风面积、汽车总质量、汽车与地面接触的轮胎个数等），所以不同的车型在底盘测功试验台上应有不同的加载量。模拟加载量的确定方法是：首先，汽车（走合过的新车或接近新车的在用车）在额定总质量状态下，以直接挡从 20km/h 开始做燃油消耗量试验。往返采样各三次，得出 20km/h 的平均等速油耗，然后以间隔 10km/h 增加车速，直至达到该车最高车速的 90%，做上述同样的试验。这样依次得出 20km/h 到最高车速 90% 的等速平均百公里油耗。其次，汽车以整备质量在底盘测功试验台上从 20 km/h 开始对底盘测功机加载模拟该车空载时在 20km/h 路试状态下所受的外界阻力，直至加上某一载荷后得出 20km/h 等速百公里油耗值与车速为 20km/h 路试所得的平均百公里油耗值相同，则上述对底盘测功机的加载量即为车速 20km/h 时的模拟加载量。然后按照上述试验方法依次可得出各个车速下的加载量。

（3）电喷汽油发动机油耗测定时应注意的问题

其检测如图 7-3 所示仅使用油耗传感器时，电喷发动机须注意从压力调节器回流的多余燃油问题。如果多余燃油回到油耗传感器的前面，则测出的油耗变成发动机实际消耗的油加上回流的油，结果必然不准确。必须让多余的油回到油耗传感器的输出端才能得到准确的测量值。

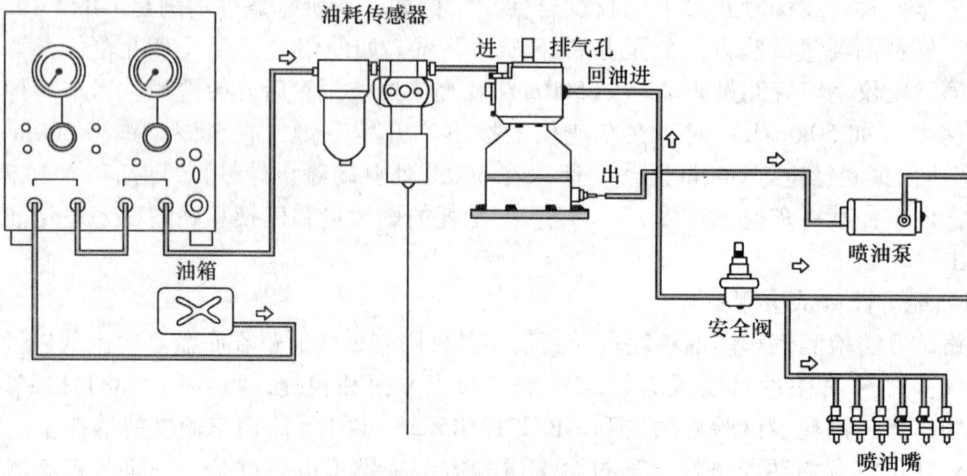

图 7-3　电喷汽油发动机油耗测定

自油箱来的油压大概为20kPa。如果遇到因为油耗传感器及喷油泵间存在负压而引起气穴现象时，可通过加一个辅助泵使燃油泵的进油端的油路保持正压，避免气穴现象发生，以便进行稳定的油耗测量。

三、汽车制动性检测

1. 检测项目

我国在用车检测执行的GB 7258—2004《机动车运行安全技术条件》中规定，制动效能的检测参数可从制动距离、充分发出的平均减速度（MFDD）、制动力和制动协调时间等三类参数中任选一项，制动稳定性的检测参数可用制动跑偏量或同轴左右轮制动力差。

另外，如果制动踏板放松后制动不能迅速又彻底地解除，汽车有可能产生侧滑而丧失制动稳定性。这种汽车制动后抬起制动踏板而不能迅速地解除制动的现象称为制动拖滞。制动拖滞严重时会导致制动系统损坏，特别是容易引起制动器过热、制动蹄片烧蚀，降低汽车制动性能，增加汽车行驶阻力。所以汽车车轮阻滞力也应该列入汽车制动性能检测项目。

2. 汽车制动性能检测方法

用台试法检验汽车制动性能目前主要有反力式滚筒制动试验台检测和平板制动试验台检测两种具体方法。

用反力式滚筒制动试验台检测时，制动试验台滚筒表面应干燥、没有沙砾灰尘及油污。驾驶员将汽车驶上滚筒，位置摆正，置变速器于空挡，起动滚筒，使用制动，测量各车轮的制动力、每轴左右轮在制动力增长全过程中的制动力差、制动协调时间、车轮阻滞力和驻车制动力等参数，并且纪录车轮是否抱死。在测量制动时，为了获得足够的附着力以避免车轮抱死，允许在汽车上增加足够的附加质量或者垂直于地面的作用力。附加质量或者垂直于地面的作用力不计入轴荷。同时允许采取一些防止车轮移动的措施，比如加三角木或牵引。

用平板制动试验台检测时，制动试验台平板表面应该干燥、没有沙砾灰尘及油污。驾驶员以5~10km/h的速度将汽车对正平板台并驶上平板，置变速器于空挡，急踩制动，使汽车停止，测量各车轮的制动力、每轴左右轮在制动力增长全过程中的制动力差、制动协调时间、车轮阻滞力和驻车制动力等参数。

用台试法检验汽车制动性能的优点是迅速、准确、经济、安全，不受外界条件的干扰和限制，重复性好，能定量测得制动全过程，有利于分析前后轴制动力的分配及每轴制动力的平衡状态、制动协调时间等参数。

根据国家标准GB 7258—2004《机动车运行安全技术条件》规定，台试检验汽车制动性能应该满足下列要求：

1）在制动试验台测得的制动力应符合表7-1中的要求。对空载检测制动力有质疑时，可用表中规定的满载检测制动力要求进行检验。

表7-1　台试检验制动力要求

车辆类型	制动力总和与整车重量的百分比（%）		轴制动力与轴荷的百分比（%）	
	空载	满载	前轴	后轴
汽车、汽车列车、无轨电车和四轮农用运输车	≥60	≥50	≥60	

2）制动力平衡要求：在制动力增长全过程中，若令左右轮制动力差与该轴左右轮中制动力大者之比为 H，则对于前轴要求 $H \leq 20\%$，对于后轴要求 $H \leq 24\%$。

3）制动协调时间：是指在紧急制动时，从踏板开始动作到车轮制动力达到表 7-1 中所规定的制动力的 75% 时所需要的时间。对于液压制动的汽车应不大于 0.35s，对于气压制动的汽车应不大于 0.60s；汽车列车、铰接客车和铰接式无轨电车的制动协调时间应不大于 0.80s。

4）车轮阻滞力：是指行车和驻车制动装置都处于完全释放状态、变速器置于空挡时，试验台驱动车轮所需要的作用力。汽车各车轮的阻滞力不得大于该轴轴荷的 5%。

5）驻车制动性能：采用制动试验台测驻车制动力时，车辆在空载状态，使用驻车制动装置制动，驻车制动力总和不得小于该车整备质量的 20%；对于总质量为整备质量 1.2 倍的汽车，驻车制动力总和不得小于该车整备质量的 15%。

四、汽车车轮侧滑检测

汽车前轮定位参数是影响汽车的操纵性和直线行驶稳定性的重要因素，因此，汽车转向轮定位值是汽车安全检测中的重点检测项目之一。

汽车车轮的侧向滑移量的大小和方向可用汽车车轮侧滑检验台来检测。

国家标准 GB 7258—2004《机动车运行安全技术条件》规定：前轴采用非独立悬架的机动车转向轮的横向滑移量，用侧滑仪（包括双板和单板侧滑仪）检测时侧滑量应不大于 5m/km。

转向轮横向侧滑量检验方法：

1）将汽车对正侧滑检验台（对于单板侧滑仪，将汽车的一侧车轮对正侧滑板），并使转向盘处于正中位置。

2）使汽车沿台板上的指示线以 3～5km/h 速度平稳前进。在行进过程中，不得转动转向盘。

当转向轮通过台板时，测量其横向侧滑量。

如果检测结果不合格，需要分析不合格的原因。当侧滑量偏差较小时，一般通过调整就可以使其合格；当侧滑量偏差比较大时，有时需要更换部分零部件，有些可能需要校正车身才能排除偏差。

五、汽车四轮定位检测

为保证汽车的稳定行驶，车轮与车轴必须保持相互之间正确的位置关系。前轴、后轴的轴线必须相互平行且垂直于汽车纵轴线，车轮的定位角必须正确。汽车使用过程中，会由于悬架的损伤，车身或车架的变形引起车轮定位参数发生变化。不正确的车轮定位参数会导致转向沉重、轮胎异常磨损、油耗增加、方向回正困难、行驶跑偏等，使汽车的操纵稳定性变坏，影响行车安全。

车轮定位包括前轮定位和后轮定位，也就是常说的四轮定位。四轮定位的作用是使汽车能够保持稳定的直线行驶、转向轻便，并减少汽车在行驶中轮胎和转向机件的磨损。前轮定位包括主销后倾角、主销内倾角、前轮外倾角和前轮前束四个内容。后轮定位包括车轮外倾角和逐个后轮前束。

1. 主销后倾角

从侧面看车轮，转向主销（车轮转向时的旋转中心）向后倾倒，称为主销后倾角。设置主销后倾角后，主销中心线的接地点与车轮中心的地面投影点之间产生距离（称作主销纵倾移距，与自行车的前轮叉梁向后倾斜的原理相同），使车轮的接地点位于转向主销延长线的后端，车轮就靠行驶中的滚动阻力被向后拉，使车轮的方向自然朝向行驶方向。设定较大的主销后倾角可提高直线行驶性能，同时主销纵倾移距也增大。如果主销后倾角过大，则主销纵倾移距过大，会使转向盘沉重，并且因路面干扰而加剧车轮的前后颠簸；如果主销后倾角过小，汽车直线行驶时容易出现前轮摆振，方向自动回正能力下降。

2. 主销内倾角

从车前后方向看轮胎时，主销轴向车身内侧倾斜，该角度称为主销内倾角。当车轮以主销为中心回转时，车轮的最低点将陷入路面以下，但实际上车轮下边缘不可能陷入路面以下，而是将转向车轮连同整个汽车前部向上抬起一个相应的高度，这样汽车本身的重力有使转向车轮回复到原来中间位置的效应，因而转向盘复位容易。此外，主销内倾角还使得主销轴线与路面交点到车轮中心平面与地面交线的距离减小，从而减小转向时驾驶员加在转向盘上的力，使转向操纵轻便，同时可减少从转向轮传到转向盘上的冲击力。但主销内倾角不宜过大，否则会加速轮胎的磨损。

3. 前轮外倾

从前后方向看车轮时，轮胎并非垂直安装，而是稍微倾倒呈现“八”字形张开，称为负外倾，而朝反方向张开时称正外倾。在使用斜线轮胎的鼎盛时期，由于使轮胎倾斜触地便于转向盘的操作，所以外倾角设得比较大。由于子午线轮胎的特性（轮胎花纹刚性大，外胎面宽），若设定较大的外倾角会使轮胎磨偏并降低轮胎摩擦力，所以现在汽车一般将外倾角设定得比较小，甚至接近于零。随着汽车上扁平子午线轮胎不断普及和助力转向机构的使用，汽车的前轮外倾角不断缩小。另外，设定少许的前轮外倾角可对车轴上的车轮轴承施加适当的横推力。

4. 前轮前束

前轮前束是指左右前轮分别向内，类似人脚尖向内的“内八字脚”。采用这种结构的目的是修正上述前轮外倾角引起的车轮向外侧滚动的趋势。如前所述，由于有前轮外倾，转向盘操作变得容易。但是，由于车轮向外倾斜，左右前轮分别向外侧滚动。为了修正前轮分别向外侧滚动这个趋势，让左右两轮带有向内的角度，产生向内侧滚动的趋势，向内向外两种趋势相互抵消，可使左右两轮保持直线前进，减少轮胎磨损。

5. 四轮定位检测

不同型号的汽车，其四轮定位参数值不一样，可调参数也不相同。所以在检测汽车四轮定位参数前必须先从维修手册或四轮定位检测仪的内存中查阅该汽车出厂的四轮定位参数标准值，然后再进行检测和比较。

四轮定位仪主要有前束尺和光学水准定位仪、拉线定位仪、CCD 定位仪、静态激光定位仪、静态激光大车定位仪、动态激光定位仪、动态激光 3D 影像定位仪和 3D 激光定位仪等几种。

一般用前束尺，水准仪检测前轮定位的四个参数及转向角。

拉线式、光学式、图像式四轮定位仪不但可以测量前轮定位的四个参数，还可以检测各轮间相互位置关系和推力角。推力角是指车轴轴线中心线与汽车纵轴线（纵向几何中心线）之间的垂直的偏差值，其标准值应为零。退缩角是指固定左轮时，右轮相对左轮向前或向后偏移的角度，向后为正，向前为负。退缩角的标准值也为零。

前轮前束有两种表示方法：

第一种是根据前轮胎前方中心线距离与前轮胎后方中心线间距离之差值来表示的。前小后大之差为正值，反之为负值。一般此值为 0～12mm。

第二种是根据前轮前束角是汽车纵向中心平面与车轮中心平面和地面的交线之间的夹角来表示的。如果车轮前部靠近汽车纵向中心平面，则前束角为正值（前束角）；反之为负值（后束角）。总前束角是左右车轮前束之和。

如果汽车的四轮定位检测不合格，须对不合格的项目进行认真分析，确定参数不合格的原因、是否可以调整以及调整的费用，给汽车评估提供充分的依据。

六、汽车前照灯检测

汽车前照灯检测是汽车安全性能检测的重要项目。前照灯检测的主要参数是发光强度、光束照射位置和配光特性。按国家强制性标准 GB 7258—2004《机动车运行安全技术条件》规定，汽车前照灯的检验指标为发光强度（cd）和光束照射位置的偏移值。

前照灯有远、近两种灯光。夜间行车时一般用远光，会车时用近光。前照灯用久之后，可能会出现灯泡老化、灯光强度不足，使得驾驶者在夜间行车时看不清楚前方情况。随着行车里程的增加，汽车的振动会引起前照灯照射方向改变，使得前照灯光束照射方向和角度不正确，引起对面来车的驾驶者眩目。以上这些都将严重地影响夜间行车安全。所以，应当定期对前照灯的发光强度和光束照射位置进行检测和校正。对前照灯的检测，一般用屏幕法或前照灯校正仪来进行。

屏幕法检测需要有一个较大的场地，目前在检测站中很少使用。应用较多的是前照灯校正仪。前照灯检测仪（校正仪）的生产厂家和型号虽然有很多种，但是它们的检测原理基本相同，都是采用能将吸收到的光能变成电流的硅光电池或硒光电池作为传感器，按前照灯光轴照射光电池产生电流的大小和比例来测量前照灯的发光强度和光轴偏斜量。

前照灯检测仪可以按结构形式分为聚光式、屏幕式、投影式和自动跟踪光轴式等。现在的汽车检测站大多使用较为先进的自动追踪光轴式前照灯检测仪。该仪器采用受光器自动追踪光轴的方法，检测前照灯发光强度和光轴偏移量。

用自动追踪光轴式前照灯检测仪检测时，将汽车开到检测仪受光器前，停在与检测仪移动轨道保持垂直的方向，使汽车前照灯与检测仪受光器相距 3m，将前照灯的光束照到检测仪的受光器上。当汽车打开前照灯时，若前照灯光束照射方向偏斜，则主、副受光器的上下左右各光电池的受光量不相同。由各光电池的电流差值控制电动机运转，并通过传动机构使受光器能上下移动、控制箱左右移动，直到受光器上下左右光电池受光量相等为止。在追踪光轴时，受光器的位移方向和位移量由光轴偏斜指示计指示，此即前照灯光束的偏斜方向和偏斜量。发光强度由光度计同时指示。

根据检测结果，在依据检测标准调整光束照射位置时，对远近双光束灯以检测调整近光光束为主。如果使用的是合格的灯泡，在近光光束调整达标后，远光光束通常也应该能够达标；如果在近光光束调整达标后，经复核远光光束照射方向不达标，则往往是因为灯泡的质量问题引起的，可在更换灯泡后再调试。

七、汽车排气污染物检测

随着汽车工业的发展和机动车保有量的快速增长，汽车排放的污染物已经成为空气的主要污染源。汽车排气污染对社会、环境和人类健康造成的危害已成为一个严重的社会问题，愈来愈被人们所重视。为了控制汽车排气污染的危害，世界各国都将汽车尾气排放作为一项重要的检测项目。欧洲率先制定并逐步完善了对于汽车排气污染物的控制标准，即欧Ⅰ、欧Ⅱ、欧Ⅲ、欧Ⅳ、欧Ⅴ标准等。我国也逐步制定了控制汽车排气污染物的国Ⅰ、国Ⅱ、国Ⅲ、国Ⅳ、国Ⅴ等标准。自2007年7月1日起，最新执行的是GB 17691—2005《车用压燃式、气体燃料点燃式发动机与汽车排气污染物排放限值及测量方法（中国Ⅲ、Ⅳ、Ⅴ阶段）》。

1. 汽车排气污染物主要成分

汽车排气污染物的主要成分是一氧化碳（CO）、碳氢化合物（HC）、氮氧化合物（NOx）、硫化物（主要是SO_2）、颗粒物（炭烟）以及其他有害物质。如果使用含铅汽油，排气中的污染物还包含铅化合物。汽车排气污染物中，CO、HC、NO_x和颗粒物主要来源于汽车尾气，少部分来自曲轴箱窜气，其中部分HC还来自于油箱及整个供油系的蒸发与滴漏。

在相同工况下，汽油机的CO、HC、和NO_x的排放量比柴油机大。所以，目前的排放控制法规对汽油机主要控制排气中CO、HC、和NO_x的排放量做了规定。柴油机对空气的污染比汽油机的小，排放的污染物主要是颗粒物（炭烟）。所以，排放控制法规对柴油机主要控制排气中颗粒物和NO_x的含量做了规定。

2. 汽车排气污染物的危害

使用无铅汽油以后，汽车排气中对环境有害的物质主要是一氧化碳（CO）、碳氢化合物（HC）、氮氧化合物（NO_x）、颗粒物（PM）和硫化物。

1）一氧化碳（CO）是燃油不完全燃烧的产物，也是汽车尾气中浓度最大的有害成分。一氧化碳是一种无色无味的有毒气体，进入人体后容易与血液中担负输氧任务的血红蛋白结合，阻碍血红蛋白输送氧气，造成人体缺氧，引起头痛、头晕、呕吐等中毒症状，严重时甚至导致死亡。

2）碳氢化合物（HC）是一种混合物，发动机气缸内不完全燃烧、缸壁激冷层与缝隙效应是造成碳氢化合物排放的主要原因。碳氢化合物成分多达100多种，其中有一些致癌物质。当碳氢化合物浓度较高时，人会出现头晕、恶心等中毒症状。而且，碳氢化合物和氮氧化合物在强烈的阳光作用下，会反应生成一种有害的光化学烟雾。这种光化学烟雾滞留在大气中，造成大气污染，对人的眼睛、呼吸道和皮肤有强烈的刺激性。

3）氮氧化合物（NO_x）是汽油机和柴油机排放的主要污染物，是发动机大负荷工作时混合气中的氧气和氮气在燃烧室内的高温高压条件下反应生成的。氮氧化合物主要由一氧化氮和二氧化氮构成。一氧化氮与血液中的血红蛋白的亲和力比一氧化碳还强，能使血红蛋白失去输氧能力，产生与一氧化碳相似的中毒后果。二氧化氮能侵入肺脏深处的毛细血管，引起肺水肿，同时还能刺激眼睛和鼻黏膜、麻痹嗅觉。

4）颗粒物（PM）以柴油机排放最多，是柴油燃烧不完全的产物，主要是炭烟。炭烟内含有大量的黑色炭颗粒，污染城市空气，影响城市道路的能见度。炭烟中还含有少量的带有特殊臭味的乙醛，容易引起恶心和头晕。

5）硫化物主要是二氧化硫，是燃油中的硫与氧气反应生成。二氧化硫有强烈的气味，刺激人的眼睛和咽喉。二氧化硫与水结合生成硫酸，形成酸雨，破坏土壤和水源。

3. 汽油车排气污染物的控制及检测

（1）汽油车排气污染物的限值及测试方法

我国于1979年颁布了环境保护法，1984年实施了汽车污染物排放标准和测量方法的国家标准，并陆续制定了若干相关的排放标准。1993年，对以前的排放标准进行了修订，进一步规范各项参数的限值和测量方法。

2001年颁布实施的GB 14761—2001《汽车排放污染物限值及测试方法》等效采用了联合国欧洲经济委员会（ECE）1995年7月2日生效的ECER83/02《按发动机对燃料的要求类别就污染排放物对车辆的认证规则》的全部内容，采用了国际通用的试验方法，对汽车污染物排放的控制标准达到了欧洲20世纪90年代初的水平。

GB 18285—2000《在用汽车排气污染物限值及测试方法》中的加速模拟工况试验限值及试验方法，是参照美国国家环保局标准EPA-AA-PSPD-IM-96-2《加速模拟工况试验规程、排放标准、质量控制要求及设备技术要求技术导则》制定的，使我国治理在用汽车的排气污染更加规范和严格。此标准规定在装配点燃式发动机的车辆时，在检测中要进行怠速试验、双怠速试验和加速模拟工况试验。

2001年颁布实施的GB 18352. 1—2001《轻型汽车污染物排放限值及测量方法（Ⅰ）》、GB 18352. 2—2001《轻型汽车污染物排放限值及测量方法（Ⅱ）》等效采用和参照了当时欧洲的有关最新标准。

2005年7月1日起实施的GB 18285—2005《点燃式发动机汽车排气污染物排放限值及测量方法（双怠速法及简易工况法）》代替GB 14761. 5—93《汽油车怠速污染物排放标准》、GB/T 3845—93《汽油车排气污染物的测量　怠速法》和GB 18285—2000《在用汽车排气污染物排放限值及测量方法》中的点燃式发动机汽车部分。

（2）汽油车排气污染物的检测

常用不分光红外线气体分析仪（NDIR）对汽油车排气污染物进行检测。不分光红外线气体分析仪（NDIR）由废气取样装置、废气分析装置、废气浓度指示装置和校准装置构成。

1）废气取样装置：由取样探头、滤清器、导管、水分离器和泵等组成。它通过取样探头、导管和泵从汽车排气管里采集废气，再用滤清器和水分离器把废气中的炭渣、灰尘和水分除掉，最后只将废气送入废气分析装置。

2）废气分析装置：由红外线光源、气样室、旋转扇轮（截光器）、测量室和传感器等组成。该装置按照不分光红外线分析法，从取样装置的混有多种成分的废气中测量出一氧化碳和碳氢化合物的浓度，并以电信号的形式输送给废气浓度指示装置。按传感器形式不同，废气分析装置可分为电容微音器式和半导体式等不同形式。

3）废气浓度指示装置：综合式气体分析仪的废气浓度指示装置，主要由一氧化碳指示装置和碳氢化合物指示装置组成，有指针式和数字式显示器两种类型。从废气分析装置来的电信号，在一氧化碳指示仪表上，一氧化碳的浓度以体积百分数（%）表示；在碳氢化合物指示仪表上，碳氢化合物浓度以正已烷当量体积的百万分数（10^{-6}）表示。

4）校准装置：校准装置是为了保持分析仪的指示精度，使其能准确指示测量值的装置。在校准装置中，往往既有用加入标准气样进行校准的装置，也有用机械方式简易校准的装置。

4. 柴油车排气污染物的控制及检测

（1）柴油车排气污染物的限值及测试方法

柴油车排出的烟色有黑烟、蓝烟和白烟三种。其中，以柴油机在全负荷和加速工况时排出的黑色炭烟最为常见。黑烟的发暗程度用排气烟度表示，排气烟度用烟度计检测。烟度计有滤纸式、透光式和质量式等多种形式。

根据 GB 18285—2000《在用汽车排气污染物限值及测试方法》的规定，对于装配压燃式发动机的车辆，通过 C 类认证的车辆按照 GB 14761—2001《汽车排放污染物限值及测试方法》进行自由加速排气可见污染物试验，其他车辆进行自由加速烟度试验。其中自由加速排气可见污染物试验按 GB 18285—2000《在用汽车排气污染物限值及测试方法》附录 B 进行，自由加速烟度试验按 GB 3847—2005《车用压燃式发动机和压燃式发动机汽车排气烟度排放限值及测量方法》的规定进行。

按照 GB 18285—2000《在用汽车排气污染物限值及测试方法》的规定，对于装配压燃式发动机、最大总质量大于或等于 400kg、最大设计车速大于或等于 50km/h、1995 年 7 月 1 日以后生产的在用车辆，自由加速烟度试验的排放限值为 $4.0R_b$。

2005 年 7 月 1 日起实施的 GB 3847—2005《车用压燃式发动机和压燃式发动机汽车排气烟度排放限值及测量方法》代替 GB 3847—1999《压燃式发动机和装用压燃式发动机的车辆排气可见污染物限值及测试方法》、GB 14761.7—1993《汽车柴油机全负荷烟度排放标准》、GB3847—1983《汽车柴油机全负荷烟度测量方法》、GB 14761.6—1993《柴油车自由加速烟度排放标准》、GB/T 3846—1993《柴油车自由加速烟度的测量　滤纸烟度法》和 GB 18285—2000《在用汽车排气污染物限值及测试方法》中的压燃式发动机汽车部分。

（2）柴油车排气污染物的检测

检测柴油车的排气烟度时，通常采用滤纸式烟度计。

滤纸式烟度计的测量原理是用一个活塞式抽气泵从柴油机排气管中抽取一定体积的废气后，使废气通过一张一定面积的白色滤纸，废气中的炭烟存留在滤纸上将滤纸染黑。检测滤纸的染黑度并用指示装置指示出来，用滤纸的染黑度反映柴油车的排气烟度。

滤纸式烟度计是应用最广泛的烟度计之一，有手动、半自动和全自动三种形式，其结构都是由废气取样装置、烟度测量装置、走纸机构和控制机构组成。

八、汽车噪声的检测

随着汽车保有量的增加和车速的提高，汽车噪声已成为城市的主要噪声源。汽车噪声以噪声源来分类包括发动机的机械噪声、燃烧噪声、进排气噪声、风扇噪声、传动噪声、制动噪声、轮胎噪声、车厢振动噪声、货物撞击噪声、喇叭噪声及转向、倒车时的蜂鸣器声等。总体来说，汽车噪声是随着汽车的技术状况的下降而上升的。也就是说，随着汽车行驶里程的增加和使用时间的延长，汽车的技术状况不断下降，汽车所产生的噪声也不断提高。反之，通过检测汽车噪声，可以判断汽车当前的技术状况。

反映汽车噪声的主要参数有声压与声压级、声强与声强级和声功率与声功率级。其中声压与声压级是表示声音强度的最基本、最常用的参数。声压级的单位为分贝（dB）。

GB 7258—2004《机动车运行安全技术条件》对客车车内噪声级、机车驾驶员耳旁噪声级和机动声喇叭声级作了规定，GB 1495—2002《汽车加速行驶车外噪声限值及测量方法》对车外最大噪声级及其测量方法作了规定。

噪声测量一般使用声级计。声级计分为精密声级计和普通声级计。声级计一般由传声器、放大器、衰减器、计权网络、检波器、指示表头和电源等组成。常用的声级计是直流电源便携式声级计。当测量车内、车外不同部位噪声时，应分别按相应的国家标准检测。

小　结

汽车的技术状况决定汽车的动力性能、经济性能、安全性能、操纵性能、环保性能以及舒适和可靠性能等。汽车的技术状况是由汽车的性能技术参数决定的。

汽车技术状况的静态直观检查是评估人员在汽车处于静止状态时，根据自身的经验和技能，利用简单的工具，对汽车的技术状况进行检查和鉴定。汽车技术状况的静态直观检查包括汽车合法性检查和汽车外部状况检查。

汽车技术状况动态直观检查是汽车处于运动状态或发动机运转时，评估人员根据自身的经验和技能，利用简单的工具，对汽车的技术状况进行检查和鉴定。汽车技术状况动态直观检查主要包括发动机和底盘技术状况的动态直观检查。

汽车技术状况的仪器检查主要是对汽车综合性能的检测，具体的有汽车的动力性能、经济性能、安全性能、可靠性能和排气污染物的检测与评估等。

汽车动力性能的评价指标常用汽车的最高车速、加速能力、最大爬坡度、发动机最大输出功率以及底盘最大输出驱动功率等，检测方法可以分为台试与路试两种。

底盘测功机是一种模拟检测设备。它可通过在台架上模拟汽车道路行驶工况来检测汽车的动力性能，工况排放及油耗等。底盘测功机主要有两类：单滚筒式和双滚筒式。

在进行车辆道路试验时，一般采用第五轮仪测量汽车的行驶状态：动力性能、制动性能、燃油经济性能等。第五轮仪分为接触式和非接触式两种。

汽车燃油经济性既是评价汽车技术状况及维修质量的综合性参数，也是诊断和分析汽车故障的重要参考。汽车燃油消耗量常使用燃油消耗检测仪检测。

汽车制动性主要由制动效能、制动抗热衰退性和制动时汽车的方向稳定性三个方面评价。检验汽车制动性能目前主要有两种方法：反力式滚筒制动试验台和平板制动试验台。

汽车车轮的侧向滑移量的大小和方向可用汽车车轮侧滑检验台来检测。

汽车四轮定位包括前轮定位和后轮定位。前轮定位包括主销后倾角、主销内倾角、前轮外倾角和前轮前束四个内容。后轮定位包括车轮外倾角和逐个后轮前束。四轮定位的作用是使汽车保持稳定的直线行驶和转向轻便，并减少汽车在行驶中轮胎和转向机件的磨损。

前照灯检测的主要参数是发光强度、光束照射位置和配光特性。

汽车排气中，对环境有害的主要是CO、HC、NO_x、炭烟和硫化物等。我国在吸取国外先进经验的基础上，逐步实行越来越严格的汽车污染物排放控制政策。

汽车噪声是随着汽车的技术状况的下降而上升的，所以通过检测汽车噪声可以判断汽车当前的技术状况。反映汽车噪声的主要参数有声压、声强和声功率。

复习思考题

7-1　为什么在二手车评估前要做汽车技术状况鉴定？

7-2　什么是汽车技术状况的静态直观检查，它包括哪几方面内容？

7-3　汽车外部状况检查包括哪几方面内容？

7-4　什么是汽车技术状况的动态直观检查?
7-5　发动机技术状况的动态直观检查包括哪几方面内容?
7-6　汽车底盘技术状况的动态直观检查包括哪几方面内容?
7-7　汽车技术状况的仪器检查包含哪些种类?
7-8　汽车动力性能有哪些评价指标?怎样检测汽车动力性能?
7-9　分别说明汽车底盘测功机与第五轮仪的作用?
7-10　怎样检测和评价汽车燃油经济性?
7-11　汽车制动性的评价指标主要有哪些?检测方法有哪些?
7-12　车轮侧滑量过大有什么危害?如何检测?
7-13　什么是汽车四轮定位?汽车四轮定位有什么危害?如何检测?
7-14　汽车排气中对环境有害的物质有哪些?
7-15　汽车噪声与汽车的技术状况有怎样的关系?如何检测汽车噪声?

第八章　汽车故障评估

【学习目标】

1. 了解汽车故障的原因、分类、症状、故障的变化规律、故障的诊断以及汽车故障对二手车评估价格的影响。

2. 掌握汽车发动机异响故障、汽油机燃油供给系统故障、汽油机点火系统故障、汽油机油路电路综合故障、柴油机燃油供给系统故障和柴油机电控系统故障的症状、原因和故障的诊断。

3. 掌握传动系故障、行驶系故障、转向系故障、制动系故障的症状、原因和故障的诊断。

4. 掌握蓄电池、交流发电机与调节器、起动系统、照明与信号系统、仪表与显示系统以及汽车其他辅助电器设备故障症状和原因。

5. 掌握发生严重碰撞事故、火烧事故或水泡事故汽车的判断和汽车碰撞事故损伤定损评估的基本步骤。

第一节　汽车故障及对评估价格的影响

汽车在使用过程中难免会出现故障，随着汽车使用年度和行驶里程的增加以及汽车事故的发生，汽车的技术状况逐渐下降，故障率提高。汽车故障影响汽车的正常使用，其维修需要一定的成本。所以在二手车评估中，汽车故障对汽车评估价格有很大的影响。了解和掌握汽车故障的内容、诊断方法、变化规律以及对价格的影响，是进行二手车评估必须具备的知识和技能。

一、汽车故障内容

1. 汽车故障的原因

汽车出现故障，主要原因是汽车各总成中的零部件因为磨损、老化或由于事故损伤而部分或完全丧失其原有的功能。

2. 汽车故障的分类

汽车故障的分类有多种。按照汽车故障的性质可分为功能故障和性能故障两大类。

功能故障是指故障发生后，汽车不能继续发挥其本身的功能。比如制动失灵、发动机非正常熄火、转向失灵、起动机不工作等。

性能故障是指汽车部分或全部丧失了工作的性能，性能参数达不到规定的指标。比如制动距离过长、发动机功率下降、转向沉重、起动机起动无力等。

按照汽车故障发生的部位，可分为汽车发动机故障、汽车底盘故障和汽车电器故障。

按照汽车故障的严重程度，可分为轻微故障、一般故障、严重故障和重大故障。

轻微故障一般不会导致汽车无法行驶，不需要更换零件和总成，用随车工具就能在短时间内排除。比如紧固松动的螺栓、补充防冻液和润滑油等。

一般故障是有可能使汽车性能下降甚至停驶、但不是主要零部件和总成严重损坏的故障。一般故障可通过使用随车工具更换易损配件在短时间内排除。比如密封件损坏导致的漏液、滤清器损坏导致的堵塞等。

严重故障是指汽车主要零部件和总成的严重损坏导致汽车不能继续行驶、必须送汽车修理厂由专业维修人员进行修理的故障。比如发动机曲柄断裂导致发动机不能工作。

重大故障是指引起主要总成报废、造成重大经济损失、危及汽车行驶安全、导致人员伤亡或对周围环境造成严重危害的故障。比如车祸引起的车身变形、断裂，车桥断裂等。

3. 汽车故障的症状

汽车故障，不论是发动机部分还是底盘部分，其故障症状均随其成因的不同而不同。不同的故障表现出不同的内在和外表症状。这些变化多样的故障症状大致可分为以下几类：

1）工况突变：指汽车的工作状况突然出现不正常现象，是比较常见的故障症状。比如发动机突然熄火，然后起动困难甚至无法起动；发动机在行驶过程中动力性能突然下降，造成汽车行驶无力；汽车行驶中突然跑偏等。这种故障的症状明显，容易发现。

2）声响异常：指汽车某些机构或总成在汽车行驶过程中产生超过常规的不正常响声。许多故障都会引起汽车发动机或底盘部分的不正常响声。这种带有异常响声的故障症状明显，比较容易发现。需要特别提醒的是，这些带有声响异常的故障（即使开始是小故障）必须引起重视，否则会发展为大的机件事故。如果汽车响声沉重并伴有明显的车体振动，很可能是严重故障，须立即停车检查。

3）过热：指汽车的机构或总成的工作温度超过技术文件规定温度的现象，通常发生在发动机、变速器、驱动桥和制动器等总成上。在正常情况下，无论汽车工作多长时间，这些总成均应保持在其正常的工作温度范围内。如果这些总成过热，将使得汽车无法正常行驶。比如发动机过热会引起发动机早燃、爆燃、行驶无力，严重的甚至造成发动机活塞、轴承的烧蚀；驱动桥过热会引起齿轮和轴承等零部件的烧损。

4）渗漏：指汽车上有密封要求的部位发生泄漏的现象。渗漏包括汽车燃油、润滑油（机油或齿轮油）、制动液（或压缩空气）、防冻液、动力转向系统油液以及空调系统的冷媒等的泄漏。

5）污染超限：指汽车运行过程中产生的有害气体排放物和噪声超过技术文件规定的现象。如果有害气体的排放量超限，说明汽车发动机的技术状况下降到了一定限度，需要及时维修甚至报废。

6）燃料、润滑油消耗异常：指汽车燃料、润滑油消耗超过技术文件规定的现象，这通常是发动机工作不良或底盘技术状况不佳的表现。

7）有特殊异常气味：汽车在运行过程中，如果有制动拖滞、离合器打滑等故障，摩擦片或制动盘则会散发出焦臭味；如果发动机过热、烧润滑油或制动液，也会散发出一种特殊异味；如果电路或电器烧毁也会发出异味。

8）外观异常：将汽车停放在平整的场地上，检查汽车的外观，如果有横向或纵向的歪斜现象，则可能是车架、车身、悬架或轮胎出现异常。

4. 汽车故障的诊断

在二手车评估中，汽车故障的诊断是指在汽车不解体（或仅卸下个别小部件）的情况下，确定汽车的技术状况，查明汽车故障。汽车故障的现象是多种多样的，造成汽车故障的原因也是错综复杂的。所以说，汽车故障诊断涉及的面非常广，要求熟悉汽车的构造及其工作原理，掌握各种相关的理论知识，有一定的操作技能和实践经验。

目前对汽车故障的诊断主要有两种方法，一种是经验诊断法，另一种是仪器设备诊断法。

(1) 经验诊断法

指通过原地或道路试验，靠观察或采用简单工具来确定汽车技术状况和查明故障的一种方法。经验诊断法的特点是不需要专用设备，在任何场合都能进行。但其诊断速度慢，诊断的准确性相对较低、且在很大程度上取决于诊断人员的技术水平。所以经验诊断法一般适用于查明和判断比较明显的故障，对于潜藏的以及许多电器设备和电控系统的故障则不容易查明。

因为经验诊断法实施方便简单，它至今仍然是一种常用的诊断方法。经验诊断法的基本原则是先简后繁、先外后内、分段检查、逐渐缩小诊断的范围。经验诊断法可概括为问、看、听、嗅、摸、试等六个方面的手段。

1）问，就是询问查核。在故障诊断之前，必须先问明汽车情况，如汽车已经行驶的里程、汽车的使用情况、汽车近期保修的情况、汽车故障发生前的预兆等。

2）看，就是观察。比如观察汽车排气管排气的颜色、汽车机件有无裂痕或变形、有无油液的滴漏及滴漏的部位痕迹等。

3）听，就是凭借听觉判断汽车的声响，确定哪些是非正常的声响、发出非正常声响的部位以及造成声响的原因。

4）嗅，就是通过判断汽车在运转过程中散发的特殊异味来判断故障发生的部位。这对于诊断电路故障、摩擦片故障是简便有效的方法。

5）摸，就是用手触摸可能发生故障的部位，感知其温度和振动等情况，从而判断配合副间隙是否适当、轴承是否过紧、发动机振动是否正常等。

6）试，就是通过试验进行验证。诊断人员可通过试车体验故障的现象和部位。比如，可用单缸断火法确定发动机哪个缸缺火或发生异响；用更换零件法或新旧零件对比法来查实故障的部位。

以上几种手段，并非是每一个故障诊断的必须程序。不同的故障应根据具体情况灵活运用不同的手段方法。

(2) 仪器设备诊断法及故障自诊断系统

随着汽车工业的发展和各项新技术在汽车上的运用，汽车构造、汽车配置越来越复杂，汽车故障也越来越难以用传统的经验诊断法查找和判别。仪器设备诊断法就是在汽车总成不解体的条件下，以模拟道路条件的室内设备代替路试，用测试仪器与检测设备，确定汽车或总成的各项参数，从而比较准确地诊断出汽车的技术状况和故障。

现代汽车的各个电控系统中装备的故障自诊断系统给汽车的故障诊断带来了很大的方便。所谓故障自诊断系统，是电控系统中的一套程序，当汽车电控系统出现故障时，电控单元 ECU 将会点亮仪表板上相应的电控系统故障警告灯，提醒驾驶员注意，同时将故障信息以故障码的形式储存到电控单元 ECU 中。这样，故障内容可以很方便的利用“汽车故障电脑诊断分析仪”从电控单元 ECU 读出，有助于检测人员快捷而准确地判别故障。

5. 汽车故障的变化规律

汽车故障的变化规律是指汽车的故障率随行驶里程的变化规律。汽车故障与汽车的技术状况密切相关。所以研究汽车故障的变化规律须先掌握汽车技术状况变化的规律。

按变化过程，汽车技术状况变化的规律可分为两类。第一类是渐发性变化过程，即汽车技术状况的变化与汽车行驶里程或使用时间之间有严格的对应关系；第二类是偶发性变化过程，即汽车技术状况的变化受很多随机因素的影响，它们之间没有严格的对应关系。在汽车技术状况渐发性的变化过程中，汽车技术状况的变化按照汽车工作时间或行驶里程而逐渐平缓的发生变化。在汽车技术状况的偶发性变化过程中，影响汽车技术状况的包括汽车本身的性能质量、汽车运用条件、驾驶员的技术水平及各种汽车事故等。

汽车故障率是指使用到某行驶里程的汽车，在单位行驶里程内发生故障的概率，也称失效率或故障程度。它是衡量汽车可靠性的一个重要参数，体现了汽车在使用中工作能力的丧失程度。

与零件的磨损规律相对应，汽车故障分为早期故障、中期故障和耗损期故障。汽车故障率随着汽车使用时间的延长呈现两头高、中间低的哑铃状规律。

早期故障发生于汽车的走合期。汽车在开始使用时由于制造、装配、配件等方面原因引起的故障多在此阶段发生。同时，因初期磨损量较大，所以故障率较高。随着行驶里程的增加和走合期的完成，汽车故障逐渐下降。对于新汽车和重新投入使用的大修车，减少早期故障的有效办法是加强走合期的维护和管理。汽车的使用寿命、工作可靠性、经济性在很大程度上取决于汽车早期的磨合。

中期故障发生于汽车经过磨合后进入正常使用的时期（即汽车的有效寿命期）。在此阶段，汽车的故障率较低而且比较稳定。此阶段的故障随机性地发生，没有哪一种特定的故障起主导作用。故障的发生大多是由于使用不当、操作疏忽、润滑不良、维护欠佳及材料内部隐患、工艺和结构缺陷等偶然因素所致。这一阶段也称“随机故障期或偶然故障期”。在此阶段，定期维护可保持汽车技术状况良好，明显地降低故障率，并延长汽车的有效寿命期。

耗损期故障是在汽车使用的后期发生的故障。在此时期，汽车零件由于长期使用，磨损量急剧增加，大部分零部件老化耗损，特别是大多数受交变载荷作用的和易磨损的零件已经老化衰竭，因而故障率急剧上升。此时若不及时维修，将导致汽车或总成报废。因此，必须把握好耗损点，制定合适的维修周期。在此阶段，因为故障率高，汽车的维修成本也比早期和中期时高。

二、汽车故障对二手车评估价格的影响

影响汽车评估价格的因素很多，其中主要包括汽车使用年限、汽车累积行驶里程、汽车技术状况或汽车受损情况、汽车经济性状况或油耗状况以及汽车排放情况等。汽车故障是汽车技术状况或汽车受损情况的直接反映，同时也直接影响汽车经济性状况或油耗水平以及汽车排放，所以汽车故障直接影响二手车评估价格。

汽车故障对二手车评估价格影响的大小取决于故障发生的部位以及故障的严重程度。严格来说，排除汽车故障所需要的总的维修费用就是二手车评估价格中要减去的部分。而在实际评估中，考虑到某一个汽车故障可能给汽车其他使用性能带来的不良影响，贬值部分往往大于所需要的维修费用。

第二节　汽车发动机故障

一、汽车发动机异响故障

在正常情况下，发动机在运转过程中发出有一定规律和频率范围的声响。如果发动机在运转过程中出现其他声响，比如间歇性的金属敲击声、连续的金属敲击声、连续的金属干摩擦声等，表明发动机运转不正常，所发出的声响即为异常声响，即通常所说的异响。

发动机异响是多种多样、错综复杂的，但是有一定规律，需要检测人员熟练掌握发动机的结构及工作原理，才能发现问题。

发动机异响通常与发动机的转速、负荷、工作温度及工作循环有关，分析发动机异响也主要是从这几方面入手。

1. 异响与发动机转速的关系

1）故障现象：异响在发动机急加速时出现，高速运转时异响仍然存在。

主要原因：①连杆轴承松旷、轴瓦烧熔；②曲轴轴承松旷、轴承烧熔；③活塞销折断。

2）故障现象：维持某转速时，声响紊乱，急减速时，相继发出短暂声响。

主要原因：①凸轮轴正时齿轮破损、其固定螺母松动；②曲轴折断；③活塞销衬套松旷；④凸轮轴轴向间隙过大或其衬套松旷。

3）故障现象：异响仅在怠速或低速时出现。

主要原因：①活塞与气缸壁间歇过大；②活塞销装配过紧或连杆轴承装配过紧；③挺杆与其导孔间歇过大；④凸轮磨损；⑤起动爪松动使带轮发出异响。

2. 异响与发动机负荷的关系

许多发动机异响与发动机负荷有关，可采用单缸断火法逐缸解除负荷的方法来进行诊断，以查明异响与负荷的关系。

1）故障现象：某缸断火，异响消失或减轻。

主要原因：①活塞敲缸；②连杆轴承松旷；③活塞环漏气；④活塞销折断。

2）故障现象：某缸断火，异响加重，或原来无异响，断火后出现异响。

主要原因：①活塞销铜套松旷；②活塞裙部锥度过大；③活塞销窜出；④连杆轴承盖固定螺栓松动，或轴瓦合金烧蚀；⑤飞轮固定螺栓松动。

3）故障现象：相邻两缸断火，异响消失或减轻。

主要原因：曲轴轴承松旷。

3. 异响与发动机工作温度的关系

1）故障现象：低温发出异响，温度升高后异响消失或减轻。

主要原因：①活塞与气缸壁间歇过大；②活塞润滑不良。

2）故障现象：温度升高后有异响，温度降低后异响消失或减轻。

主要原因：①过热引起早燃；②活塞反椭圆形；③活塞椭圆度过小；④活塞与气缸壁间歇过小；⑤活塞变形；⑥活塞环间歇过小。

4. 异响与发动机工作循环的关系

发动机异响，尤其是曲柄连杆机构和配气机构的异响往往与发动机的工作循环有明显的关系。

1）故障现象：曲轴每转一圈发异响一次（一个工作循环发异响两次）。

主要原因：①活塞敲缸；②活塞销敲击声；③活塞顶碰气缸凸肩；④连杆轴承松旷；⑤活塞环漏气。

2）故障现象：曲轴每转两圈发异响一次（一个工作循环发异响一次）。

主要原因：①气门间隙过大；②挺杆与其导孔间歇过大；③凸轮线形磨损；④气门杆与其导管间歇过大；⑤气门弹簧折断；⑥凸轮轴正时齿轮径向破损；⑦气门座圈松脱；⑧气门卡滞不能关闭。

5. 异响与其他故障现象的关联

发动机异响除了与发动机转速、负荷、温度、工作循环有关外，往往还与其他呈现出来的故障现象有着内在的联系。因此，这些同时出现的故障现象可以作为故障诊断的重要依据。

1）故障现象：润滑油压力下降，机体振抖。

主要原因：曲轴轴承径向间隙过大或轴承合金烧毁脱落。

2）故障现象：润滑油压力下降。

主要原因：连杆轴承松旷、间隙过大。

3）故障现象：个别缸不工作，功率下降，机体振抖。

主要原因：进、排气门卡滞，不能关闭（如果是排气门卡滞，排气管有“喘气”声）。

4）故障现象：润滑油加注口脉动冒烟，排气管冒浓重蓝烟，润滑油消耗过多，润滑油品质恶化，燃油消耗多且功率下降。

主要原因：活塞与气缸壁间歇过大，活塞环对口（即活塞环上各道环的开口均在同一方位）或抱死。

5）故障现象：个别缸不工作，发动机振抖，怠速不稳，不易加速。

主要原因：排气门弹簧折断。

6）故障现象：燃油消耗过多，爆燃，排气管放炮，功率下降。

主要原因：点火正时不准。

综上所述，将每种异响与发动机转速、负荷、温度、工作循环以及伴同出现的现象系统归纳，就构成每种异响的完整特征，可帮助准确诊断汽车发动机故障。

二、汽油发动机燃油供给系统故障

汽油发动机燃油供给系统的作用是根据发动机的各种工况的要求，及时向气缸提供一定数量和浓度的可燃混合气，使发动机在压缩行程临近终了时点火燃烧膨胀做功。汽油发动机燃油供给系统按其结构特点，可以分为化油器式燃油供给系统和电子控制燃油喷射系统两种。目前，化油器式燃油供给系统已经淘汰，在用的化油器式汽车已经不多且不断减少，所以在这里重点讨论汽油发动机电控燃油喷射系统的故障。

汽油发动机电控燃油喷射系统常见的故障有：

1. 发动机不能起动或起动困难

1）故障现象：发动机起动困难或不能着车。

2）故障原因：点火正时失准、燃油泵或燃油压力调节器失效、气缸密封性差等。

2. 发动机工作不稳定

1）故障现象：发动机工作状况时好时坏。

2）故障原因：点火系统线路、发动机上传感器线路接触不良；空气流量计或进气压力传感器失效；继电器故障。

3. 发动机怠速不平稳（怠速游车）

1）故障现象：发动机怠速不平稳，且容易熄火。

2）故障原因：真空管渗漏、点火正时失准、个别火花塞质量不稳定、燃油压力不稳定、喷油器和相关传感器故障。

4. 发动机怠速过高

1）故障现象：发动机怠速偏高，燃油消耗量偏大。

2）故障原因：电控燃油喷射系统电路接触不良、喷油器渗漏、燃油压力调节器失效导致压力过高、节气门体有故障等。

5. 发动机加速性能不良

1）故障现象：发动机起动后加速时，转速忽高忽低，踩下加速踏板后，转速上升缓慢，有时还会熄火或从排气管发出“嘭嘭”的声音。

2）故障原因：进气管真空渗漏、喷油器工作不稳定、燃油滤清器失效等。

6. 发动机各工况游车

1）故障现象：加速踏板处于任何一个位置时，发动机失速和颤振。

2）故障原因：与怠速时类似，主要是真空管渗漏、点火正时失准、个别火花塞质量不稳定、燃油压力不稳定、喷油器和相关传感器故障等。

7. 发动机消声器放炮

1）故障现象：行车加速时，发动机消声器有放炮声音。

2）故障原因：点火正时失准、节气门位置传感器失效、电控燃油喷射系统电路的电压和电阻不符合技术标准、氧传感器工作不稳定等。

8. 发动机加速无力

1）故障现象：汽车行驶过程中加速无力，燃油消耗量过大。

2）故障原因：离合器打滑、点火正时失准、燃油压力调节器失效、空气滤清器脏污、电控燃油喷射系统电路的电压和电阻不符合技术标准等。

9. 发动机排放不佳

1）故障现象：发动机工作时，排出的尾气冒黑烟、蓝烟，尾气中一氧化碳、碳氢化合物、氮氧化物超标。

2）故障原因：烧润滑油、净化装置失效、空燃比过大。通常发动机排放不佳与燃油消耗量过大同时存在。

10. 发动机爆燃

1）故障现象：汽车加速时有连续的金属敲击声。

2）故障原因：点火提前角过大、发动机过热、燃油品质差。

11. 发动机不熄火

1）故障现象：关掉点火开关后，发动机并不立即熄火，而是在短时间内继续非正常运转。

2）故障原因：发动机气缸内窜润滑油、燃烧室内积炭过多、喷油器滴漏、怠速步进电动机故障、火花塞冷热型号选错等。

三、汽油发动机点火系统故障

点火系统是汽油发动机最重要的组成部分之一，点火系统性能好坏及其技术状况是否完好对发动机的动力性，经济性和污染物排放都有很大的影响。

汽油发动机点火系统主要有三种类型：传统机械式（触点式）点火系统、普通（无触点式）电子点火系统和计算机控制（电控）点火系统。其中，传统机械式点火系统已经被淘汰；普通电子点火系统根据点火信号发生器的不同有磁感应式、霍尔效应式、光敏式等，应用较多的是磁感应式和霍尔效应式；电控点火系统是目前最先进、应用最广泛的点火系统。通常电控点火系统与电控燃油喷射系统一样是汽车发动机电控系统的子系统，许多传感器是共用的，所以一些故障往往难以区分是点火系统还是电喷系统的故障。电控点火系统分为有分电器和无分电器两类。

发动机点火系统的常见故障有：

1. 发动机不能起动

1）故障现象：发动机起动时，起动机转动，而发动机没有点火发动的迹象。

2）故障原因：火花塞断火、点火正时失准、点火系统低压电路故障（短路、断路或搭铁）、点火系统高压电路故障（短路、断路或搭铁）、点火线圈存在故障、点火系统内插头和导线松脱、分电器存在故障、点火信号发生器存在故障等。

2. 发动机断火或熄火

1）故障现象：汽车行驶中发动机断火或熄火。

2）故障原因：点火系统低压电路故障（短路、断路或搭铁）、点火系统高压电路故障（短路、断路或搭铁）、点火线圈存在故障、点火系统内插头和导线松脱、分电器存在故障、点火信号发生器存在故障等。

3. 发动机运转无力

1）故障现象：汽车行驶中发动机加速或爬坡无力。

2）故障原因：分电器固定螺钉松动、分火头或分电器盖漏电、高压线老化漏电、某缸高压分线脱落、一只或多只火花塞绝缘体漏电、点火信号发生器存在故障等。

4. 发动机爆燃

1）故障现象：汽车加速时有连续的金属敲击声。

2）故障原因：分电器松动、火花塞烧蚀、点火信号发生器损坏等。

四、汽油发动机油路及电路综合故障

汽油发动机油路和电路的综合故障，由于油路和电路故障的同时出现以及故障现象既类似又混杂，所以诊断的难度要高许多。这就要求专业技术人员在掌握发动机油路和电路单项故障的基础上，对故障进行综合分析和诊断。故障诊断一般按照先外部后内部、先视检后拆检的原则进行，从故障的各种现象入手进行分析，抓住故障的实质和特性，找出故障部位。采取了正确有效的方法，就不难判断和辨别各种综合故障。

现在的汽车发动机大部分都带有电控系统。带有电控系统的发动机通常带有故障自诊断功能。这样的发动机可以很方便地通过读取故障码或数据流的方式准确地确定发动机故障的内容和发生的部位。

五、柴油发动机燃油供给系统故障

柴油机的着火方式与汽油机不同，属于压燃式。它们着火方式不同，结构上也存在很大

的差异，所以故障的成因也不一样。

柴油机使用的燃料是柴油。相对于汽油来说，柴油的粘度大、蒸发性差，很难通过汽化方式形成混合气。柴油机采用高压的方法，在压缩行程终了时，将高压柴油喷入气缸，形成混合气，然后由气缸内的高温压缩空气使柴油自燃做功。所以，柴油机的燃油供给系统与汽油机的燃油供给系统存在很大的差别。

柴油机的燃油供给系统主要由油箱、柴油滤清器、输油泵、低压油管、高压油管、回油油管等组成。由于柴油机的燃油供给系统在高压下工作，系统要有足够的密封性来保证高压。因此，系统的许多组件是由精密的高压偶件组成，这些偶件需要有很高的配合精度和耐磨性。

柴油机燃油供给系统中的偶件磨损后除了会导致系统油压下降外，还会引起供油量、供油时间、喷射质量、喷油规律和调速性能等性能指标不正常，进而造成柴油机起动困难、动力不足、工作粗暴、游车等故障。

1. 起动困难

柴油机起动困难是一种常见故障，大多是由燃油供给系统工作不良引起的。其主要现象有：起动时排气管不排烟、起动时排气管排出大量白烟、起动时排气管排出灰烟、起动时排气管排出大量黑烟。

（1）故障现象一：起动困难，起动时排气管不排烟

故障原因：

1）油箱开关未打开，或油箱盖通气阀失灵。

2）油箱无油或存油不足。

3）油箱内油管堵塞或从上部脱落、折断。

4）油箱至输油泵之间的油管破裂、瘪曲或堵塞。

5）柴油滤清器滤芯或输油泵滤网堵塞。

6）输油泵活塞损坏或咬死、止回阀粘滞、密封不严、弹簧折断等，使得输油泵不泵油。

7）油路中有气泡。

8）喷油泵柱塞与套筒间隙过大或两者粘滞；挺杆与柱塞脚间隙过大；出油阀粘滞、密封不严或弹簧折断；溢油阀密封不良或弹簧折断；油量调节叉或扇形齿轮固定螺钉松动或脱落，使柱塞滞留在不供油位置上；供油齿条卡滞，使柱塞不能转动或转动量过小；联轴器主动盘或从动盘连接键损坏；加速踏板拉杆处于不供油位置。

9）喷油器针阀喷油孔堵塞或过热咬住；针阀因积炭或烧结而不能开启；压力弹簧过硬。

10）高压油管破裂或接头松动。

（2）故障现象二：起动困难，起动时排气管排出大量白烟

故障原因：

1）柴油中渗入水，水在气缸内蒸发为蒸汽，从排气管排出。

2）气缸垫损坏或气缸盖螺栓松动，使得冷却液进入气缸。

3）气缸体或气缸盖冷却液套破损，冷却液进入气缸。

4）供油时间过晚，气缸内温度下降，未燃烧的部分柴油变成白色油雾从排气管中排

出。

5）发动机温度过低，柴油不易蒸发燃烧，未燃烧的部分柴油变成白色油雾从排气管中排出。

（3）故障现象三：起动困难，起动时排气管排出大量黑烟

故障原因：

1）喷油泵柱塞磨损过量或挺杆、凸轮磨损过量。

2）喷油泵驱动联轴器上的固定螺栓松动，或喷油正时调整过早。

3）具有柱塞挺杆调整螺钉的喷油泵，调整螺钉松动。

4）喷油器针阀粘滞导致不能关闭，或针阀与阀座间隙过大导致柴油泄漏。

5）喷油器压力弹簧调整螺钉松动，使得喷油压力过低。

6）调速器调整不当。

7）空气滤清器进气通道堵塞。

8）气缸压缩压力过低，导致柴油雾化不良。

9）发动机个别缸不工作或工作不良。

10）排气制动阀没有完全打开。

11）柴油质量低劣。

2. 动力不足

故障现象：发动机不能提高到应有的转速，达不到额定功率；柴油机运转均匀，但转速很难提高，排烟少；柴油机运转不均匀，排大量白烟；柴油机运转不均匀，排黑烟；柴油机转速忽高忽低，但很难提高。

故障原因：

1）加速踏板拉杆行程不能保证喷油泵达到最大供油量。

2）喷油泵扇形齿轮固定螺钉松动。

3）喷油泵柱塞磨损过量、粘滞或弹簧折断。

4）喷油泵挺杆粘滞，滚轮或凸轮磨损过量。

5）喷油泵出油阀磨损，密封不良，个别柱塞粘滞或它们的弹簧折断。

6）喷油泵挺杆调整螺钉调整不当或松动。

7）喷油时间过迟。

8）气缸垫破损，气缸内混入冷却液。

9）气缸压缩压力过低，柴油内含水份。

10）喷油器压力调整弹簧折断或弹力过低，或者喷油器密封垫积炭。

11）喷油器针阀粘滞导致不能关闭，或针阀与阀座间隙过大导致喷油器滴漏，喷油量减少。

12）输油泵供油不足，或油管、柴油滤清器、排气管消声器阻塞。

13）柴油粘度过大，或油路中有空气。

3. 工作粗暴

故障现象：发动机起动后有振抖现象，且转速越高，振抖越剧烈；发动机发出清脆而有节奏的金属敲击声，急加速时声响增大，排气管冒黑烟；或者是敲击声没有节奏，但排黑烟。

故障原因：

1）发动机支架螺栓松动或支架断裂。

2）发动机支承位置不当，发动机支架软垫老化、破损脱落。

3）喷油时间过早或过迟会使活塞敲击缸壁而发出较重的敲击声。

4）油液雾化不良或喷油器滴漏，特别是出油阀磨损或卡住而使减压作用失效时，会发出无规律的敲击声，同时使排气管放炮和冒黑烟。

5）各缸供油量不一致，工作不均匀。供油多的缸会产生敲击声并且冒黑烟。

4. 游车

故障现象：发动机工作乏力，运转速度忽快忽慢。

故障原因：

1）调速器外壳的孔及喷油泵盖板孔松旷。

2）调速器飞块销孔、座架磨损使间隙变大，调节灵敏度下降。

3）调速器飞块过重或收张距离不一致。

4）调速器内润滑油被污染或量太少。

5）调速器调速弹簧变形或断裂。

6）喷油泵供油量调节齿杆卡滞。

7）喷油泵供油量调节齿杆与扇形齿轮齿隙过大，或柱塞调节臂与油量调节拨叉配合间隙过大。

8）喷油泵凸轮轴轴向间隙过大。

9）喷油泵柱塞套安装不符合要求，调节齿杆（或拨叉）不能移动自如。

10）喷油泵柱塞调节臂或扇形齿轮变形或松动，妨碍调节齿杆移动。

11）供油时调节齿杆（或拨叉）的拉杆销子松旷。

12）个别气缸喷油器针阀烧结。

六、柴油机电控系统故障

与汽油机一样，现代汽车上的柴油机许多也采用了电控系统。柴油机电控系统由各种传感器、电控单元 ECU 和执行元器件三部分组成。

当柴油机或电控系统出现故障时，电控单元 ECU 将会点亮仪表板上相应的故障警告灯以提醒驾驶员注意，同时将故障内容以故障码形式储存在电控单元 ECU 中，供检修时读取调用。

如果是传感器出现故障，电控单元 ECU 会以代用值代替该传感器信号，以保证发动机运转；如果是电控单元控制程序出现故障时，电控单元 ECU 启用后备系统对发动机进行简易控制，使汽车维持运行，进入“跛行”状态；当电控系统的某些重要部件（执行元器件）出现故障时，为确保安全，电控单元 ECU 控制系统终止运行。

与所有的电控系统一样，柴油机电控系统的故障诊断主要依靠系统内的故障自诊断功能来完成。这样可既方便，又快速准确地找出故障。

第三节　汽车底盘故障

汽车底盘包括传动系、行驶系、转向系和制动系四大部分。汽车底盘的故障直接关系到整车行驶的操纵稳定性和安全性，同时还影响汽车发动机的动力传递效率和燃油消耗率。下面分别对传动系、行驶系、转向系和制动系的故障进行诊断。

一、传动系故障诊断

传动系包括离合器、变速器、万向传动装置、主减速器及差速器等部件。随着汽车的运行和使用，汽车传动系的性能会逐渐下降，出现异响、过热、漏油及乱挡等故障，汽车的价值也随之下降。

（一）离合器的常见故障

离合器在传动系中的作用是切断和接合动力传递，以保证接合平稳、分离彻底、传递动力可靠，必要时又要能打滑，防止零部件因为过载而损坏。离合器由从动盘、压盘、压紧弹簧、分离杠杆、分离轴承和离合器盖等零部件组成。根据压紧方式的不同，离合器可分为膜片弹簧式离合器和螺旋弹簧式离合器。两者在结构上差别不大，只是压紧弹簧的形式不同而已。膜片弹簧式离合器的膜片既起压紧弹簧的作用，又起分离杠杆的作用。

离合器的常见故障有打滑、分离不彻底、接合不平顺（发抖）、异响等。

1. 离合器打滑

1）故障现象：①汽车起步时，完全松开离合器踏板后，汽车不能顺利起步或起步无力；②汽车加速行驶时，车速不能随着发动机转速的提高而提高，行驶无力；③上坡或重载行驶时产生焦臭味甚至冒烟。

2）故障原因：①离合器踏板自由行程太小，使分离轴承压在分离杠杆上；②从动盘摩擦片、压盘或飞轮工作面磨损严重，离合器盖与飞轮的连接松动，使得压紧力减弱；③从动盘摩擦片有油污、烧蚀、表面硬化、铆钉外露或表面不平，使得摩擦力下降；④压力弹簧疲软或折断，膜片弹簧疲软或破裂，使得压紧力下降；⑤分离轴承套筒与导管间油污严重，使得分离轴承不能回位。

3）故障诊断：①检查离合器踏板自由行程是否合适，不合适应该进行调整；②检查从动盘摩擦片、压盘或飞轮工作面磨损情况，若磨损严重应该更换；③检查压力弹簧、膜片弹簧是否疲软、折断或破裂；④检查从动盘、分离轴承套筒与导管间是否有油污，若有就应该及时清理。

2. 离合器分离不彻底

1）故障现象：①汽车起步时，将离合器踩到底仍然感觉挂挡困难；②虽然勉强挂上挡，而离合器踏板未完全松开，汽车就往前移动或发动机立刻熄火；③变速器挂挡困难或挂不上挡，挂挡的同时变速器内发出齿轮撞击声。

2）故障原因：①离合器踏板自由行程太大；②新换的摩擦片太厚或从动盘正反面装错；③从动盘钢片翘曲、摩擦片破裂或铆钉松动；④液压传动离合器的液压系统漏油造成油量不足，或有空气侵入；⑤分离杠杆调整不当，其内端不在同一平面内或内端高度太低，或分离杠杆弯曲变形、支座松动、支座轴销脱出，使得分离杠杆内端高度难以调整；⑥从动盘毂键槽与变速器输入轴键齿锈蚀或有油污；⑦发动机前后支承螺栓松动等。

3）故障诊断：①检查离合器踏板自由行程是否合适，若自由行程过大，应进行调整；②检查离合器从动盘或摩擦片安装是否正确，若从动盘变形或损坏应及时更换；③检查液压系统管路、管接头是否漏油；④检查分离杠杆是否变形，支座是否松动，分离杠杆调整是否合适；⑤检查变速器第一轴和离合器从动盘配合是否良好，若配合不当应及时调整；⑥检查从动盘毂键槽与变速器输入轴键齿是否锈蚀或有油污；⑦检查发动机前后支承螺栓是否松动。

3. 离合器接合不平顺

1）故障现象：汽车起步时，虽然是正常缓慢地松开离合器踏板，但汽车车身发抖或突然向前窜，不能平顺起步。

2）故障原因：①发抖的主要原因是离合器踏板自由行程过小，分离杠杆内端面不在同一平面内；②从动盘摩擦片油污、破裂、凹凸不平或铆钉外露，导致接合时断时续；③主、从动盘磨损不均或翘曲不平，接合时出现局部接触，因为压不紧而出现发抖现象；④离合器压紧弹簧弹力不均，个别弹簧折断或高度不一致，膜片弹簧弹力严重不足；⑤变速器与飞轮壳或发动机固定螺栓松动；⑥扭转减振器弹力下降或消失（弹簧松弛或折断），膜片弹簧固定铆钉松动；⑦从动盘、中间压盘因花键锈蚀、积污而移动发滞；⑧分离叉轴及衬套磨损严重或分离叉支点破损。

汽车突然向前窜的主要原因是分离套筒卡滞，踏板回位弹簧折断、脱落，踏板轴锈蚀等导致踏板回位不自如。

3）故障诊断：让发动机怠速运转，挂上低速前进挡（一挡），缓慢松开离合器踏板并加踏加速踏板起步，如果车身有明显抖动，则为离合器发抖。检查变速器与飞轮壳、离合器盖与飞轮固定螺栓是否松动，检查膜片弹簧的高度；拆开离合器盖测量膜片弹簧的高度是否一致；若上述各项均符合要求，则拆下离合器，分别检查压盘、从动盘是否变形、铆钉是否松动、膜片弹簧的弹力是否在允许的范围内。

4. 离合器异响

1）故障现象：在汽车行驶过程中，踩下离合器踏板时发出异响，松开踏板时异响消失；或在踩下和松开离合器踏板时都发出异响。离合器异响往往在发动机起动后，汽车起步前离合器分离和接合时产生。

2）故障原因：①分离轴承磨损严重或缺油，轴承回位弹簧疲劳、折断或脱落；②从动盘铆钉松动或减振弹簧折断；③踏板回位弹簧疲劳、折断或脱落。

3）故障诊断：①稍稍踩下离合器踏板，膜片弹簧与分离轴承接触，听到有“沙沙”的声音，为分离轴承响；②如果加油后仍然在响，则是轴承磨损松旷或损坏，应更换；③在踩下、放松踏板时如果出现间断的碰击声，是分离轴承前后滑动的响声（分离轴承支承弹簧失效），应更换支承弹簧；④如果发动机一起动就有异响，将踏板提起后异响消失，则为踏板弹簧失效，应更换踏板弹簧；⑤连续踩踏板，在离合器刚刚接触或分离时响，则是从动盘铆钉松动和摩擦片铆钉外露，应修复铆钉；⑥如果在汽车起步时，出现金属干摩擦声并伴有发抖现象，则是从动盘与花键轴套的铆钉松动或钢片破裂；⑦如果离合器接合时发出一次“咯噔”的撞击声，大多为从动盘花键轴套与变速器第一轴配合松动或飞轮、飞轮壳与变速器联接螺栓松动所致，也可能是减振弹簧折断、扭转减振能力下降，使得离合器出现抖动。

（二）手动变速器的常见故障

手动变速器在使用过程中，由于零件磨损和变形，造成零件配合间隙改变、操纵机构紧固螺栓松动等，从而引起一系列的故障。手动变速器常见的故障有跳挡、乱挡、换挡困难、异响和漏油等。

1. 变速器跳挡

1）故障现象：汽车在行驶过程中，变速杆自动跳回空挡位置。

2）故障原因：①操纵杆系磨损松旷，或变速器内拨叉弯曲变形、止推垫片磨损，使得齿轮不能全部啮合；②相啮合的齿轮或齿圈磨损严重或自锁装置的凹槽、钢球磨损严重，自锁弹簧疲劳或折断；③轴或轴承磨损严重，使得相啮合的齿轮或齿圈不同心；④齿轮与轴的花键严重磨损，使得配合间隙过大。

3）故障诊断：①摆动变速杆，如果变速杆能成圈转动或摆动幅度很大，则为定位销失效；②如果只能挂挡，不能退回空挡，且变速杆可以转动引起错挡，则为变速杆下端球面或导块、拨叉凹槽磨损过量；③如果变速杆摆动幅度很大，不能退回空挡位置，说明变速杆下端球形工作面已经脱出导块、凹槽或拨叉拨槽，必须对其进行焊补修复或更换；④如果能同时挂入两个挡，说明互锁销、球磨损过大，失去互锁作用，必须更换；⑤如果除了空挡和直接挡外，其他挡位均不能正常工作，则应检查第二轴前端滚针轴承是否烧结而使得一、二轴连成一体。

2. 变速器乱挡

1）故障现象：汽车在起步挂挡或行驶中换挡时，挂不上所需要的挡位；挂挡后不能退回空挡；汽车静止时可能同时挂上两个挡。

2）故障原因：①互锁装置的凹槽、锁销或钢球磨损严重导致互锁装置失效；②变速杆下端长度不足、下端工作面磨损过大或拨叉弯曲变形导致凹槽磨损过大；③变速杆球头定位销磨损松旷、折断或球头、球孔磨损过大。

3）故障诊断：①摆动变速杆，如果变速杆能成圈转动或摆动幅度很大，则为定位销失效；②如果只能挂挡，不能退回空挡，且变速杆可以转动引起错挡，则为变速杆下端球面或导块、拨叉凹槽磨损过量；③如果变速杆摆动幅度很大，不能退回空挡位置，说明变速杆下端球形工作面已经脱出导块、凹槽或拨叉拨槽，必须对其进行焊补修复或更换；④如果能同时挂入两个挡，说明互锁销、球磨损过大，失去互锁作用，必须更换；⑤如果除了空挡和直接挡外，其他挡位均不能正常工作，则应检查第二轴前端滚针轴承是否烧结而使得一、二轴连成一体。

3. 变速器换挡困难

1）故障现象：变速器不易挂上挡，挂上挡后不易脱出。

2）故障原因：①离合器分离不彻底；②拨叉轴弯曲或拨叉轴与导孔严重锈蚀、拨叉固定螺栓松动；③同步器磨损或弹簧安装不正确。

3）故障诊断：①检查离合器是否能分离彻底，操纵机构能否灵活移动；②拆开变速器盖，察看拨叉轴是否弯曲，若弯曲应校直或更换；③如果拨叉轴与导孔锈蚀，应除锈修复；如果拨叉固定、螺栓松动，应拧紧；④如果同步器磨损或损坏，应更换。

4. 变速器异响

1）故障现象：变速器异响主要有变速器齿轮的啮合声、轴承的运转声等。分别有以下几种情况：

①变速器空挡异响。发动机怠速运转，变速器处于空挡时有异响，踩下离合器踏板后异响消失；②直接挡工作无异响，其他挡均有异响；③低速挡时有异响，高速挡时异响减弱或消失；④变速器在个别挡有异响；⑤变速器在各挡均有异响，车速越高响声越大。

2）故障原因：①变速器第一轴、第二轴或拨叉弯曲变形，轴承、同步器毂磨损、失圆；②齿轮加工精度或热处理工艺不当等造成齿轮偏磨或齿形发生变化，齿轮啮合间隙或花键配合间隙过大；③自锁装置的凹槽、钢球磨损严重或自锁弹簧疲劳、折断；④齿轮油不足、变质、规格不符合要求或油中有杂质。

3）故障诊断：①检查变速器第一轴、第二轴或拨叉是否弯曲变形，钢球、同步器毂是否磨损、失圆；②检查齿轮及花键毂的磨损情况，若齿形发生变化或齿轮、花键毂磨损严重，造成配合间隙过大，应更换齿轮或花键毂；③检查自锁装置的凹槽、钢球及弹簧，若磨损严重或自锁弹簧疲劳、折断应更换；④检查齿轮油的液面高度、油液颜色，若液面高度偏低或油液变质应按要求补充或更换。

5. 变速器漏油

1）故障现象：变速器盖、前后轴承盖或其他部位渗漏润滑油。

2）故障原因：①各轴油封、油堵、衬垫等密封不良；②回油螺纹积污或因磨损变浅；③润滑油过多；④壳体破裂。

3）故障诊断：根据油迹查找漏油部位，判断漏油原因。

（三）万向传动装置的常见故障

1）故障现象一：汽车在起步时，车身发抖并且伴有撞击声；在行驶中变换车速时，响声更加明显。

故障原因：①万向节十字轴及滚针磨损松旷或滚针破碎；②传动轴与滑动叉配合花键磨损严重；③各联接部分的紧固螺栓松动或中间支撑松动。

2）故障现象二：汽车在起步时没有异响，但是在行驶中产生严重异响。而且车速越快，异响越大，当汽车脱挡滑行时，异响仍然很明显。

故障原因：①中间支撑轴承位置不当或支架偏斜；②中间支撑橡胶垫环紧固螺栓过紧或过松，橡胶垫环损坏；③中间支撑轴承磨损过大或润滑不良；④万向节装配过紧。

3）故障现象三：汽车在行驶中有异响，并且车速越快，异响越大，严重时伴有车身抖动。

故障原因：①传动轴弯曲变形；②传动轴装配时没有按标记装配，或因为平衡片脱落、轴管凹陷，破坏了动平衡；③万向节轴承磨损过大或已损坏；④传动轴花键齿面与键槽配合松旷，或传动轴各联接部分的紧固螺栓松动、或中间支撑的紧固螺栓松动；⑤中间支撑轴承损坏。

（四）驱动桥的常见故障

驱动桥的常见故障有异响、发热和漏油。

1. 驱动桥异响

1）故障现象：汽车起步、转弯或突然改变车速行驶时，驱动桥发出较大声响。而当汽车直行、滑行或低速行驶时，响声减弱或消失。

2）故障原因：①圆柱主、从动齿轮或锥齿轮，行星齿轮和半轴齿轮等啮合间隙过大或过小，齿面磨损严重、轮齿折断、变形或啮合印痕不符合要求；②半轴齿轮与半轴的花键配合松旷，差速器壳与十字轴配合松旷或行星齿轮孔与十字轴配合松旷；③后桥壳内润滑不良；圆锥滚子轴承预紧度调整不当；④主减速器主动齿轮紧固螺母或从动齿轮联接螺钉松动，或驱动桥壳体、主减速器壳体变形。

3）故障诊断：①检查锥齿轮或圆柱主、从动齿轮，行星齿轮和半轴齿轮等的啮合情况，如果间隙过大或过小，齿面磨损严重、轮齿折断、变形或啮合印痕不符合要求，应及时调整或更换；②检查半轴齿轮与半轴的花键、差速器壳与十字轴、行星齿轮孔与十字轴配合情况，若松旷应及时调整或更换；③检查后桥壳内润滑情况，若漏油应及时更换垫圈，油量不足应及时补充；④检查并调整圆锥滚子轴承的预紧度；⑤检查并紧固主减速器主动齿轮紧固螺母和从动齿轮联接螺钉；⑥如果驱动桥壳体、主减速器壳体变形或损坏，应及时修理或更换。

2. 驱动桥过热

1）故障现象：汽车在行驶一段路程后，用手触摸后桥感觉烫手。

2）故障原因：①齿轮油型号不对，应将旧油放干净，并冲洗桥壳内部，换上规定型号的齿轮油；②油量不足，应按规定加足齿轮油；③齿轮磨损严重，应更换齿轮；④轴承预紧度过大，应重新调整；⑤主、从动锥齿轮啮合间隙过小，应重新调整。

3. 驱动桥漏油

驱动桥漏油主要原因有通气塞堵塞、油面过高、油型号不对、放油螺塞松动或垫片损坏。可根据具体的现象，查找原因并排除故障。

（五）自动变速器的常见故障

自动变速器的常见故障主要是汽车不能行驶、换挡冲击过大、不能升挡、无法超速、挂挡后发动机易熄火、锁止离合器无锁止作用以及自动变速器油易变质等。

1. 汽车不能行驶

1）故障现象：无论自动变速器的变速手柄位于前进挡还是倒挡，汽车都不能行驶。

2）故障原因：①油面过低、滤网堵塞、油泵损坏或主油路、冷却系统严重漏油；②油压电磁阀、换挡电磁阀、电控单元 ECU 或线路有故障；③超速直接离合器及超速单向离合器打滑，D 挡、R 挡离合器、制动器打滑；④变速手柄与手控阀摇臂间的连接杆或拉线松脱、变矩器故障等。

3）故障诊断：主要通过读取故障码来掌握故障具体原因。

2. 换挡冲击过大

1）故障现象：汽车起步时，由驻车挡（P 挡）或空挡（N 挡）挂入倒车挡（R 挡）或前进挡（D 挡、L 挡）时，振动较为严重；或在行驶中，在升挡的瞬间汽车有明显的向前窜的感觉。

2）故障原因：①发动机怠速过高，节气门拉线调整不当；②节气门位置传感器、车速传感器、主油路、蓄能器等油压电磁阀及电控单元 ECU 或线路有故障；③蓄能器调压阀、各相关的调压阀有故障；④单向节流阀漏装或装错，蓄能器活塞卡滞；⑤换挡执行元件打滑。

3. 汽车不能升挡

1）故障现象：汽车在行驶中自动变速器始终保持在一挡，不能升入二挡及高速挡。

2）故障原因：①节气门位置传感器、车速传感器或线路有故障；②调速阀故障或其油路严重泄漏；③换挡阀卡滞、换挡电磁阀或线路有故障；④二挡或高速挡制动器、离合器有故障；⑤挡位开关、电控单元 ECU 或线路有故障。

4. 无法超速

1）故障现象：汽车车速已经升至超速挡范围，但仍不能升入超速挡，采用提前升挡

（即松开加速踏板后再踩下）的方法也不能升入超速挡。

2）故障原因：①超速挡开关、超速挡电磁阀或线路有故障；②节气门位置传感器、车速传感器、油温传感器、发动机水温传感器有故障；③3、4 挡换挡阀卡滞、超速制动器、离合器或单向离合器卡死；④挡位开关、制动开关或线路、电控单元 ECU 或线路有故障。

5. 锁止离合器无锁止作用

1）故障现象：汽车的车速和挡位都已经满足了锁止的条件，但是锁止离合器仍然没有产生锁止作用，汽车油耗比较大。

2）故障原因：①车速传感器、油温传感器、节气门位置传感器、电控单元 ECU 或线路有故障；②锁止阀、锁止信号阀或速控阀（液控）及油路、锁止电磁阀或线路有故障；③锁止离合器损坏、锁止油路严重泄漏。

6. 自动变速器油易变质

1）故障现象：更换后的新油使用不久即变质；温度太高，从加油口处向外冒烟。

2）故障原因：①换油不彻底、油的牌号不符合规定；②汽车使用不当，经常超负荷或不正常行驶；③散热器或管路堵塞、限压阀卡滞等；④离合器或制动器间隙过大、过小，运动件配合间隙过小；⑤主油路油压过低，导致离合器或制动器在接合过程中打滑；⑥冷却液进入油路、变矩器有故障。

二、行驶系故障诊断

汽车行驶系是由车架、车桥、车轮和悬架等组成。行驶系承载整个汽车的重量，承受并传递作用于汽车车轮和路面间的力和力矩，缓和路面对汽车的冲击，减轻振动。行驶系和转向系配合工作，保证汽车的正常行驶。行驶系故障主要包括减振器故障和车轮、轮胎故障。

1. 减振器故障

减振器故障包括减振器失效和减振器漏油。

减振器失效表现为汽车在不平路面上行驶时，车身强烈振动并连续跳动，有时在一定车速范围内还会发生“摆头”现象。造成减振器失效的主要原因有连杆导向器密封圈损坏、连杆轴封垫损坏、毛毡油封损坏、活塞与缸筒磨损过大、上下连接胶套脱落或损坏等。

减振器漏油表现为在减振器油封衬垫处或减振器活塞连杆处有油液漏出。造成减振器漏油的主要原因有油封垫圈、密封垫圈破裂损坏；储油缸盖螺母松动；活塞连杆弯曲或表面拉伤等。

2. 车轮、轮胎故障

车轮、轮胎故障主要包括车轮发摆（摆振）和轮胎异常磨损。

许多轿车在使用到一定程度后，会出现前轮发摆，尤其是高速时比较严重，会出现转向盘抖动。车轮发摆的原因可能有很多，但大多是前轮不平衡。大部分轿车前轮采用独立悬架，取消了转向节主销及套，其悬架衬套及球头销等一般不易松旷，横直拉杆球头也很少松旷，因此一般不会引起前轮发摆。根据实践经验，车轮发摆故障大都发生在行驶 1 万 km 以后，而且极少是因转向拉杆球头销或悬架松旷造成的，多是因前轮平衡不好所致。

车轮在使用中，由于变形、磨损或更换零配件，会打乱原来的配合；在修理过程中的堆焊、镗削等也会使车轮失去平衡，致使前轮发摆。

轮胎异常磨损表现为胎冠两肩磨损、胎壁擦伤、胎冠中部磨损、胎冠外侧或内侧磨损过快、胎侧呈锯齿形磨损、胎冠呈波浪状或碟边状磨损、胎冠由外侧向内侧呈锯齿形磨损或胎冠由内侧向外侧呈锯齿形磨损。造成轮胎异常磨损的主要原因有胎冠两肩磨耗与胎壁磨伤、轮胎气压不足、轮胎长期过载、轮胎气压过高、外倾角或前束不正确、横拉杆弯曲、轮胎未及时换位、轮胎平衡不良、轮毂松旷、轮辐拱曲、频繁使用紧急制动等。

三、转向系故障诊断

转向系用于改变汽车的行驶方向和使汽车保持稳定的直线行驶。汽车转向性能的好坏，直接关系到汽车行驶的安全性和操纵性。根据有无助力装置，转向系统可分为普通转向系统和动力转向系统。普通转向系统由转向盘、转向机、转向传动机构组成。动力转向系统由转向器、助力装置等组成。转向系常见故障有转向沉重、行驶跑偏、转向不足、行驶摆头、转向盘振抖和转向盘不能自动回正等。这些故障通常为综合性故障，即故障不仅仅是转向系造成的，还与轮胎、悬架、车身、车轴等行驶系有关。转向系常见故障及原因见表8-1、表8-2。

表8-1　普通转向系常见故障及原因

故　障	主 要 原 因
转向沉重	1）转向器缺油 2）转向柱弯曲或转向柱管凹陷引起摩擦 3）转向垂臂轴与衬套间隙过小，转向传动副啮合间隙过小 4）转向机构发卡，各球头销装配过紧或缺油 5）转向节缺油或推力轴承装配过紧 6）转向节主销与衬套或轴承间隙过小或缺油 7）横直拉杆变形 8）前轮定位失准 9）轮胎气压不足或轮毂轴承过紧
转向失灵	1）转向传动装置磨损松旷 2）转向传动副啮合间隙调整不当 3）转向垂臂与轴松旷 4）垂臂固定螺母松动 5）轮毂轴承间隙过大
转向轮振动	1）前轮定位失准 2）转向盘自由行程过大 3）车轮与轮胎动平衡不符合要求，轮胎气压不一致 4）钢板弹簧或减振器因疲劳变形下沉或折断 5）减振器失效
行驶跑偏	1）一侧前轮制动器发咬或轮毂轴承过紧 2）两侧钢板弹簧弹力不一致 3）前轮定位失准，车架前桥变形 4）一侧减振器损坏 5）转向节臂、转向臂、直拉杆弯曲 6）转向螺杆推力轴承过松
转向不足	1）转向传动机构变形 2）转向角限位螺钉调整不当 3）转向垂臂在轴上位置不当 4）转向机构与其他机件发生运动干涉 5）前钢板弹簧U形螺栓松动或中心折断

表 8-2　动力转向系常见故障及原因

故　障	主 要 原 因
转向沉重	1）储液罐缺油、油液过脏或滤清器堵塞 2）系统中混入空气 3）转向油泵磨损 4）传动带打滑，油路工作压力过低，压力或流量控制装置调整不当 5）滑阀或转阀与阀体磨损或发卡，内部泄漏严重 6）动力缸磨损或密封元件损坏
转向轮振动	1）系统中混入空气 2）分配阀反作用弹簧弹力不足或弹簧折断 3）转向液压泵流量过大或溢流阀调整不当 4）系统中严重缺油
行驶跑偏	1）分配阀反作用弹簧损坏或太软 2）油液脏污、滑阀与阀体台肩位置偏移 3）流量控制阀失灵

四、制动系故障诊断

汽车制动系技术状况的好坏直接关系汽车的行车安全和汽车的工作效率。汽车制动系统根据传力媒介的不同分为气压式和液压式两种。根据有无防抱死制动装置（ABS），制动系统又可以分为普通制动系统和 ABS 制动系统。

制动系统常见故障有制动不良、制动失效、制动拖滞、制动跑偏、制动器异响等。液压式制动系统常见故障及原因见表 8-3。

表 8-3　普通液压式制动系统常见故障及原因

故障	故障现象	故障原因	故障诊断
制动不良	踩下制动踏板时，不能产生足够的制动力，使得制动距离过长	1）制动踏板自由行程过大、系统堵塞、漏油或有空气 2）制动蹄或制动块与制动鼓或制动盘贴合不良，制动间隙过大 3）摩擦片沾有油污、磨损严重、铆钉外露等 4）制动液变质、制动液量不足	1）检查制动主缸储液罐内有无制动液、主缸进油孔和储液罐盖通气孔是否堵塞 2）检查制动管路是否有破裂、接头是否漏油 3）检查主缸操纵机构是否脱落 4）若以上检查均正常，进一步检查主缸或轮缸皮碗是否破裂、顶翻或皮圈破损 5）踩动踏板，如果踏板能升高且制动效能有好转，应检查制动踏板自由行程和车轮制动器间隙 6）检查主缸、轮缸活塞回位弹簧是否过软、折断，检查主缸回油阀和出油阀是否良好 7）检查系统内是否混有空气或制动液气化

（续）

故障	故障现象	故障原因	故障诊断
制动失效	汽车行驶中，将制动踏板踩到底时仍然没有制动作用	1）制动液不足或没有制动液 2）制动主缸或轮缸密封圈磨损严重或破损 3）制动管路破裂或接头松脱 4）系统中混有空气或制动液气化	1）检查储液罐是否缺少制动液，及时补充 2）检查有无漏油现象、各管路接头是否松脱 3）踩动制动踏板，检查放气螺钉的出油情况。如果出油时有气泡，应进行放气；如果出油无力或不出油，表明主缸工作不良；如果出油急促有力，表明故障在制动轮缸
制动拖滞	抬起制动踏板后，制动系统仍然有制动作用，使得汽车行驶无力，起步困难，制动鼓或制动钳发热	1）制动踏板自由行程过小、或无自由行程，造成回油不畅 2）制动踏板轴锈蚀，回位弹簧过软或折断 3）制动管凹瘪，制动软管老化、堵塞 4）制动液太脏或粘度过大，主缸回油孔堵塞 5）主缸、轮缸皮碗、皮圈老化、变形、发胀或制动总泵调整失效 6）主缸回位弹簧过软或折断 7）制动蹄回位弹簧弹力减弱、制动钳支架或制动底板松动、制动盘翘曲变形 8）驻车制动装置调整不当或拉索卡滞	1）检查、调整制动踏板自由行程 2）停车后检查各车轮制动鼓（制动钳）是否过热，或将汽车支起后检查各车轮的转动情况。如果各车轮均过热或转动不灵活，故障一般在制动主缸之前，应重点检查制动主缸 3）如果是个别车轮存在过热或转动不灵活，故障一般在该轮的制动器及制动轮缸，应重点检查该轮的制动器及制动轮缸的工作性能
制动跑偏	汽车制动时，左右车轮制动力不等或制动时间不一致，导致汽车向制动力较大或制动时间较早的一侧偏向行驶的现象	1）两侧轮胎气压不同、磨损程度不一致 2）一侧制动轮缸工作不良、一侧管路漏油或存在空气 3）一侧制动蹄或制动钳摩擦片有油污、制动鼓或制动盘变形、制动底板或制动钳松动 4）两侧车轮制动器制动间隙、摩擦片磨损程度不一致 5）压力调节器调整不当或制动压力分配阀失效 6）两侧轮毂轴承预紧度调整不一致 7）前轮定位失准，两侧主销内倾、主销后倾、车轮外倾角不一致，前束不正确，悬架固定件松动等	1）制动时汽车向一侧偏斜，说明另一侧车轮制动迟缓或制动力不足，应检查该侧制动管路有无凹瘪及漏油现象 2）如果上述情况良好，可对该轮制动轮缸进行排气，并检查轮胎气压及其磨损程度 3）检查制动底板或制动钳支架是否松动，并检查和调整轮毂轴承预紧度 4）拆检制动器，检查摩擦片是否有油污，同时检查制动蹄、鼓或制动钳、盘是否变形，制动轮缸是否工作不良 5）检查压力调节器是否调整不当或制动压力分配阀是否失效 6）检查、调整前轮定位参数

（续）

故障	故障现象	故障原因	故障诊断
制动器异响	汽车行驶或制动时，制动器发出不正常响声	1）摩擦片磨损严重、硬化或破裂、铆钉外露 2）制动鼓或制动盘变形或磨损起槽 3）制动底板或制动钳支架松动，造成制动鼓与制动底板或制动钳与制动盘相碰擦	1）如果是汽车未制动时，制动器即发出不正常响声，则应检查制动底板或制动钳支架是否松动、制动底板是否明显翘曲、制动蹄定位弹簧是否损坏等 2）如果是汽车制动时制动器发出不正常响声，则应检查制动蹄片的磨损程度，检查制动鼓、制动蹄或制动盘有无明显变形，检查制动器各运动副润滑是否良好等

对于 ABS 防抱死制动系统，通常都具有故障自诊断功能。当 ABS 系统的电控单元 ECU 检测到系统有故障时，会立刻点亮仪表盘上的 ABS 警告灯，告知驾驶员 ABS 系统出现故障，同时将故障内容以故障码的形式储存到存储器中，并将制动系统转为普通制动模式。在进行故障诊断时，可以利用汽车电脑故障诊断仪读取电控单元中的故障码，便捷而又准确地诊断制动系统故障。

第四节　汽车电器与电子设备故障

汽车电器与电子设备系统通常分为蓄电池、交流发电机与调节器、起动系统、照明与信号系统、仪表与显示系统以及其他辅助电器设备等组成部分。随着汽车技术的发展，汽车上装备的电器与电子设备越来越多，其故障发生的频率也相应提高，占相对较大的比重。

一、蓄电池故障

蓄电池的常见故障有极板硫化、极板短路、自行放电、活性物质脱落以及蓄电池电量不足等。

1. 极板硫化

1）故障现象：极板上有白色的霜状物，蓄电池容量明显下降。

2）故障原因：①充电不足的蓄电池长期放置不用；②蓄电池内电解液液面过低；③电解液密度过大或不纯。

2. 极板短路

1）故障现象：充电电压很低，电解液密度上升很慢，充电时气泡很少。

2）故障原因：隔板损坏、极板拱曲或活性物质大量脱落。

3. 自行放电

1）故障现象：充足电的蓄电池放置一段时间后，逐渐失去储存的电量。

2）故障原因：①电解液不纯，电解液中的杂质造成蓄电池局部放电；②蓄电池溢出的电解液堆积在盖板上，使得正负极形成回路放电；③极板活性物质脱落后，沉淀在下部使得极板短路；④蓄电池长期放置不用，电解液中硫酸下沉，使得蓄电池上、下部存在密度差，引起自行放电。

4. 蓄电池电量不足

1）故障现象：起动机运转无力，电喇叭声响变弱，前照灯灯光暗淡。

2）故障原因：①新蓄电池充电不足，或蓄电池储存过久而未能及时补充充电；②因为发动机起动困难，经常长时间使用起动机，长时间大电流放电；③蓄电池内电解液液面经常过低，或经常用稀硫酸代替蒸馏水注入蓄电池内，造成电解液密度过高，而使得极板硫化；④蓄电池因电解液溢出减少，未加稀硫酸而只加蒸馏水调整，造成电解液密度下降；⑤发电机电压调节器的调节电压太低，不能向蓄电池充电。

二、交流发电机与调节器故障

汽车交流发电机、电压调节器与蓄电池共同组成汽车的充电系。交流发电机和电压调节器的常见故障有不充电、充电电流过小、充电电流过大、充电电流不稳定以及发电机有异响等。

1. 不充电

1）故障现象：充电指示灯长亮。

2）故障原因：①接线断路；②发电机不发电（整流二极管烧坏、电刷卡死与集电环不接触、定子或转子绕组断路或短路；③电压调节器调节电压过低或不工作。

2. 充电电流过小

1）故障现象：起动性能变差，灯光变暗。

2）故障原因：①发电机传动带过松；②个别整流二极管烧坏；③发电机电刷与集电环接触不良；④电压调节器调节电压过低。

3. 充电电流过大

1）故障现象：灯丝易烧坏、蓄电池电解液消耗过快。

2）故障原因：电压调节器调节电压过高或大功率晶体管（达林顿管）击穿。

4. 充电电流不稳定

1）故障现象：电流表指针摆动不定。

2）故障原因：①发电机传动带过松；②发电机定子或转子绕组有故障；③发电机电刷压力不足，接触不良；④发电机接线柱松动、接触不良；⑤电压调节器调节电压有故障。

5. 发电机有异响

1）故障现象：发电机工作时发出异响。

2）故障原因：①发电机安装不当，连接松动；②发电机轴承损坏，定子与转子相碰撞；③整流二极管短路或断路，定子绕组断路。

三、起动系统故障

起动系统常见故障有起动机不转、起动机运转无力、起动机驱动齿轮撞击以及起动机非正常运转等。

1. 起动机不转

1）故障现象：接通起动开关后起动机不转。

2）故障原因：①蓄电池电量不足，导线插头松动或太脏；②起动机电磁开关触头烧蚀或因调整不当而未闭合；③磁场绕组或电枢绕组断路、短路或搭铁；④绝缘电刷搭铁；⑤起动继电器触头不能闭合。

2. 起动机运转无力

1）故障现象：蓄电池电量充足，接线正常，而起动机运转无力。

2）故障原因：①换向器太脏；②电刷磨损过多或电刷弹簧压力不足，使得电刷接触不良；③磁场绕组或电枢绕组局部短路；④起动机电磁开关触头烧蚀；⑤发动机起动阻力矩太大。

3. 起动机驱动齿轮撞击

1）故障现象：起动机驱动齿轮与发动机飞轮不能啮合且有撞击声。

2）故障原因：①起动机驱动齿轮或飞轮齿圈磨损过多或已损坏；②电动机电磁开关闭合过早，起动机驱动齿轮尚未啮合就已快速旋转。

4. 起动机非正常运转

1）故障现象：松开起动开关后起动机仍然运转。

2）故障原因：①起动机电磁开关在电路接通时因强烈火花将触头烧结在一起；②驱动齿轮轴变形、脏污，驱动齿轮在轴上滑动阻力太大，或回位弹簧太软；③因匝间短路或重绕造成电磁操纵机构两线圈有效匝数比改变。

四、照明与信号系统故障

照明与信号系统是汽车安全行驶的主要装置，其常见故障有前照灯不亮、前照灯远近光不全、前照灯发暗、前照灯光束不对、转向信号灯不亮、单边转向信号灯不亮、转向信号灯闪光左右闪光不均及闪光频率不正常、制动灯不亮、制动灯常亮、电喇叭不响以及电喇叭耗电量过大等。

1. 前照灯不亮

故障原因：灯泡灯丝烧坏；熔断器烧坏；电源电路断路或搭铁；灯开关损坏；灯线路搭铁；线路插头松脱或锈蚀；充电系电压调整过高而烧坏灯泡。

2. 前照灯远近光不全

1）故障现象：打开灯开关，只有远光灯亮，而近光灯不亮，或与此相反。

2）故障原因：变光开关损坏；双丝灯泡中一根灯丝烧坏；远近光中某一根导线断路。

3. 前照灯发暗

故障原因：蓄电池电量不足；发电机有故障；线路接触不良；电阻过大；灯具反光镜镜面损坏；灯泡质量不佳或功率太小。

4. 转向信号灯不亮

故障原因：闪光器损坏；转向开关失灵；导线松脱；闪光器触头脏污；氧化或烧蚀；熔断器烧断或电源线路断路；灯泡接触不良；搭铁线松脱等。

5. 单边转向信号灯不亮

故障原因：一侧导线松脱；断路或灯泡损坏；转向开关一侧接触不良或损坏；灯座接触不良。

6. 制动灯不亮

故障原因：灯泡损坏；熔断器烧断；制动灯开关损坏；灯座接触不良；导线断路等。

7. 电喇叭不响

故障原因：电喇叭电源线路断路；电喇叭按钮触头脱焊；电喇叭磁力线圈断路烧坏；电喇叭继电器损坏等。

五、仪表与显示系统故障

汽车仪表与显示系统用于指示汽车的运行状况，常见故障有冷却液温度表故障、润滑油压力表故障、燃油表故障等。

1. 冷却液温度表故障

1）故障现象：接通点火开关后，冷却液温度表指针指着某处，不随着冷却液温度的变化而移动。

2）故障原因：电源线路断路；表头电热线圈断线；冷却液温度表传感器接线螺钉松动；冷却液温度表传感器至表头导线断线；仪表损坏。

2. 机油压力表故障

1）故障现象：发动机运转，而润滑油压力表指示零处不动。

2）故障原因：润滑油压力表电源线路断路；表内电热线圈烧毁或断线；感应塞或传感器触头接触不良；感应塞或传感器电热线圈烧毁断路；发动机润滑系统有故障。

3. 燃油表故障

1）故障现象：接通点火开关后，不论油箱中还有多少油，燃油表指针总是指向F（表示“满”）处。

2）故障原因：表头至传感器线路断线；传感器电阻线圈断路。

六、其他辅助电器设备故障

汽车上装备的辅助电器设备很多，品种差异也很大。当前汽车上常用的、与汽车使用性能有关的辅助电器设备主要有电动刮水器、车窗洗涤器、汽车空调、电动门窗玻璃升降器等。

1. 电动刮水器故障

电动刮水器的主要故障有刮水器电动机不转、关掉开关后电动刮水器继续低速转动、电动刮水器不能自动复位等。

将电动刮水器开关拉到Ⅰ档或Ⅱ挡，电动刮水器电动机不转，故障的原因可能是电动刮水器电动机自动复位装置中的接触片变形造成内部搭铁而短路，或是熔断器熔断。

关掉开关后，电动刮水器继续低速转动的原因可能是接触片的弹性减弱或变形，不能与停位盘接触导通，或是连接电刷与接触片的导线插头松脱。

电动刮水器不能自动复位的可能原因是电动机自动复位装置中的接触片弹性减弱或变形移位，不能与搭铁的限位盘接触导通，或是接触片与电动刮水器开关的连接导线插头脱焊，或是电动刮水器开关“0”挡有故障。

2. 车窗洗涤器故障

车窗洗涤器故障主要有接通电源后，洗涤器电动泵不转或喷嘴工作不正常。

故障主要原因有电动泵损坏、电源或线路存在断路、导管压扁折弯使得洗涤液流通受阻、导管开裂或插头松脱、喷嘴堵塞或损坏等。

3. 汽车空调故障

汽车空调系统通常由压缩机、冷凝器、膨胀阀、蒸发器等组成。汽车空调系统故障检查常用的方法有外部检视法和压力表组检查法。压力表组检查法利用高、低压两个压力表组成一个检查系统，可以测量制冷循环高、低两侧的压力，判断故障既快速又可靠。

（1）外部检视法

1）用手感觉并比较制冷压缩机排气阀和吸气阀之间是否有明显的温差。在正常情况下，前者发烫，后者较凉。

2）用手感觉并比较冷凝器进入管和排出管的温度。在正常情况下，前者应比后者热，即冷凝器上半部温度比底部温度高，如果两者温度差不多，说明冷凝器未能将冷媒气体冷却

3）用手摸干燥过滤器前后管道的温度，感觉应该一致。

4）膨胀阀出口至制冷压缩机之间的软管应该发冷，但不结霜。在正常情况下虽然会结霜，但随即融化，看见的只是融化后的冷却水珠。

5）将手放在车厢冷风出风口有冰冷的感觉。

6）一般大客车的空调系统在高压管路上有一个观察窗，而小型车空调系统大都在干燥过滤器上设有一个观察窗。通过观察窗可以观察循环制冷剂的流量。在观察时，发动机应低速运转，温度调节旋钮置于最大冷却挡，排气风扇高速运转5min后，通过观察窗检查制冷剂流量是否合适。合适时，观察窗内几乎透明，但在发动机转速提高或降低时可能出现气泡，关闭空调后随即起泡然后逐渐消失，同时高低压管路温度应该是高压侧热、低压侧凉。

7）如果制冷剂不足，观察窗内每隔1～2s就可看到气泡，这时高低压管路温度是高压侧热、低压侧凉；如果制冷剂过多，观察窗内看不见气泡，关闭空调后制冷剂处于澄清无泡状态，同时高低压管路温度是高压侧过热。需要说明的是，干燥过滤器滤网堵塞时，即使制冷剂量正常，也会出现气泡。

（2）压力表组检查法

1）先将压力表两侧高、低压阀关闭。

2）将压力表的高压胶管（红色）和低压胶管（蓝色）分别接于压缩机高、低压检修阀接头上。

3）用制冷循环系统中的制冷剂少许将高、低压胶管中的空气排出。

4）起动发动机，开启空调装置，让风机以最高速运转，发动机以2000r/min转速运转。当温度为30～35℃时，将温控开关调到制冷最大挡。分别有以下几种情况：

如果高压侧压力表读数为980～1470kPa，低压侧压力表读数为147～196kPa，则说明空调工作正常。

如果高压侧压力表读数为784～882kPa，低压侧压力表读数为78kPa，则说明空调系统内制冷剂不足，应进一步查找原因。

如果高压侧压力表读数为1960kPa，低压侧压力表读数为245kPa，则说明空调系统内制冷剂过多。

如果高压侧压力表读数为2254kPa，低压侧压力表读数为245kPa，则说明空调系统内进入空气。

如果高压侧压力表读数为686～1470kPa，低压侧压力表读数有时为负数值，有时为147kPa，则说明空调系统内进入了冷却液。

如果高压侧压力表读数为588kPa，低压侧压力表读数为负数值，则说明空调系统内制冷剂不环流。在干燥过滤器和膨胀阀前后的管路上可以看到结霜或霜滴。这是冷却液或灰尘堵塞管路引起膨胀阀感温泡内的制冷剂完全泄漏，致使膨胀阀内的小孔完全堵塞，造成整个系统不能制冷。

如果高压侧压力表读数为1862kPa，低压侧压力表读数为392～588kPa，则说明空调膨胀阀开度过大或热传感管安装不当。

如果高压侧压力表读数为686～980kPa，低压侧压力表读数为392～588kPa，增加发动

机转速，高、低压力变化不大，则说明空调压缩机内部有损坏。

4. 电动门窗玻璃升降器故障

电动门窗主要由门窗电动机、玻璃升降器、控制开关及其控制电路组成。此外，为减轻外部冲击对机构的影响，一般都装有吸收冲击的缓冲装置。电动门窗玻璃升降器有油压式和机械式两大类。机械式升降器的结构形式有绳轮式、交臂式和软轴式（北京切诺基）等。所有电动门窗系统均装有两套控制开关：一套为总开关，装在驾驶室左前门上（或前部），驾驶员可通过该开关控制每个车窗；另一套为分开关，分别装在每个车窗的下中部，由乘员操控。

电动门窗常见的故障有：

1）如果电动开关车窗动作不顺畅，其原因多为升降机里的油分耗尽，应取下内饰板加上油。

2）如果玻璃完全不能动作，则有可能是开关故障。如果是开关的故障，只能更换新开关。

3）如果电子装置不能动作，应该首先检查熔断器。仔细检查哪一条熔断器是用于电动车窗的、是否熔断。

4）如果开关的动作情况变差且车窗不能顺利开启，则开关发生故障的可能性很高。

5）支撑玻璃两端的滑块也需要检查。如果玻璃与导轨的滑动状况变差时，可涂上增亮剂。

6）为使玻璃顺利升降，须尽量减少阻力。玻璃的污损也会成为阻力，应经常保持车窗的洁净。

第五节　汽车事故评估

二手车是否发生过事故、发生事故的严重程度以及发生事故的部位，对于二手车的价值有很大的影响。汽车一旦发生过事故，即使是进行了很好的修复，也很难恢复如初，汽车的使用性能和经济性能或多或少会受到不良的影响。尤其是严重的、恶性的事故会严重影响汽车性能，使得汽车的价值在修复后也极大地降低。如果汽车在发生事故后由于修理水平差、修理设备不齐备等，只是草草地进行修理，往往还会给汽车留下再次发生更大事故的隐患，这样的二手车的价值更低。所以，在进行二手车评估时，一定要能准确地判断该车是否发生过事故、事故的性质以及事故的严重程度。

一、汽车事故的分类与检查

汽车事故按照发生的原因可分为三类：碰撞事故、火烧事故和水泡事故。

发生过事故的二手车，在进行评估之前，车主往往事先对其作了维修处理并可能会对事故加以隐瞒，所以必须要由经验丰富的专业人员经过认真仔细地检查和分析判断，才能准确鉴别。以下是针对不同事故的检查方法。

1. 碰撞事故的检查

1）检查汽车是否发生过严重碰撞事故，首先检查汽车的底盘，看汽车底盘的脏污程度是否一致。如果发现有地方与周围存在差异，则该处有可能被修理过。进一步检查此处车轴是否平直、有无敲打的痕迹。如果发现有敲打或烧焊的痕迹，则车轴可能发生过弯曲变形甚至断裂，基本可以确定该汽车发生过严重的碰撞事故。

2）查看汽车散热器支架和散热器，检查是否有碰撞变形后修复或更换的痕迹。如果修理或更换过散热器及散热器支架，说明汽车前部发生过碰撞事故。前部的严重碰撞有可能殃及发动机以及车架（车身），须进一步检查有关的零部件。

3）如果汽车后部发生严重碰撞，那么车身的后翼子板肯定会损坏，所以可通过检查汽车后翼子板是否被切割更换过来判断汽车后部是否发生过严重碰撞。正常情况下，汽车后翼子板与车厢及车体的连接处应平整，其上的焊点应是略呈凹陷的圆形。如果焊点是凸出状，则为重新烧焊的痕迹。也可以打开行李厢盖，查看其内板是否有烧焊的痕迹。

4）查看车身侧面有无碰撞痕迹。先检查车门与车身是否密合、有无翘曲、门缝是否均匀一致，检查B柱是否有烧焊的痕迹。还可以从车内侧扒开装饰物查看是否有修理痕迹，或仔细检查油漆是否平整、有无涂抹腻子，检查底板和横梁有无敲击和烧焊的痕迹。

5）有时还可以通过零件工艺孔是否变形来检查，即根据工艺孔是否一致来判断。例如，有的轿车发动机盖前方左右两内侧有对称的椭圆形工艺孔，若两工艺孔形状不对称、不一致，则可能发生过碰撞变形。

总之，检查二手车时，要仔细查看，如果发现有可疑现象，一定要认真检查，综合各种现象加以判断分析，确保评估不出现大的偏差。

2. 火烧事故的检查

大部分汽车的火烧事故发生在发动机仓，所以应重点检查发动机仓是否有火烧事故的痕迹。火烧过的地方通常有比较明显的痕迹，只要仔细检查就能够发现。一是发动机仓内管线的新旧程度与汽车整体新旧程度不符，有明显大批更换过的迹象；二是火烧过的金属会出现像排气管一样的蓝黑色。火烧过的汽车很难完全修复，严重的应作报废处理。因为火烧过的金属会变脆或退火，其内部的金相组织发生变化，导致机件的功能和性能都发生很大的变化，所以不能继续使用，否则将事故不断。

3. 水泡事故的检查

汽车的水泡事故大多发生于因暴雨积水造成的水淹，或汽车意外驶入河塘。检查汽车是否发生过水泡事故的步骤是：

1）首先打开发动机盖，查看散热器、散热器片和散热器前板（从下往上看）等处是否留有水渍污物。

2）检查发动机旁的发电机、起动机、电线插座以及左右轮罩的接缝处等是否留有水渍污物。

3）翻倒前、后排坐椅，检查弹簧及内套绒布内是否留有水渍污物。

4）检查行李厢内的备胎座内是否留有水渍污物。

5）仔细检查前、后车门中间的“B柱”，将塑料饰板轻轻撬开，如果是水泡事故汽车，可看出浸泡水线的高度。如果塑料饰板没有更换，不需要撬开，就可发现泡水高度的水线印迹。撬开塑料饰板后，可查看到B柱内死角接缝不易清洗处的污泥和水线印迹。

6）最后还可检查前、后风窗玻璃橡胶条，由车内将其拉开，如果内有污泥，则肯定是水泡事故汽车。

二、汽车事故定损评估步骤

专业汽车评估人员对事故车进行定损评估工作的第一步是确定汽车的品牌与型号。通常来说，汽车事故前的价格越高，事故给汽车带来的贬值也越大。

要准确地评估一辆事故汽车，就要确切地评定汽车在事故中受损的严重程度、受损范围及受损部件。汽车经常发生的事故是碰撞事故。汽车碰撞事故损伤的基本鉴定步骤为：

1）了解车身结构的类型。

2）目测确定碰撞部位。

3）目测确定碰撞的方向及碰撞力的大小，并检查可能造成的损伤。

4）确定损伤是否限于车身范围内，是否还包括功能部件（如发动机、悬架、车轮、大梁等）的损伤。

5）沿着碰撞路线系统地检查各部件的损伤及修复情况，直到没有任何损伤及修复的痕迹，判断碰撞事故对汽车性能的影响。

6）测量汽车的主要零部件，通过比较维修手册上车身尺寸与实际测量的汽车车身尺寸来确定碰撞事故造成的车身变形量。

7）用专用工具和仪器设备检查悬架和整个车身的损伤情况。

车辆发生碰撞、倾翻等交通事故时，车身因直接承受撞击力而造成不同程度的损伤，同时由于诱发和惯性的作用，发动机和底盘各总成也存在着受损伤的可能。但由于结构的原因，发动机和底盘各总成的损伤往往不直观，因此，在车辆定损查勘过程中，应根据撞击力的传播趋势认真检查发动机和底盘各总成的损伤。

三、发动机损伤的鉴定

汽车发动机，尤其是小型轿车的发动机，一般布置于车辆前部发动机仓。车辆一旦发生正面碰撞事故，不可避免地会造成发动机及其辅助装置的损伤。对于后置发动机的大型客车，当发生追尾事故时，有可能造成发动机及其辅助装置的损伤。

一般发生轻度碰撞时，发动机基本上受不到损伤。当碰撞强度较大，车身前部变形较严重时，发动机的一些辅助装置及覆盖件会因为受到冲击波而损坏，如空气滤清器总成、蓄电池、进排气歧管、发动机外围各种管路、发动机支撑座及胶垫、冷却风扇、发动机时规罩等。对于现代轿车，因为发动机仓的布置非常紧凑，碰撞还可能造成发电机、空调压缩机、转向助力泵等总成及管路和支架的损坏。严重的碰撞事故会波及到发动机内部的轴类零件，致使发动机缸体的薄弱部位破裂，甚至使发动机整体报废。

在对发动机的损伤进行检查时，应注意仔细检查有关支架所处的发动机缸体部位有无损伤，因为这些部位的损伤不易被发现。如果发动机的辅助装置和覆盖件损坏可以直接观察到时，可以采用就车拆卸、更换或修复的方法解决。如果发动机支撑、时规罩和基础部分损坏，则需要将发动机拆下进行维修。如果怀疑发动机内部零件有损伤或缸体有破裂损伤时，则需要对发动机进行解体检验和维修，必要时应进行零件探伤检查。在对发动机定损时，应考虑到修复方法及修复工艺的选用。

四、汽车底盘的定损

汽车底盘的定损主要是对于汽车底盘在碰撞事故中的损伤程度进行评定。

1. 悬架系统的定损

悬架是车架（或承载式车身）与车桥（或车轮）之间的一切传力装置的总称。悬架系统的作用是：把路面作用于车轮上的垂直力、纵向力（牵引力和制动力）和侧向力以及这些力所形成的力矩传递到车架（或承载式车身）上；悬架系统还承受车身载荷；悬架系统的传力机构使车轮按一定轨迹相对于车架或车身跳动；独立悬架还直接决定了车轮的定位参数。

由于悬架直接连接着车架（或承载式车身）与车桥（或车轮），其受力情况十分复杂，在碰撞事故中，悬架系统（尤其是独立悬架系统）经常受到严重的损伤，致使前轮定位失准，影响车辆正常行驶。

车辆遭受碰撞事故时，悬架系统由于受到车身或车架传导的撞击力，悬架弹簧、减振器、悬架上支臂、悬架下支臂、横向稳定器和纵向稳定杆等元件会受到不同程度的变形和损伤。悬架系统元件的变形和损伤往往不易直接观察到，在对其进行损伤鉴定时，应借助检测设备和仪器进行必要地测量及检验。这些元器件的损伤一般不宜采用修复方法修理，应换新件，在汽车定损时应引起注意。

2. 转向系的定损

转向系统的技术状况直接影响着行车安全，而且由于转向系统的部件都布置在车身前部，通过转向传动机构将转向器与前桥连接在一起。当发生一般的碰撞事故时，撞击力不会波及到转向系元件。但当发生较严重的碰撞事故时，由于波及和传导作用，会造成转向传动机构和转向器的损伤。

转向系易受损伤的部件有：转向横直拉杆、转向器、转向节等；更严重的碰撞事故会造成驾驶室内转向杆调整机构的损伤。

转向系部件的损伤不易直接观察，在车辆定损鉴定时，应配合拆检进行，必要时作探伤检验。

3. 制动系的定损

车辆制动性能下降会导致交通事故，造成车辆损失。车辆发生碰撞事故时，同样会造成制动系部件的损坏。

对于普通制动系统，在碰撞事故中，由于撞击力的波及和诱发作用，往往会造成车轮制动器的元器件及制动管路损坏。这些元器件的损伤程度需要进一步的拆解检验。

对于装用 ABS 系统的制动系，在进行车辆损失鉴定时，应对有些元件进行性能检验，如 ABS 轮速传感器、ABS 制动压力调节器。管路及连接部分的损伤可以直观检查。

4. 变速器及离合器的定损

变速器及离合器总成与发动机组装为一体，并作为发动机的一个支撑点固定于车架（或承载式车身）上，变速器及离合器的操纵机构又都布置在车身底板上。因此，当车辆发生严重碰撞事故时，由于撞击力的波及和诱发作用，会造成变速器及离合器的操纵机构受损、变速器支撑部位壳体损坏以及飞轮壳断裂损坏。这些碰撞损伤程度的鉴定，需要将发动机拆下进行检查鉴定。

以下几种情况对车辆的价值影响较大：全车车轴被撞击（即使已经修复）、散热器支架有碰撞损伤（即使已经修复或更换）、车身 A、B、C 柱被撞击损伤（即使已经修复）、车身后翼子板被切割更换等。这些情况将使得二手车价格贬值约 15% ~20%。对于发生过严重碰撞事故、火烧事故或水泡事故的汽车，大多数经营品牌二手车的汽车企业通常拒绝作为品牌二手车进行认证并拒绝进行交易。

但是并不是所有事故对车辆的价格都会有很大的影响。像一些小的剐蹭造成玻璃、保险杠、车漆等损坏并修复的，不会对车辆的价值造成影响。此外，事故车的贬值程度还与所在地的劳动力价格水平有关。劳动力价格越高，重新修复汽车所需要的费用就越高，事故车的贬值程度也就越大。具体贬值多少，可以通过估算重新修复汽车所需要工时乘以当地单位工时费来进行估算。

小　结

了解和掌握汽车故障的内容、诊断方法、变化规律以及对价格的影响，是进行二手车评估必须具备的知识和技能。

在二手车评估中，汽车故障的诊断是指在汽车不解体的情况下，确定汽车的技术状况，查明汽车故障。目前对汽车故障的诊断主要有两种方法，一种是经验诊断法，另一种是仪器设备诊断法。

汽车故障率随着汽车使用时间的延长呈现两头高、中间低的哑铃状规律。

汽车故障对二手车评估价格的影响取决于故障发生的部位以及故障的严重程度。

汽车发动机故障主要包括发动机异响、汽油机燃油供给系统故障、汽油机点火系统故障、汽油机油路电路综合故障、柴油机燃油供给系统故障和柴油机电控系统故障。

汽车底盘包括传动系、行驶系、转向系和制动系四大部分。汽车底盘的技术状况，直接关系到整车行驶的操纵稳定性和安全性，同时还影响汽车发动机的动力传递和燃油消耗。

汽车电器与电子设备系统通常分为蓄电池、交流发电机与调节器、起动系统、照明与信号系统、仪表与显示系统以及其他辅助电器设备等。随着汽车技术的发展，汽车上装备的电器与电子设备越来越多，其故障发生的频率也相应提高，占相对较大的比重。

二手车是否发生过事故、发生事故的严重程度以及发生事故的部位，对于二手车的价值有很大的影响。汽车事故按照发生的原因可分为三类：碰撞事故、火烧事故和水泡事故。在进行二手车评估时，一定要能准确地判断该车是否发生过事故、发生事故的性质和严重程度。汽车事故前的价格越高，事故给汽车带来的贬值也越大。

复习思考题

8-1　为什么二手车评估前需进行汽车故障诊断与评估？

8-2　汽车故障的分类有哪些？

8-3　多种汽车故障症状大致可分为几类？

8-4　汽车故障的诊断主要有哪两种方法？

8-5　汽车故障对二手车评估价格有怎样的影响？

8-6　汽车发动机主要有哪些故障？

8-7　汽油发动机电控燃油喷射系统常见的故障有哪些？

8-8　发动机点火系统的常见故障有哪些？

8-9　柴油发动机燃油供给系统主要故障有哪些？

8-10　汽车底盘的技术状况对汽车行驶有哪些影响？

8-11　离合器的常见故障有哪些？

8-12　手动变速器的常见故障有哪些？

8-13　万向传动装置的常见故障有哪些？

8-14　驱动桥的常见故障有哪些？

8-15　自动变速器的常见故障有哪些?

8-16　行驶系有哪些作用?行驶系的常见故障有哪些?

8-17　转向系有哪些作用?转向系的常见故障有哪些?

8-18　制动系统有哪些作用和分类?制动系统的常见故障有哪些?

8-19　汽车电器与电子设备系统的常见故障有哪些?

8-20　检查汽车是否发生过水泡事故的步骤是什么?

8-21　汽车碰撞事故损伤的基本鉴定步骤是什么?

8-22　怎样进行发动机损伤的鉴定?

8-23　汽车底盘的定损分哪几个部分?

第九章　新汽车评估概述

【学习目标】

1. 掌握新汽车评估与二手车评估的不同以及选购新汽车的步骤。

2. 了解主要发达国家及欧洲的新车碰撞测试 NCAP 和我国的 C-NCAP 的试验和评分规则。

3. 了解新汽车的价格构成和汽车价格的影响因素。

第一节　新汽车选购与评估

随着我国经济的发展和人们收入水平的提高，汽车正在逐渐进入家庭。就目前来说，一辆汽车的价格从数万元至数十万元不等，相对于普通人的收入，购车仍然是一种比较大的购买行为。因此，选购新车时必然要考虑多种因素，力求选购到适合于自己的、性价比高的汽车。但是，许多人因为自身知识和经验的局限，在选购新汽车时是盲目的，不知道如何选择。这就是新汽车评估的任务，即当购车者确定一个车价范围后，由专业汽车评估人员根据购车者的个性特点和需求，选择适合其需求的、性价比高的汽车。作为汽车评估的另一个重要方面，新汽车评估与二手车评估的目的和方法都不同。二手车评估的目的是对已知的二手车评估其价值。二手车评估所要回答的问题是一辆已经确定的汽车值价几何；而新汽车评估所要回答的问题是消费者有了确定数目的钱买什么样的汽车性价比高，主要目的是针对不同的购买者以及不同价位的汽车评估其性价比，价定车不定。

根据调查统计，购买新汽车时考虑的因素主要有：汽车的安全性、燃油经济性、动力性能、操控性、舒适性、可靠性、外观、内饰、品牌、配置、内部空间、污染物排放、噪声、综合用车成本以及所购汽车的售后服务等。不同的购车者，考虑这些因素的主次会有所不同，这就是个性差异的体现。

选购新汽车时，可以分以下几步进行，其中重点考虑汽车的安全性、燃油经济性、舒适性、综合用车成本以及所购汽车的售后服务等。

一、购车预算

首先根据经济能力，确定购车预算。这里需要注意的是，在确定购车预算时必须考虑汽车消费税、汽车保险和上牌照的费用。确定了要购买什么价位范围的汽车后，可以大大地缩小选择工作量，通过网络方便地查找所有在此范围内的汽车的资料，然后进行对比、评估，选出适合于自己的汽车。

二、安全性

确定了价位后，购买汽车应首先考虑车辆的安全性。根据调查统计，大多数购车者考虑的首要因素正是汽车的安全性。任何车型，即使它配置再高、油耗再低、价格再便宜，但是如果其安全性能不达标，其实际价值将大打折扣。

汽车安全性能分为主动安全性和被动安全性。所谓主动安全性是指汽车避免发生事故的能力。ABS（防抱死制动系统）就是汽车上非常重要的主动安全装置。紧急制动时，ABS装置能够使得汽车的制动距离最短，同时保持汽车方向的稳定性和操纵性，使在制动的同时还能避开障碍物。现在很多ABS装置又增加了电子制动力分配EBD。EBD能够根据汽车制动时轴荷转移的不同，自动调节前、后轴的制动力分配比例，提高制动效能，并配合ABS提高制动稳定性。被动安全性是指汽车发生交通事故后，汽车保护乘员安全的性能，比如SRS安全气囊就属于汽车的被动安全系统。

汽车安全性的高低取决于其设计以及高新材料的应用。以汽车钢板与安全性能的关系为例，汽车的抗碰撞强度主要取决于钢板的强度、而不是钢板的厚薄。新材料如高张力钢板或高强度铝合金可在有效减轻汽车重量的情况下提高汽车的安全性。高张力钢板的密度和普通钢板是一样的，但强度是普通钢板的两倍以上。如果汽车使用高张力钢板，在厚度减薄、重量减轻的情况下，抗碰撞强度可以超过以前使用普通钢板的水平。与此同时，汽车的重量减轻，其惯性降低、制动减速度提高，汽车发生碰撞的可能性以及发生碰撞后的撞击力相应减小，提高了汽车的安全性。

随着汽车技术的发展，汽车在提高安全性设计的同时，装备的安全装置也越来越多、越来越先进。

三、汽车外观

购买新汽车，汽车的外观是一个很重要的考虑因素。

各人的审美观不同，对汽车外观的喜好也不同。早期生产的汽车是篷体的，像马车，只不过车的动力由马匹改为内燃机。后来篷体改为厢体，厢体是矩形的，称为箱型车。著名的福特T型汽车就是一种箱型汽车，它奠定了以后汽车的基本造型。

汽车外观设计除了考虑美观之外，还必须考虑汽车行驶中的空气阻力。随着汽车速度的增加，如何减小汽车行驶中的空气阻力（风阻）成为汽车设计中越来越重要的问题。降低风阻主要有两个办法，减少汽车迎风面积和采用流线形设计。

降低车厢高度可以有效地减少迎风面积，比如“船型”车身。“船型”车身分为发动机舱、乘员舱和行李舱，增加了长度，降低了高度，有效地减少了迎风面积。

流线型设计可以减少空气流经车身时产生的涡流，从而减少阻力，例如甲壳虫状的汽车。但是，流线型并不是汽车最理想的外型。绝对的流线型也是不现实的，汽车设计中常常运用流线型的各种变形，如斜背式、鱼形、滴水形或者是它们的某种组合。流线型汽车也有它的弊病，就是高速行驶时会产生升力，影响驾驶稳定性。为了克服这个弊端，有时在车身上安装导流板和扰流板。

四、燃油经济性

汽车燃油经济性是指汽车在一定使用条件下，以最小的燃油消耗量完成一定行驶里程数的能力。汽车的油耗直接关系使用成本。中国、日本和欧洲大多数国家采用升/百公里（L/100km）表示法，即以汽车行驶100km所消耗的燃油量作为燃油经济性的指标。

按照现行的国家标准，检测汽车燃油经济性有等速行驶燃油消耗量试验、多工况燃油消耗量试验、限定条件下的平均使用燃油消耗量试验等。

等速行驶燃油消耗量是指汽车在额定载荷下，以最高挡在水平良好路面上等速行驶100km的燃油消耗量。一般乘用车的燃油经济性指标常以等速行驶的百公里耗油量来表示。

由于等速行驶工况不能全面反映汽车实际的运行情况，特别是汽车在城市内行驶时频繁减速、加速、不熄火停车、起步换挡等行驶工况与等速行驶工况大不一样，因此制定了一些典型的循环行驶工况来模拟汽车在城区的实际运行情况。

循环行驶工况对汽车的速度、加速度、行驶时间和距离等作了详细的规定，这种循环行驶工况包括有多种工况条件下汽车的燃油消耗状况，例如轿车多工况燃油消耗的测定有25个工况循环，称为轿车25工况试验，包括怠速、加速、换挡、匀速、减速、怠速等循环行驶工况，还有微型汽车10工况、载货汽车6工况试验等，它们比较客观地反映汽车的实际耗油量，因此通常以循环行驶工况燃油消耗量作为汽车综合性评介指标。

五、汽车的舒适性与车内空间

汽车的舒适性包括驾驶舒适性与乘坐舒适性两方面。驾驶舒适性与汽车的各项功能配置以及悬挂的设计有关。比如现代汽车广泛运用的转向盘助力机构，能够提高汽车的驾驶舒适性。仪表板的格局形式、汽车空调、自动油箱、电动后视镜等也关系到汽车的驾驶舒适性。此外，汽车的乘坐舒适性也非常重要。汽车的乘坐舒适性包括车身的稳定性、减振性以及隔噪效果等。车内空间的大小与安排也是影响汽车乘坐舒适性的重要方面。总的来说，车内空间大，汽车的乘坐舒适性好，但也须视购车者的需要而定。在车内空间配置方面，应考虑座椅的设计是否符合人体科学，其次再参照汽车介绍中的各种数据（包括车长、车宽、车高），实际试乘一番，亲身体验一下汽车的空间及配备的舒适性和实用性。

六、综合用车成本与售后服务

购买汽车还应充分考虑到综合用车成本。油耗只是用车成本的一部分。用车成本还包括车辆的保养、维修费用等。如一款刚上市的新车，往往存在设计和制造方面的缺陷，有待于投放市场后根据反馈信息加以改进；或者其售后体系尚未健全、技工的维修技术水平还不成熟、零配件价格偏高等，如此该车的使用成本也会随之上升。因此，购买新款车型必须考虑这方面的附加成本。选择成熟车型可以有效降低此成本。

此外，购车还要考虑所购汽车的售后服务。售后服务系统的健全与否，直接关系到购车后的权益保障。汽车的售后服务包括：维护、保养、配件供应、技术支持等一系列内容。国内各大汽车集团的售后服务网络均已遍及全国。相对来说，一些小型的汽车厂的售后服务网络则不够完善，技术力量参差不齐。如果在几款候选车型的价格、配置、性能同等的情况下，可优先考虑售后体系完善的车型。

七、环保问题

汽车对环境的影响也越来越为人们重视。我国已经先后制定了汽车不同阶段的排放标准，对汽车污染物排放的控制越来越严格。同时，我国不同的地区，可能根据自身的情况执行不同的排放控制标准。作为购车者，在选择车型时必须注意所选车型的排放水平是否能够达到当地的排放控制标准。否则可能会遭遇买了新车上不了牌照的尴尬。

第二节　C-NCAP及安全碰撞测试简介

由于每年汽车事故造成的损失巨大，世界各发达国家都对汽车碰撞安全性做出了强制性要求，并建立了各自的法规。世界各国都是以汽车碰撞试验作为汽车安全性能的考评指标。但是，各个国家和地区的碰撞标准又有所不同。对于购车者，汽车的安全性也是评估汽车的首要指标。

NCAP是New Car Assessment Program的缩写，即新车评价规程，是一系列考验汽车安全性能的新车碰撞测试。NCAP最早在美国开展，至今已经在欧洲、日本等发达国家运行多年。NCAP一般由政府或具有权威性的组织机构，按照比国家法规更严格的方法对在市场上销售的车型进行碰撞安全性能测试、评分和划分星级，向社会公开测试和评价结果。由于这样的测试公开、严格、客观，为消费者所关心，也成为汽车企业产品开发的重要规范，对提高汽车安全性能作用显著。近年来，越来越多的国家（如澳大利亚、韩国、印度等）开始重视和建立本国的NCAP。严格的试验条件是保证NCAP评价结果客观准确的重要前提，因此，国外NCAP试验室普遍都具备高水平的测试设备和专业能力。但是，各国的NCAP在组织实施方式、试验规程和评分方法上都有明显不同，这与各国在法规体系、道路交通事故统计和车辆状况等方面存在的差异密切相关。

我国在研究和分析国外NCAP的基础上，结合我国的汽车标准法规、道路交通实际情况和车型特征，确定了中国的C-NCAP（Chinese NCAP）的试验和评分规则。

一、各国安全碰撞标准

1. 欧洲

欧洲NCAP汽车安全测试机构不定期对已上市的新车和进口车进行碰撞试验。标准就是欧盟实施的EURO-NCAP测试标准。测试包括正面和侧面碰撞两部分，正面碰撞速度为64km/h，侧面碰撞速度为50km/h。测试的成绩通过计分评定星级，达到33分为满分。星级由五个星级表示，星级越高表示该车的碰撞安全性能越好。

2. 美国

从2003年生产的新车开始，新车必须通过每小时66km的前撞；从2005年生产的新车开始，车辆必须能够通过54km/h速度的侧撞；从2007年生产的新车开始，每个厂家须有40%的车辆通过80km/h速度的后撞；从2008年生产的新车开始，每个厂家必须有70%的车辆通过每80km/h速度的后撞；从2009年生产的新车开始，所有的车辆都必须通过后撞测试。“美国道路安全保险协会”（HHS）也对汽车进行碰撞试验，结果将反映在“碰撞安全性评价”中，这一指标显示了遭遇重大交通事故时生还的概率。

3. 日本

日本的NCAP体系简称J-NCAP，是目前NCAP体系中比较严格的。目前测试项目包括55km/h的正面碰撞、64km/h的40%偏置碰撞以及55km/h的侧面碰撞。试验不仅要求车辆在和障碍物接触时拥有相当大的初速度，而且被测车型既要接受100%正面碰撞又要接受正面40%偏置碰撞，这无疑是对车辆的前舱吸能性和刚性两对看似矛盾的性能同时提出了较高的要求。

二、我国的C-NCAP

中国汽车技术研究中心在深入研究和分析国外NCAP的基础上，结合我国的汽车标准法规、道路交通实际情况和车型特征，并在进行了广泛的国内外技术交流和实际试验的基础上确定了我国的C-NCAP的试验和评分规则。C-NCAP与我国现有汽车正面和侧面碰撞的强制性国家标准相比，不仅增加了偏置正面碰撞试验，还在两种正面碰撞试验中在第二排座椅增加假人放置，以及增加了更为细致严格的测试项目，技术要求也非常全面。C-NCAP对试验假人及传感器的标定、测试设备、试验环境条件、试验车辆状态调整和试验过程控制的规定都要比国家标准更为严谨和苛刻，与国际水平基本一致。

C-NCAP是将在市场上购买的新车型按照比我国现有强制性标准更严格和更全面的要求进行碰撞安全性能测试，评价结果按星级划分并公开发布，旨在给予消费者一个既系统又客观的车辆信息，促进企业按照更高的安全标准开发和生产汽车，从而有效减少道路交通事故的伤害及损失。C-NCAP要求对一种车型进行车辆速度50km/h与刚性固定壁障100%重叠率的正面碰撞、车辆速度56km/h对可变形壁障40%重叠率的正面偏置碰撞、可变形移动壁障速度50km/h与车辆的侧面碰撞等三种碰撞试验，根据试验数据计算各项试验得分和总分，由总分多少确定星级。评分规则非常细致严格，最高得分为51分，星级最低为1星级，最高为5+。

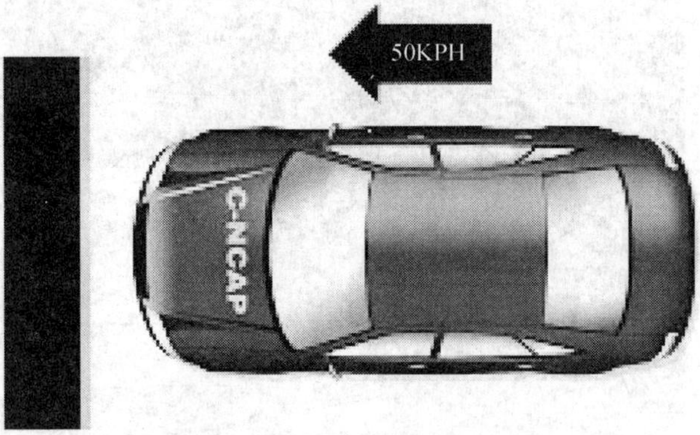

图9-1　正面100%重叠刚性壁障碰撞试验

1. 正面100%重叠刚性壁障碰撞试验（图9-1）

试验车辆100%重叠正面冲击固定刚性壁障。碰撞速度为50~51km/h（试验速度不得低于50km/h）。试验车辆到达壁障的路线在横向任一方向偏离理论轨迹均不得超过150mm。在前排驾驶员和乘员位置分别放置一个Hybrid Ⅲ型第50百分位男性假人，用以测量前排人员受伤害情况。在第二排座椅最右侧座位上放置一个Hybrid Ⅲ型第5百分位女性假人，用以考核安全带性能。

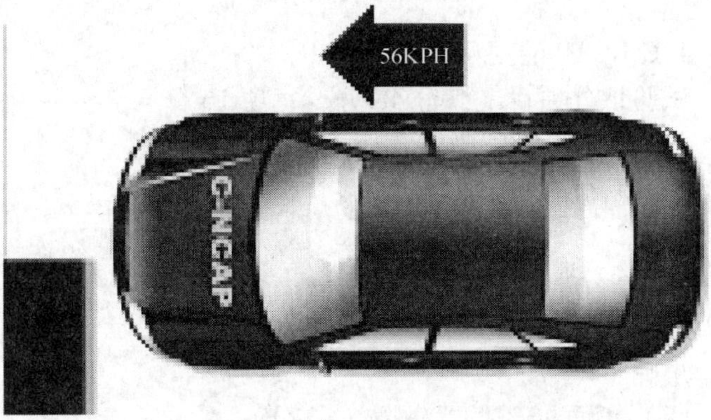

图9-2　正面40%重叠可变形壁障碰撞试验

2. 正面40%重叠可变形壁障碰撞试验（图9-2）

试验车辆40%重叠正面冲击固定可变形吸能壁障。碰撞速度为56~57km/h（试验速度不得低于56km/h），偏置碰撞车辆与可变形壁障碰撞重叠宽度应在40%车宽±20mm的范围内。在前排驾驶员和乘员位置分别放置一个Hybrid Ⅲ型第50百分位男性假人，用以测量前排人员受伤害情况。在第二排座椅最左侧座位上放置一个Hybrid Ⅲ型第5百分位女性假人，用以考核安全带性能。

3. 可变形移动壁障侧面碰撞试验（图9-3）

移动台车前端加装可变形吸能壁障来冲击试验车辆驾驶员一侧。移动壁障行驶方向与试验车辆垂直，移动壁障中心线对准试验车辆 R 点，碰撞速度为50~51km/h（试验速度不得低于50km/h）。移动壁障的纵向中垂面与试验车辆上通过碰撞侧前排座椅 R 点的横断垂面之间的距离应在±25mm内。在驾驶员位置放置一个EuroSID Ⅱ型假人，用以测量驾驶员位置受伤害情况。

图 9-3　可变形移动壁障侧面碰撞试验

4. C-NCAP 的项目评分

试验评分项目（满分 48 分，每项 16 分）

（1）正面 100% 碰撞（16 分）

头　5 分

颈　2 分

胸　5 分

大腿　2 分

小腿　2 分

（2）正面 40% 偏置碰撞（16 分）

头　4 分

胸　4 分

大腿　4 分

小腿　4 分

（3）侧面碰撞（16 分）

头　4 分

胸　4 分

腹部　4 分

骨盆　4 分

（4）附加评分项目（满分 3 分）

前排安全带提醒装置（2 分）

侧气囊和气帘（1 分）

5. 信息说明

（1）车型分类

被评价车型分成五类：

1）小型乘用车——长度小于4m的乘用车，包括小型MPV。

2）A类乘用车——两厢式乘用车及长度小于等于4.5m或排量不大于1.6L的三厢式乘用车。

3）B类乘用车——长度大于4.5m且排量大于1.6L的乘用车。

4）多功能乘用车——MPV（座椅多于2排）。

5）运动型乘用车——SUV。

（2）星级划分

C-NCAP中最高得分为51分。其中，三项试验每项试验满分为16分，三项试验总得分满分为48分。对安全带提醒装置及侧气囊（及侧气帘）分别有2分和1分的加分。将三项试验的得分及加分项得分之和（四舍五入至小数点后一位）记为总分，并按总分确定评价星级。除总分外，对于5星级车，假人特定部位得分不能为0，对于4星级车，每项试验得分不能低于10分。

第三节　新汽车的价格构成

新汽车分为进口汽车和国产（包括国外品牌国内生产和组装的）汽车。对于这两种汽车，销售渠道以及销售对象完全不同，其价格构成也是完全不一样的。

一、进口汽车价格构成

说起进口汽车的价格构成，人们首先想到的便是关税，其实关税只是进口汽车价格中的一部分。目前国内进口汽车的价格主要由五部分构成：到岸价格、关税、消费税、增值税和经销商利润及费用。其中，到岸价格因为汇率变化也是处于变化中的。

进口汽车价格计算公式为：

$$\text{进口车价格}=\text{到岸价}\times(1+\text{关税税率}+\text{消费税税率})\times(1+\text{增值税税率})+\text{经销商利润及费用}$$

按照这一计算公式，以一辆到岸价为10万元人民币、排量为2.5～3.0L的进口中级轿车为例，按照加入WTO前的关税水准，其价格＝10万×(1+80%+8%)×(1+17%)+其他费用，在没有计算经销商费用和利润的情况下为22万元；2006年7月1日以后，我国汽车关税降至25%，而其他税率不变，则同样的轿车，在没有计算经销商费用和利润的情况下为15.56万元。

我国目前已经按照加入WTO的承诺将汽车的进口关税调整到了25%，并且取消配额限制。关税对进口车价格的影响已非常有限。汽车进口配额取消后，商家的经营行为对进口汽车的价格起很大的主导作用。现在进口车价格仍然居高不下，其中非常重要的因素就是汽车进口商的利润。很多消费者花费上百万元买回的一辆进口车，其同一车型在海外市场的售价还不及国内的一半。进口汽车销售的中间环节很多，首先是国内的总经销商或进口商负责向国外进货，然后向各级分销商发货，层层转手之后最终到达消费者手上。零售商目前没有实力直接向国外进货，即便是经营进口车的4S店，其进货也要通过总经销商。由于销售环节众多，价格被层层加码。目前国内进口车价格居高不下的另一个关键原因是进口车市场的竞争还不充分。由于经营进口汽车门槛高，并不是所有车商都能在这一市场分得一杯羹。此外，进口车销售采用的是订单销售模式，有了订单后才向上级经销商订货，根本不存在国产车的库存压力问题，因此价格竞争不充分。高档进口车购买者通常是经济能力强、收入高人群，对价格不敏感，购车注重品牌形象。这样的消费心理进一步促使进口车价格高企不下。影响进口车价格的还有一个重要因素是人民币汇率。汇率包括人民币与美元、人民币与欧元、人民币与日元的汇率换算。近年来，人民币对美元汇率持续上升，而人民币对欧元汇率基本持平甚至略有下降。因而所有欧洲车型价格由于欧元的坚挺而保持了一贯稳定的价格，甚至还有些微的上升。而美国进口车价格有所下降。

二、国产汽车价格构成

国产汽车的价格构成与进口汽车存在很大的不同。国产汽车价格由以下几大部分构成：研发与生产成本、营销成本、增值税、厂家利润和经销商利润。不同的汽车厂家、不同的汽车品牌，这几部分的构成比例是不一样的，而且往往存在着巨大的差异。

1. 研发与生产成本

研发与生产成本是汽车的直接成本，是汽车价格构成的重要组成部分，与汽车的设计、结构、配置、零配件的质量、生产工艺水平等有关。不同的汽车厂家以及不同的汽车品牌，其研发与生产成本千差万别。一个新车型的研发，往往需要数亿到数十亿的研发费用。研发与生产成本作为厂家的商业机密，购车者无从知道，也就无法直接比较。但是在选定的车型范围内，可以通过对汽车的设计、结构、配置、零配件的质量、生产工艺水平等进行间接的比较，判断其研发与生产成本所占比重。

研发与生产成本占汽车价格构成比例越大，该款汽车的性价比越高。对于购车者而言，当然是汽车的性价比越高越好。

2. 营销成本

不同的厂家有不同的营销战略也就有不同的营销成本。总的来说，随着我国汽车销售量的不断增长，分摊到每辆汽车上的营销成本相差不大，尤其是对于国内几家大汽车公司的销量较大的几款车型更是如此；销量小的车型比销量大的车型的营销成本要高一些。销售地距离生产厂远，营销成本相应增加。

营销成本实际上是汽车总成本的一部分，在分析汽车价格构成时，可以将营销成本视作一个固定值。

3. 增值税

增值税是与销售价格有关的，售价越高，其中包含的增值税越多。我国目前的增值税税率是17%。比如一辆售价10万元的汽车，其中就包含了 $10 \times 17\% = 1.7$ 万元的增值税。

当然，除了增值税之外，还有其他的地方税费，这部分可以认为已经包含在“研发与生产成本”中了。

4. 厂家利润和经销商利润

汽车价格构成中，差异最大的就是厂家利润和经销商利润。这也是汽车价格从几万元到几百万元不等的一个重要原因。正常情况下，厂家利润和经销商利润主要与两个因素有关：一个是汽车的品质，另一个是汽车的品牌。

通常，厂家利润和经销商利润与汽车的品质成正比。也就是说，品质高的汽车，其中附加的厂家利润和经销商利润也高。

厂家利润和经销商利润与汽车品牌的美誉度成正比。这里实际上是体现了品牌的价值。比如说，奔驰汽车或宝马汽车，其销售价格中就包含了比较高的品牌价值，这也构成了厂家利润和经销商利润的一部分。

作为购车者，不同的人着重不同的方面。有人非常看重汽车的品牌，将汽车与身份地位联系起来，那么他就愿意在汽车价格构成中包含较高的品牌价值成分。而有人并不十分看重汽车的品牌，只是将汽车作为交通工具，那么他可能更注重汽车的性价比，希望汽车价格构成中生产成本占的比重高些。作为汽车评估专业人员，须能够根据不同购车者的不同特点，通过汽车价格构成分析，为购车者选择既适合其工作生活需要又满足其消费心理的车型。

三、汽车价格的影响因素

前面对汽车的价格构成进行了分析，那么影响这些汽车价格构成各组成部分的因素以及影响各组成部分所占比重的因素就是主导汽车价格的影响因素。

1. 汽车品质

汽车品质包括汽车本身的内在质量、性能、外形等，它一方面决定了汽车的研发与生产成本的高低，同时也极大地左右了消费者的购买意向。所以汽车品质是影响汽车价格的首要因素。

品牌是汽车品质的一个重要方面，对消费者的影响力很大。某调查咨询公司的一项网络调查显示，品牌是消费者买车第一选择的次重要因素。这也体现出品牌在汽车定价方面的重要作用。

汽车的油耗指标是汽车品质的另一个重要方面。油价的不断上涨，对汽车消费结构产生了重要的影响。根据某专业汽车调查公司对油价调查的结果显示，近五成的潜在消费者（44.1%）表示将会推迟自己的购车计划，32.9%的潜在消费者表示将会选择小排量汽车，还有13.0%的消费者表示将会放弃购车计划，仅10.0%的潜在消费者表示没有任何影响。从潜在消费者对油价的反应中可以看出，油耗成为影响潜在消费者购车决策的重要影响因素，油耗低的车型受到青睐。

2. 市场营销与售后服务

有效地控制和占领汽车市场是维系汽车企业生存与发展的关键。汽车市场营销的管理过程、汽车市场营销战略规划、汽车市场营销环境、汽车营销调研及信息系统建设和汽车的售后服务都对汽车价格，同时也对汽车市场的购买行为有重大影响。在汽车营销过程中，如何做好汽车市场细分、汽车的目标市场选择和汽车的市场定位，将汽车产品、价格、营销渠道和促销策略有机地结合起来，是汽车营销成败的关键。

良好的售后服务是消费者购买汽车的信心保证。但售后服务也是有成本的，所以它必然影响到汽车的价格。

3. 市场环境

影响汽车价格的市场环境包括汽车整体市场环境、汽车在市场中的定位以及汽车市场竞争环境。

汽车整体市场环境需要分几个角度来看待。首先是看整体汽车市场是属于买方市场还是卖方市场，这要从整个区域（国家）的需求与生产能力的对比分析来得出结论；其二是从汽车市场的竞争程度将汽车市场分为完全垄断市场、垄断竞争市场、寡头垄断市场和充分竞争市场。而汽车整体市场环境往往是错综复杂、多种市场形式并存的，所以对于具体某个车型，必须要有准确的市场定位。

汽车的市场定位是指确定该型号汽车在整个汽车市场中的地位，是高档车、中级车还是经济型汽车。不同档次的汽车满足不同的消费需求，定价策略也完全不同。高档车必然定价高，经济型车定价低。如果定位错误，将高档车定低价、经济型车定高价，其市场表现以及企业利润必然不佳。

汽车市场竞争环境对汽车价格的影响非常大。一款新汽车推向市场，其定价策略须考虑它究竟是处于什么市场，它在市场中存在哪些竞争者、竞争者的行为如何以及汽车企业在汽车市场中的地位等因素。

4. 社会环境

一个国家或地区的经济发展水平决定了人们的购买力。美国 Comerica Bank 公布的（2004 年）汽车购买力指数显示，美国家庭平均 20.6 个星期（5 个月）的收入即能购买一辆均价为 2.7 万美元的新车。而北京城镇居民家庭需要 2 年零 5 个月（134 个星期）的纯收入才能购买一辆均价为 10 万元的新车，所需时间是美国的 6.5 倍。这种购买力差距直接影响汽车价格。通常来说，购买力越强，价格敏感性越弱，有利于汽车自由定价。

汽车购买以后的车辆购置税、使用税、养路费、过桥过路费、保险费、停车费以及燃油价格等都是汽车的使用环境，影响着汽车的购买力，也影响着汽车价格。

汽车作为陆地交通工具，需要有道路和停车场等相关配套设施才能发挥其功用。随着汽车保有量的增加，各大城市的交通压力越来越大，尤其是特大型城市如北京、上海，明显感觉到道路的拥堵和停车的困难。这些都会对汽车消费产生制约作用，也进一步影响汽车价格。

小　结

选购新车时，在确定购车预算之后，重点考虑和比较汽车的安全性、燃油经济性、舒适性、综合用车成本以及所购汽车的售后服务等。

NCAP 是英文 New Car Assessment Program 的缩写，即新车评价规程，是一系列考验汽车安全性能的新车碰撞测试。NCAP 一般由政府或具有权威性的组织机构，按照比国家法规更严格的方法对在市场上销售的车型进行碰撞安全性能测试、评分和划分星级，并向社会公开测试和评价结果。由于 NCAP 公开、严格、客观，为消费者所关心，也成为汽车企业产品开发的重要规范，对提高汽车安全性能作用显著。我国在研究和分析国外 NCAP 的基础上，结合我国的汽车标准法规、道路交通实际情况和车型特征，确定了中国的 C-NCAP 的试验和评分规则。

目前国内进口汽车的价格主要由五部分构成：到岸价格、关税、消费税、增值税和经销商利润及费用。

国产汽车价格由以下几大部分构成：研发与生产成本、营销成本、增值税、厂家利润和经销商利润。不同的汽车厂家、不同的汽车品牌，这几部分的构成比例是不一样的，而且往往存在着巨大的差异。

复习思考题

9-1 新汽车评估的目的是什么？选购新汽车时，应该按怎样的步骤进行？

9-2 什么是 NCAP 和 C-NCAP？

9-3 国内进口汽车的价格主要由哪几部分构成？

9-4 国产汽车的价格主要由哪几部分构成？

9-5 影响汽车价格的因素有哪些？

第十章　二手车交易

【学习目标】

1. 了解我国二手车交易流通体制的现状及历史。
2. 掌握最新的《二手车流通管理办法》。
3. 掌握二手车评估的原则与程序。
4. 掌握二手车交易的规范，包括鉴定评估机构与人员的规范、二手车的手续规范、机动车注册登记的规范、二手车交易过户与转籍的规范以及变更、改装登记的规范。
5. 学会正确撰写二手车鉴定评估报告书。
6. 了解国外二手车交易情况。

我国对新汽车和旧汽车的交易都进行严格的管理，对交易主体、交易方式、交易对象甚至交易场地都有许多限制性规定。以前称旧汽车交易为“旧机动车交易”，现在称“二手车交易”。在《二手车流通管理办法》实施后，遵循市场进一步放开、促进二手车市场活跃和发展的原则，二手车交易在经营主体和二手车评估方面发生了很大的变化：二手车市场经营主体实行多元化，允许个人之间直接交易；除涉及国有资产的车辆外，二手车的交易价格可由买卖双方商定，并建立二手车自愿申请评估制度，促进二手车流通。在《二手车流通管理办法》中，定义二手车为：从办理完机动车注册登记手续到报废年限一年之前进行所有权变更的汽车。二手车在提法上就比原来的“旧机动车”更加中性，也与国际惯例接轨（国外称 Secondhand Vehicle），避免“旧”字带来的“破旧、陈旧”感觉。

二手车交易是一项系统工程，它包括二手车的评估、交易人的诚信、交易市场和汽车经销商管理等诸多问题。

二手车评估是指具有专业资质的鉴定评估人员，按照特定的目的、法定或公允的标准和程序，运用科学的方法，对二手车进行手续检查、技术鉴定和价格估算的过程。

第一节　二手车交易流通体制

由于我国整个国民经济水平发展的历史原因，直到 1982 年国内才出现二手车（当时称“旧机动车”）交易。到 1985 年时，随着旧机动车交易的活跃以及交易量的增加，国家有关部门开始关注旧机动车交易问题。到 1994 年，随着原汽车产业政策的出台，才开始有了对旧机动车相应的管理规定；1998 年，原国内贸易部以“内贸机字［1998］第 33 号”的形式下发了《旧机动车交易管理办法》。

2005 年 10 月 1 日，《二手车流通管理办法》正式实施。

一、《二手车流通管理办法》解读

1. 多渠道经营

《二手车流通管理办法》明确规定，国家鼓励二手车流通，支持有条件的汽车品牌经销商等经营主体经营二手车，以及在异地设立分支机构开展连锁经营。打破垄断、实行多渠道经营是《二手车流通管理办法》的出发点之一。在汽车工业发达的国家，二手车交易有一半以上是在4S店内完成的。在《二手车流通管理办法》中，规定“符合相关条件的汽车品牌经销商等经营主体均可依法申请从事二手车经营”。这就意味着，原先二手车交易必须在二手车交易市场进行的规定被打破，以4S店为主导的二手车交易模式将逐步建立起来。同时，由于新的《二手车流通管理办法》对资本限制减弱，不少民营资本和外资也都逐步进入二手车领域。比如，上海通用推出的“诚新二手车”，首创了国内二手车的品牌化管理和国际化的操作流程，为二手车车主提供透明、可靠、专业的全方位服务。“诚新二手车”包括二手车置换、认证和销售业务。上海通用汽车为“诚新二手车”的运营制定规范化的业务流程，为二手车提供专业的验车和整修标准、统一的认证程序和可靠的质量保证。通过这种方法，上海通用把其他品牌的车主变成了自己的客户。这实际上是汽车制造商通过为二手车车主提供服务的同时，扩大了自己的客户群，增加客户对自己品牌的忠诚度，是一种业务延伸。

《二手车流通管理办法》规定，二手车交易市场是指依法设立、为买卖双方提供二手车集中交易和相关服务的场所。《二手车流通管理办法》改变了一个城市只能存在一家旧车交易市场、而且所有交易必须在场内进行的规定，打破了垄断。二手车交易市场只是从事二手汽车经营活动的流通企业，是将二手汽车信息和资源聚集，方便买卖双方进行二手车交换和产权交易的场所。

2. 设立条件和程序

更多的流通渠道，势必会带来更为活跃的二手车市场。但开放的市场不是无限制的市场，尽管流通方式可能增多，但要确定严格的准入制度和管理标准。《二手车流通管理办法》规定二手车交易市场经营者、二手车经销企业和经纪机构应当具备企业法人条件，并依法到工商行政管理部门办理登记。

《二手车流通管理办法》对投资设立二手车交易市场、经销企业、经纪机构、鉴定评估机构，对设立二手车拍卖企业的程序等作了相应的规定。

《二手车流通管理办法》第三十一条规定，设立二手车交易市场、二手车经销企业开设店铺，应当符合所在地城市发展及城市商业发展的有关规定。

3. 行为规范

《二手车流通管理办法》规定二手车卖方应当拥有车辆的所有权或者处置权。二手车交易市场经营者和二手车经营主体应当确认卖方的身份证明、车辆的号牌、《机动车登记证书》、《机动车行驶证》、有效的机动车安全技术检验合格标志、车辆保险单、交纳税费凭证等。国家机关、国有企事业单位在出售、委托拍卖车辆时，应持有本单位或者上级单位出具的资产处理证明。

二手车卖方应当向买方提供车辆的使用、修理、事故、检验以及是否办理抵押登记、交纳税费、报废期等真实情况和信息。买方购买的车辆如因卖方隐瞒和欺诈等不能办理转移登记，卖方应当无条件接受退车，并退还购车款等费用。

二手车经销企业销售二手车时应当向买方提供质量保证及售后服务承诺，并在经营场所予以明示。进行二手车交易应当签订合同。合同示范文本由国务院工商行政管理部门制定。二手车所有人委托他人办理车辆出售的，应当与受托人签订委托书，避免脏车进入流通渠道。

1）委托二手车经纪机构购买二手车时，双方应当按以下要求进行：①委托人向二手车经纪机构提供合法身份证明；②二手车经纪机构依据委托人要求选择车辆，并及时向其通报市场信息；③二手车经纪机构接受委托购买时，双方签订合同；④二手车经纪机构根据委托人要求代为办理车辆鉴定评估，鉴定评估所发生的费用由委托人承担。

2）二手车交易完成后，卖方应当及时向买方交付车辆、号牌及车辆法定证明、凭证。车辆法定证明、凭证主要包括：①《机动车登记证书》；②《机动车行驶证》；③有效的机动车安全技术检验合格标志；④车辆购置税完税证明；⑤养路费缴付凭证；⑥车船使用税缴付凭证；⑦车辆保险单。

3）《二手车流通管理办法》规定下列车辆禁止经销、买卖、拍卖和经纪：①已报废或者达到国家强制报废标准的车辆；②在抵押期间或者未经海关批准交易的海关监管车辆；③在人民法院、人民检察院、行政执法部门依法查封、扣押期间的车辆；④通过盗窃、抢劫、诈骗等违法犯罪手段获得的车辆；⑤发动机号码、车辆识别代号或者车架号码与登记号码不相符，或者有凿改迹象的车辆；⑥走私、非法拼（组）装的车辆；⑦不具有前面第2）条所列证明、凭证的车辆；⑧在本行政辖区以外的公安机关交通管理部门注册登记的车辆；⑨国家法律、行政法规禁止经营的车辆。

《二手车流通管理办法》规定二手车交易市场经营者应当为二手车经营主体提供固定场所和设施，并为客户提供办理二手车鉴定评估、转移登记、保险、纳税等手续的条件。二手车经销企业、经纪机构应当根据客户要求，代办二手车鉴定评估、转移登记、保险、纳税等手续。

4. 加强了二手车鉴定评估业务的管理

《二手车流通管理办法》规定二手车鉴定评估机构应当具备下列条件：

1）是独立的中介机构。

2）有固定的经营场所和从事经营活动的必要设施。

3）有3名以上从事二手车鉴定评估业务的专业人员（包括本办法实施之前取得国家职业资格证书的旧机动车鉴定估价师）。

4）有规范的规章制度。

《二手车流通管理办法》实施二手车自愿评估制度，同时，建立具有权威性的二手车评估机构代替以前二手车市场的强制评估。《二手车流通管理办法》规定二手车鉴定评估应当本着买卖双方自愿的原则，不得强制进行；属国有资产的二手车应当按国家有关规定进行鉴定评估。二手车鉴定评估机构和人员可以按国家有关规定从事涉案、事故车辆鉴定等评估业务。

《二手车流通管理办法》规定二手车交易市场经营者和二手车经营主体应当建立完整的二手车交易购销、买卖、拍卖、经纪以及鉴定评估档案。

二、二手车交易市场现状

我国的汽车产量在2004年是507万辆、在2005年是540万辆，2006年超过700万辆，2007年超过860万辆。我国将成为全球第二大汽车生产国和消费国。但是，我国二手车交易市场的发展与发达国家之间存在很大差距。

据了解，目前美国、德国、瑞士、日本二手车的销售分别是新车销售的3.5倍、2倍、

1.4 倍，其中美国二手车利润占利润总额的45%。二手车销售促进新车销售，二手车的客户是新车潜在的客户。大交易量和高利润的原因是经营二手车的主体多元化、交易方式多样化、交易手续简便化。从发达国家和发展中国家的情况看，随着各国经济的发展，二手车作为一般商品进入市场，其销售多渠道，形成了品牌专卖、大型超市、连锁经营、二手车专营、二手车拍卖等并存的多元化经营体制，其交易方式有直接销售、代销、租赁、拍卖、置换等，并做到尽可能减少交易环节，交易手续灵活简便。同时，在发达国家，二手车实行规范化的售后服务标准。各国通过制定法规和行业协会管理以及品牌汽车企业来确定经营者的资质资格，规范其交易行为。发达国家通过技术质量认证，保证售出二手车的质量；同时通过统一的服务标准，使购买二手车的消费者在一定时期内，享受与新车销售相同的售后待遇。发达国家新车、二手车及零配件维修服务的利润构成上，新车占7%、二手车占48%、零配件维修服务占45%。我国目前二手车交易量仅约为新车的1/3。在二手车交易上有许多潜力可挖。

以江苏省南京市为例，1986 年南京市第一家旧机动车交易市场成立，但是交易一直不温不火。长期以来南京市只有省、市两家旧机动车交易市场，直到2005 年《二手车流通管理办法》实施后，国家放开二手车经营，一年之中就有 5 家公司得到了二手车交易市场的经营权。投资者看到了二手车交易的商机，2003 年南京市二手车交易量是 2.4 万辆，相当于过去 5 年的总和，到 2005 年，交易量已近 4 万辆，增长的速度已经超过了新车增长的速度。通常在新车销售高潮 5 年之后就会迎来二手车的交易高峰，随着轿车进入家庭，二手车交易的增幅还将逐步扩大，同时二手车交易竞争的激烈程度也将逐步增加，甚至超过新汽车的竞争。

第二节　二手车评估的原则与程序

一、二手车评估的原则

汽车的品种多、单价高、型号复杂、使用条件差异大，所以二手车评估须以技术鉴定为基础。在二手车评估工作中须遵循以下原则。

1. 独立性原则

评估人员应根据国家的有关法规、相关评估理论及收集的相关数据，对被评估车辆独立地作出评估。坚持独立性原则是保证二手车评估结果客观、可信的基础。

2. 客观性原则

客观性原则要求二手车评估应以事实为依据，要求评估者对二手车技术状况的鉴定分析客观在评估过程中依据的资料和数据真实可靠。

3. 公正性原则

公正、公平是二手车评估的基本道德规范，也是评估结果客观可靠的基础。评估工作应公正无私，不受利益因素影响，确保评估结果的公正性。

4. 科学性原则

在二手车评估工作中，必须根据特定的目的，选择适当的标准和方法，制定科学的评估方案，提高评估效率，降低评估成本，使评估结果准确、合理。

5. 专业性原则

要求二手车评估人员接受过专门的职业培训、具备相关专业知识，经职业技能考核合格后由法定的相关部门统一颁发职业资格证书，持证上岗。二手车评估人员良好的教育背景、专业理论知识、丰富的实践经验和较高的专业技术水平是保证评估方法正确、评估结果客观公正的专业性基础。

二、二手车评估的程序

二手车评估作为一个重要的专业评估领域，技术鉴定工作量较大，同时包含许多专业特点。在进行二手车评估时，应分阶段、分步骤地实施。通常，二手车评估可按以下五个阶段进行。

1. 委托

二手车评估的第一步就是当事人申请委托评估。此阶段工作范围主要包括：业务接待、向委托方收集资料、了解情况等。

2. 验证

二手车鉴定评估机构对提出申请的委托方须进行一系列验证，主要包括：

1）验证委托方所有证明汽车合法性的资料：购车发票、行驶证、号牌、各种税费缴纳凭证、保险单据、身份证等。

2）实地验车，考查汽车与证明资料的一致性。同时查验待评汽车情况：原价、折旧、预计使用年限、已使用年限、完好率等。实地考察后签订评估委托协议书。

3. 技术鉴定

二手车评估人员深入现场，了解汽车实际情况，鉴定汽车技术状况。评估人员对汽车的技术性能、结构参数、运行维护状况及汽车的完好程度等进行技术鉴定，结合实体性损耗、功能性损耗、经济性损耗等因素，尽可能在现场对汽车的成新率作出初步判断。完成对汽车的成新率的鉴定工作是完成汽车现场检查工作的非常重要的步骤。

4. 评估

在前段工作的基础上，根据委托方委托的二手车评估的目的，选择适当的评估标准和评估方法，对所收集的各种数据和资料进行科学地整理和分析，本着客观公正的原则对汽车进行评估。

5. 出具鉴定评估报告

最后，审查前期的所有的评估工作，对被评估汽车的各主要参数及评估过程进行核对，在确认评估方法、评估程序以及评估结果准确无误的基础上，填写评估报表，出具鉴定评估报告书。

第三节　二手车交易规范

二手车交易是否规范，直接影响二手车市场正常发展。从发达国家的经验来看，规范化是二手车市场繁荣的基础。二手车交易的规范主要包括以下几方面。

一、鉴定评估机构与人员的规范

《二手车流通管理办法》规定二手车鉴定评估机构应当有 3 名以上从事二手车鉴定评估业务的专业人员（包括本办法实施之前取得国家职业资格证书的旧机动车鉴定估价师）。同时，规定二手车鉴定评估机构应当遵循客观、真实、公正和公开的原则，依据国家法律法规开展二手车鉴定评估业务，出具车辆鉴定评估报告，并对鉴定评估报告中的车辆技术状况，包括是否属事故车辆等评估内容负法律责任。

对二手车鉴定评估人员的规范包含以下几方面。

1. 实行职业资格和就业准入制度

从事二手车鉴定评估工作的人员必须取得由劳动部颁发的职业资格证书。没有取得职业资格证书的人员，不得从事二手车鉴定评估工作。从2007年起，国家职业大典里的名称是“二手车鉴定评估师”，以前叫“旧机动车鉴定估价师”。

2. 二手车鉴定评估师分两个等级

二手车鉴定评估师职业共设两个等级，分别为：二手车鉴定评估师（国家职业资格四级）和高级二手车鉴定评估师（国家职业资格三级）。

3. 二手车鉴定评估师实行注册登记管理制度，由“中国汽车流通协会”负责

二手车鉴定评估师的注册登记管理制度套用原“旧机动车鉴定估价师”的管理制度，即中国汽车流通协会是“二手车鉴定评估师”职业资格的注册管理机构。商务部、劳动和社会保障部对“二手车鉴定评估师”职业资格的注册和使用情况有检查、监督的责任。

按照中国汽车流通协会制定的旧机动车鉴定估价师注册登记管理办法（试行），二手车鉴定评估师（旧机动车鉴定估价师）职业资格注册有效期为一年。有效期满前一个月，持证人将劳动和社会保障部统一颁发的二手车鉴定评估师（旧机动车鉴定估价师）职业资格证书和中国汽车流通协会统一颁发的二手车鉴定评估师注册登记证及由单位领导签字并加盖公章的二手车鉴定评估师注册登记表寄到中国汽车流通协会或协会委托的地方行业协会，办理注册登记手续。

二手车鉴定评估师要对出具的鉴定评估报告的真实性、客观性、合法性负责，并承担相应的经济和法律责任。

二、二手车的手续规范

二手车的价值其实包含了汽车实体本身的价值和各种手续的无形价值。只有手续齐备，才能构成二手车的完整价值。在二手车交易中，也只有合法的汽车才能进行交易。这些汽车上路行驶需要的合法手续主要包括：

1. 汽车购车凭证

汽车的购车凭证分新车购车发票和二手车来历凭证。二手车来历凭证除了有二手车交易发票之外，还有因为赔偿、财产分割等原因发生所有权转移，由法院出具的判决书、裁定书、调解书等具有法律效力的文书。

从新汽车购车发票上可以看出汽车的购车日期及原始价值，而从二手车来历凭证上则无法判断。

2. 机动车行驶证

机动车行驶证是由公安机关车辆管理部门对汽车注册登记后核发的、证明汽车具有合法身份的有效证件。汽车上路行驶必须随车携带机动车行驶证，汽车办理过户、转籍也必须有机动车行驶证。机动车行驶证中包含汽车的许多有用信息：车辆类型、发动机号、车证号、号牌号码、厂牌型号、汽车总质量、核定载质量、核定载人数量、登记日期以及历次检验情况等。

3. 机动车号牌

机动车号牌是由公安机关车辆管理部门对汽车注册登记后，与机动车行驶证同时核发的。机动车号牌须与机动车行驶证一致。

4. 车主身份证

包括其他能够证明车主身份的有效证件，且必须与机动车行驶证上的资料一致。

5. 其他证件

如营运车辆的营运证等。

6. 机动车税费交纳凭证

按照目前我国的税法，针对汽车的征税种类主要包括增值税、车辆购置税和车船使用税。

汽车的增值税税率是17%，已经包含在购车款里，即体现在新汽车的购车发票中。

车辆购置税是新汽车购买后需要交纳的税。按照《车辆购置税暂行条例》规定，车辆购置税的税率统一为10%。车辆购置税应纳税额＝计税价格×税率。计税价格的组成为购车人购买应税车辆而支付给销售者的全部价款和外加费用（不包括增值税）。如一辆售价为10万元的汽车，其计税价格＝10÷1.17＝8.547万元，其需要交纳的车辆购置税＝8.547×10%＝8547元。

车船使用税是在购买使用汽车后开始交，每年一次。车辆的车船使用税适用税额由各省、自治区、直辖市人民政府在《车船使用税暂行条例》所附的《车辆税额表》规定的幅度内确定。比如海南省2007年调整后的车船使用税规定：核定载客人数大于或等于20人的大型客车，年税额每辆为480元；核定人数大于9人且小于20人的中型客车，年税额每辆420元；核定人数小于或等于9人的小型客车，年税额每辆为360元；发动机气缸总排量小于或等于1L的载客汽车即微型汽车，年税额为每辆120元；载货汽车按自重量60元/t。

公路养路费是国家向拥有或使用车辆的单位和个人征收并用于公路养护和改建的专项事业费。凡缴纳养路费的，由公路规费征稽机构发给养路费缴讫凭证和收讫标志。缴讫凭证必须随车携带，以备查验。免征养路费的车辆须有免费证明。

1997年的《中华人民共和国公路法》规定："公路养路费用采取征收燃油附加费的办法"，即"费改税"。与养路费相比，燃油税有很多好处。一是公平合理，燃油税是以用油量计税，体现"多用路，多纳税；少用路，少纳税；不用路，不纳税"的公平原则；二是经济简便，征收养路费要建造大量的收费站、供养大量的征稽收费人员，征收成本高，而征收燃油税的成本低很多。同时燃油税的开征有利于节能和引导消费；三是有利于治理公路超载和根治逃费行为。但是，目前除了部分地区外，燃油附加费仍然没有开始征收，仍实行现行的公路养路费征收办法。

7. 保险费交纳凭证

机动车辆在使用过程中遭受自然灾害风险和发生意外事故的概率较大，特别是在发生第三者责任的事故中，其损失赔偿是难以自我补偿的。

机动车辆使用过程中的各种风险及风险损失难以通过对风险的避免、预防、分散、抑制以及风险自留来解决，最好通过保险转嫁方式将其中的风险及风险损失进行分散和转移，以最大限度地抵御风险。汽车保险是财产保险的一种，也称为机动车辆保险，是以汽车（机动车辆）本身及其第三者责任为保险标的的一种运输工具保险，是一种重要的风险转嫁方式。

汽车保险一般包括基本险和附加险两部分。基本险又分为车辆损失险和第三者责任险。附加险主要包括9个：全车盗抢险、玻璃单独破碎险、车辆停驶损失险、自燃损失险、新增加设备损失险、车上责任险、无过失责任险、车载货物掉落责任险、不计免赔特约险。

2006年7月1日起实行的机动车交通事故责任强制保险（简称“交强险”）是我国首个由国家法律规定实行的强制保险制度。实行交强险制度是通过国家法律强制机动车所有人或管理人购买相应的责任保险，以提高第三者责任险的投保面，在最大程度上为交通事故受害人提供及时和基本的保障。只要是在中国境内道路上行驶的机动车的所有人或者管理人都应当投保交强险，未投保的机动车不得上路行驶。这种强制性不仅体现在强制投保上，也体现在强制承保上，具有经营机动车交通事故责任强制保险资格的保险公司不得拒绝承保，也不能随意解除合同。而商业第三者责任险则属于民事合同，机动车主或者是管理人拥有是否选择购买的权利，保险公司也享有拒绝承保的权利。

三、机动车注册登记的规范

汽车评估人员应熟悉二手车过户、转籍的办理程序，同时也应该熟悉新车号牌、行驶证的核发程序。《机动车注册登记工作规范》对机动车的新车注册、过户转籍、变更改装、停驶复驶、报废注销以及临时入境等的注册登记进行了规范。而全国各地的车辆管理机关在执行《机动车注册登记工作规范》的同时，有些省结合本地实际情况对机动车注册登记工作规范进一步细化，制定了本省的机动车注册登记工作规范。

新车注册登记的顺序是：登记审核——检验车辆——核发牌证。

（一）登记审核

1）审核《机动车登记表》填写内容；查验《全国组织机构编制规则》（GB/T 11714）规定的单位《代码证书》（各国驻华使、领馆，驻华办事机构除外）或居民身份证和户口薄或居留证件。

2）审核新车来历凭证。新车来历凭证包括经国家工商行政管理机关验证盖章的机动车销售发票（其中没收的走私、非法拼（组）装汽车、摩托车的销售发票是国家指定的机动车销售单位的销售发票）和证明书：①国产机动车的《车辆整车出厂合格证》；②进口机动车的《货物进口证明书》；③没收的走私、非法拼（组）装汽车、摩托车的《没收走私汽车、摩托车证明书》；④因经济赔偿、财产分割等所有权发生转移未进行新车注册登记的机动车，须有上述新车来历凭证和法院出具的发生法律效力的判决书、裁定书、调解书。

3）车主的住址在本车管所管辖区内。

4）车辆购置附加费缴纳凭证。

5）规定的机动车第三者责任保险凭证；符合以上规定的，经办人在《机动车登记表》第30项“审核意见”栏内签字、盖章。

6）存入车辆档案的材料：

原始件有：《机动车登记表》；《货物进口证明书》、《没收走私汽车、摩托车证明书》。

复印件有：机动车销售发票；单位的《代码证书》，个人的户口薄和居民身份证；居留证件；人民法院出具的发生法律效力的判决书、裁定书、调解书。

（二）检验车辆

1. 检查机动车车型和技术参数

（1）新车的车型和技术参数

对下列新车的厂牌型号、车身颜色等车型和技术参数进行检查：

1）对于国产机动车（拖拉机、电车、挂车除外），依照《全国汽车、民用改装车和摩托车生产企业及产品目录》、《全国农用运输车生产企业及产品目录》（以下统称《目录》）和《车辆整车出厂合格证》。

2）对于进口机动车，依照《货物进口证明书》和有关材料；对于由公安、海关、工商行政管理部门依法没收的走私、非法拼（组）装汽车、摩托车，依照《没收走私汽车、摩托车证明书》和同类型的车辆技术参数等有关材料。

（2）核对车架号码和发动机号码

车架号码和发动机号码的符号、数字和各种外文字母都应全部拓印。用计算机登录车架号码和发动机号码时，应输入全部拓印的内容。检验员要核对拓片与车辆的车架号码和发动机号码，发现不一致或有改动、凿痕、挫痕、重新打刻、垫支金属块等人为改变或毁坏的，对车辆一律扣留审查。

2. 检索信息库

新车应当在《全国被盗抢机动车信息库》中进行查询比对，发现伪造和私自改装、改型等可疑车辆，一律扣留交公安刑侦部门审查。

3. 安全检测

机动车安全技术检测须符合《机动车安全运行技术条件》（GB 7258）的规定。新车免检的车型，不进行安全性能检测。对符合以上新车检验规定的，检验员打印或填写《机动车登记表》第5～25项的内容，并在《机动车登记表》第29项“检验结论”栏内签字、盖章。

（三）核发牌证

车管所长对新机动车来历凭证等有关材料进行审核，符合以下规定的，在《机动车登记表》第31项“核发意见”栏内签字、盖章，并按规定核发机动车号牌和行驶证：

1）《机动车登记表》第35项登录的以下车辆来历凭证等有关材料真实、齐全，规定的存档件齐全：①机动车的销售单位及发票号码；②《货物进口证明书》的编号和签发海关的名称；③）《没收走私汽车、摩托车证明书》的编号和签发单位及“裁定没收法律文书编号”；④出具发生法律效力的判决书、裁定书、调解书的人民法院名称及其编号。

2）车辆检验合格。

四、二手车交易过户与转籍的规范

汽车产权转移须办理过户登记。一般程序是：审核——车辆检验——过户登记。

汽车转出原车辆管理所辖区，须办理转籍登记。一般程序为：审核——车辆检验——转籍（转入/转出）登记。

汽车在转入某地的车辆管理所时，须在外地登记注册的车辆办理转出手续后，持外地车管所封装的档案在转入地车管所申请领取新号牌和行驶证。

（一）转出地车管所审核内容

1）审核机动车过户、转籍证明材料。属于买卖关系的机动车，应有经工商行政管理机关验证盖章的机动车交易发票。属于国有固定资产转移的，应凭国有固定资产调拨凭证。属于经济赔偿、财产分割、继承等发生所有权转移的已注册登记的机动车，应具有车辆档案和法院出具的发生法律效力的判决书、裁定书、调解书。

转籍证明材料为车主的住址迁移的有关材料。

2）审核《机动车变更、过户、改装、停驶、复驶、报废审批申请表》填写内容。“车主签章”栏内，属私车的，由原车主签名；属公车的，原车主盖章。“申请内容”栏内由车管所经办人负责填写，属过户的，应填写新车主的名称；属转籍的，应填写车主迁移后的住址。

3）过户转出的车辆档案符合该车新车注册登记时国家对机动车管理的政策规定。《机动车登记表》、车辆来历凭证和变更登记材料齐全，原车主不提交《机动车行驶证》的，应登报声明注销。

4）转出的车辆与《机动车登记表》的登记项目一致。《机动车年度定期检验合格证》未过期的，不进行车辆安全性能检测。

5）车辆未达到国家规定的报废标准，非右置转向盘，车身喷涂的标志非国家规定的警用车辆标志或特种车辆标志的，不予审批。

6）按新车检验中检索信息库的规定进行了查询比对后，对符合以上规定的，机动车转出地车管所所长在《机动车变更、过户、改装、停驶、复驶、报废审批申请表》中“审核意见”栏内签字，加盖车管所公章，办理过户、转藉转出登记，并开具《机动车、驾驶员转出通知单》，收回车辆牌证，将车辆档案密封后交给车主，发给临时行驶号牌（在本车管所管辖区内过户的车辆，只更换《机动车行驶证》）。

（二）建立《机动车过户、转籍转出登记库》

转出地车管所在机动车档案计算机管理系统中建立包括以下内容的《机动车过户、转籍转出登记库》，保存期为二年：

1）《机动车登记表》内第1～35项的内容。

2）车辆来历凭证记录：①机动车的销售单位和发票号码；②《海关货物进口证明书》的签发单位和编号；③《没收走私汽车、摩托车证明书》的签发单位、编号和“裁定没收法律文书编号”；④出具发生法律效力的判决书、裁定书、调解书的人民法院名称及其编号。

3）过户登记的新车主名称；转籍登记的迁移后的住址。

（三）转入地车管所审核内容

机动车转入地车管所，对符合以下规定的机动车，办理机动车过户或转籍转入登记，核发机动车号牌和行驶证：

1）《机动车变更、过户、改装、停驶、复驶、报废审批申请表》与《机动车、驾驶员转出通知单》相符。

2）车辆档案内有关凭证与《机动车登记表》第35项登录的内容相符。

3）按照原车主的《机动车登记表》中项目，对车辆进行了检验。《机动车年度定期检验合格证》未过期的，不进行车辆安全性能检测。

五、变更、改装登记的规范

机动车如果进行变更或改装，也必须进行登记。

1）已注册机动车只允许对《机动车登记表》中下列项目进行变更或改装：①车主的名称、住址（在车管所辖区内）；②车身颜色、外廓尺寸；③燃料种类、发动机、车身（车架）。发动机和车身（车架）不得同时变更，变更后的车辆参数应当与《目录》内同类型车辆参数相同，车辆检验合格。

2）对符合变更规定的机动车，车管所长应在《机动车变更、过户、改装、停驶、复驶、报废审批申请表》“审核意见”栏内签字、盖章，重新核发行驶证，变更记录如与行驶证记载项目无关的，可免换发行驶证。发生变更的证明材料复印件存档。

第四节　二手车鉴定评估报告书

二手车（旧机动车）鉴定评估报告书是二手车鉴定评估机构完成一项二手车的鉴定评估工作后，向委托方提供的说明评估目的、时间、原则、依据、方法、过程和评估结论的工作报告。出具鉴定评估报告书的评估机构对该报告承担法律责任。

《关于规范旧机动车鉴定评估工作的通知》给出了旧机动车鉴定估价报告书示范文本。二手车鉴定评估报告书沿用该《通知》中的规定。报告书项目明确、清晰，意义准确，内容规范、全面，为二手车鉴定评估报告书的撰写提供了系统、规范的格式。

一、报告书撰写的基本要求和内容

二手车（旧机动车）鉴定评估报告书的正文有十二大项内容，附件有六项。鉴定评估报告书必须客观、公正，如实反映鉴定评估工作以及被评估汽车的真实情况。

鉴定评估报告书正文包含的内容主要有：

1）委托方名称。

2）评估目的。根据委托方的要求，确定评估的目的是交易、转籍、拍卖、抵押还是担保等。

3）评估对象。填写详细的车辆信息，包括被评估车辆的厂牌型号、号牌号码、发动机号、车辆识别代号/车架号、登记日期、年审检验合格期限、公路规费交纳期限、购置附加税（费）证和车船使用税。

4）鉴定评估基准日。

5）评估原则。评估须严格遵循“客观性、独立性、公正性、科学性”原则。

6）评估依据。说明评估所依据的评估委托书以及相关的法律法规。

7）评估方法。说明评估所采用的方法以及评估方法的运用。

8）评估过程。说明接受委托、验证、现场查勘、评定估算、提交报告的评估过程。

9）评估结论。最终给出被评估汽车的价值。

10）特别事项说明。特别事项是指在已确定评估结果的前提下，评估人员认为需要说明在评估过程中已发现可能影响评估结论的，但非评估人员不能评定估算的有关事项以及其他问题。

11）评估报告的法律效力说明。说明鉴定评估报告书的有效期限以及该鉴定评估报告书的适用范围等。

12）评估机构及注册二手车鉴定估价师签字盖章。鉴定评估报告书附件包括：①二手车鉴定评估委托书；②二手车鉴定评估作业表；③车辆行驶证、购置附加税（费）证复印件；④二手车鉴定评估职业资格证书复印件；⑤二手车鉴定评估机构营业执照复印件；⑥二手车照片（要求外观清晰，车辆牌照能够辨认）。

二、二手车鉴定评估报告书示范文本

二手车鉴定评估报告书

（示范文本）

××××鉴定评估机构评报字（200　年）第××号

一、绪言

××（鉴定评估机构）接受××××的委托，根据国家有关资产评估的规定，本着客观、独立、公正、科学的原则，按照公认的资产评估方法，对××××（车辆）进行了鉴定评估。本机构鉴定评估人员按照必要的程序，对委托鉴定评估车辆进行了实地查勘与市场调查，并对其在××××年××月××日所表现的市场价值作出了公允反映。现将车辆评估情况及鉴定评估结果报告如下：

二、委托方与车辆所有方简介

（一）委托方××××，委托方联系人×××，联系电话：××××××。

（二）根据机动车行驶证所示，委托车辆车主×××。

三、评估目的

根据委托方的要求，本项目评估目的

□交易　□转籍　□拍卖　□置换　□抵押　□担保　□咨询　□司法裁决。

四、评估对象

评估车辆的厂牌型号（　　）；号牌号码（　　）；发动机号（　　）；车辆识别代号/车架号（　　）；登记日期（　　）；年审检验合格至　　年　　月；公路规费交至　　年　　月；购置附加税（费）证（　　）；车船使用税（　　）。

五、鉴定评估基准日

鉴定评估基准日　　年　　月　　日。

六、评估原则

严格遵循“客观性、独立性、公正性、科学性”原则。

七、评估依据

（一）行为依据

二手车评估委托书第　　　号。

（二）法律、法规依据

1.《企业国有资产评估管理暂行办法》（国务院国有资产监督管理委员会2005年第12号令）；

2. 国家经贸委等部门《汽车报废标准》（国经贸经［1997］456号）、《关于调整轻型载货汽车及其补充规定》（国经贸经［1998］407号）、《关于调整汽车报废标准若干规定的通知》（国经贸资源［2000］1202号）、《农用运输车报废标准》（国经贸资源［2001］234号）等；

3. 其他相关的法律、法规等。

（三）产权依据

委托鉴定评估车辆的机动车登记证书编号：

（四）评定及取价依据

技术标准资料：

技术参数资料：

技术鉴定资料：

其 他 资 料：

八、评估方法

□重置成本法　□现行市价法　□收益现值法　□其他[1]。

计算过程如下：

九、评估过程

按照接受委托、验证、现场查勘、评定估算、提交报告的程序进行。

十、评估结论

车辆评估价格　　　元，金额大写　。

十一、特别事项说明[2]

十二、评估报告法律效力

（一）本项评估结论有效期为90天，自评估基准日至　　年　　月　　日止；

（二）当评估目的在有效期内实现时，本评估结果可以作为作价参考依据。超过90天，需重新评估。另外在评估有效期内若被评估车辆的市场价格或因交通事故等原因导致车辆的价值发生变化，对车辆评估结果产生明显影响时，委托方也需重新委托评估机构重新评估；

（三）鉴定评估报告书的使用权归委托方所有，其评估结论仅供委托方为本项目评估目的使用和送交二手车鉴定评估主管机关审查使用，不适用于其他目的；因使用本报告书不当而产生的任何后果与签署本报告书的鉴定估价师无关；未经委托方许可，本鉴定评估机构承诺不将本报告书的内容向他人提供或公开。

附件：

一、二手车鉴定评估委托书

二、二手车鉴定评估作业表

三、车辆行驶证、购置附加税（费）证复印件

四、鉴定评估师职业资格证书复印件

五、鉴定评估机构营业执照复印件

六、旧机动车照片（要求外观清晰，车辆牌照能够辨认）

注册二手车鉴定评估师（签字、盖章）　　　　**复核人**[3]（签字、盖章）

（二手车鉴定评估机构盖章）

年　　月　　日

［1］指利用两种或两种以上的评估方法对车辆进行鉴定评估，并以它们评估结果的加权值为最终评估结果的方法。

［2］特别事项是指在已确定评估结果的前提下，评估人员认为需要说明在评估过程中已发现可能影响评估结论，但非评估人员执业水平和能力所能评定估算的有关事项以及其他问题。

［3］复核人须具有高级二手车鉴定评估师资格。

备注：本报告书和作业表一式三份，委托方二份，受托方一份。

附件一：

二手车鉴定评估委托书

委托书编号：________的

____________二手车鉴定评估机构：

因☐交易 ☐转籍 ☐拍卖 ☐置换 ☐抵押 ☐担保 ☐咨询 ☐司法裁决需要，特委托你单位对车辆（号牌号码____车辆类型____发动机号____车架号____进行技术状况鉴定并出具评估报告书。

附：委托评估车辆基本信息

<table>
<tr><td>车主</td><td></td><td>身份证号码/
法人代码证</td><td></td><td>联系电话</td><td></td></tr>
<tr><td>住址</td><td colspan="3"></td><td>邮政编码</td><td></td></tr>
<tr><td>经办人</td><td colspan="3"></td><td>联系电话</td><td></td></tr>
<tr><td>住址</td><td></td><td>身份证号码</td><td></td><td>邮政编码</td><td></td></tr>
<tr><td rowspan="7">车辆情况</td><td>厂牌型号</td><td colspan="2"></td><td>使用用途</td><td></td></tr>
<tr><td>载重量/座位/排量</td><td colspan="2"></td><td>燃料种类</td><td></td></tr>
<tr><td>初次登记日期</td><td colspan="2">年　月　日</td><td>车身颜色</td><td></td></tr>
<tr><td>已使用年限</td><td>年　个月</td><td colspan="2">累计行驶里程（万公里）</td><td></td></tr>
<tr><td>大修次数</td><td>发动机（次）</td><td></td><td>整车（次）</td><td></td></tr>
<tr><td>维修情况</td><td colspan="4"></td></tr>
<tr><td>事故情况</td><td colspan="4"></td></tr>
<tr><td rowspan="2">价值反映</td><td>购置日期</td><td colspan="2">年　月　日</td><td>原始价格（元）</td><td></td></tr>
<tr><td>车主报价（元）</td><td colspan="4"></td></tr>
<tr><td colspan="6">备注：</td></tr>
<tr><td></td><td></td><td></td><td></td><td></td><td></td></tr>
</table>

填表说明：

1. 若被评估车辆使用用途曾经为营运车辆，需在备注栏中予以说明；

2. 委托方必须对车辆信息的真实性负责，不得隐瞒任何情节。凡由此引起的法律责任及赔偿责任由委托方负责；

3. 本委托书一式二份，委托方、受托方各一份。

委托方：（签字、盖章）　　　　经办人：（签字、盖章）

（×××二手车鉴定评估机构盖章）

年　月　日　　　　　　年　月　日

附件二：

二手车鉴定评估作业表

车主		所有权性质	□公　□私	联系电话			
住址				经办人			
原始情况	厂牌型号		号牌号码		车辆类型		
	车辆识别代号(VIN)			车身颜色			
	发动机号		车架号				
	载重量/座位/排量			燃料种类			
	初次登记日期	年　月	车辆出厂日期	年　　月			
	已使用年限	年　个月	累计行驶里程	万公里	使用用途		
检查核对交易证件	证　件	□原始发票　□机动车登记证书　□机动车行驶证　□法人代码证或身份证　□其它					
	税　费	□购置附加税　□养路费　□车船使用税　□其它					
结构特点							
现时技术状况							
维护保养情况				现时状态			
价值反映	账面原值（元）			车主报价（元）			
	重置成本（元）		成新率%		评估价格（元）		
鉴定评估目的：							
鉴定评估说明：							

注册二手车鉴定评估师（签名）　　　　　　　　　复核人（签名）

年　月　日　　　　　　　　　　　　　　　　年　月　日

填表说明： 1. 现时技术状况：必须如实填写对车辆进行技术鉴定的结果，客观真实地反映出二手车主要部分（含车身、底盘、发动机、电气、内饰等）以及整车的现时技术状况；

2. 鉴定评估说明：应详细说明重置成本的计算方法，成新率的计算方法以及评估价格的计算方法。

第五节　国外二手车交易简介

一、发达国家

发达国家的二手车市场非常活跃。综观美、英、德、日等发达国家的二手车市场，国家法规的政策导向和新车、二手车市场的协调发展，是促进这些国家二手车市场繁荣的关键原因。发达国家的二手车市场已进入成熟期，显示出如下市场特点：

1. 巨大交易量形成规模效应

发达国家二手车交易量均远远超过新车的交易量，一般均比新车高出一倍以上。据不完全统计，日本二手车年销量多年来连续超过其新车的销量，德国、英国和美国二手车年销量是其新车销量的2~3.5倍。正因为有如此庞大的二手车市场，发达国家才能保持一个相对稳定、规模巨大的新车销售市场。有关资料表明，在发达国家成熟的汽车市场上，汽车报废周期平均为8~12年，而汽车更新周期平均不到4年，由此可见二手车市场有相当的发展空间。

2. 不同价格平衡市场供求

在发达国家，轿车已成为现代家庭必不可少的交通工具，但不同层次的消费者对轿车的需求亦不同。部分中产阶级及以上的消费者买车以新车为主，他们注重的是车辆的可靠性而非价格，一般用上四五年，在车辆的可靠性开始下降、意外故障逐渐增多时，更换新汽车；而多数中产阶级以下的消费者以及刚刚步入社会的青年人则以买二手车为主，他们主要是出于使用成本较低的考虑。二手车的价格一般只有新车的一半左右，而且这类车再使用2~4年性能仍然可靠，使用后的价值损失远比购买新车小得多。这样的二手车用过后可能再次转让，这时车价只有新车的20%~30%，主要流向收入低或者没有收入的学生手中。另外还有一些较旧的车价格更低，仅有新车价的5%~10%，购买这种二手车，虽然要花费一定维修费用，但总体上使用成本最低，很划算。因此，在发达国家，二手车的总供应量略大于总需求量，二手车价格相对较低，以平衡市场供求量。

3. 健全的体制机构促进市场健康发展

在发达国家的二手车市场，一般均形成了一套比较完善的收购和销售体制，健全了二手车拍卖批发机构。各国政府纷纷制定了有关二手车贸易的相关法规，以保护消费者的权益。而各种评估机构公正、高效地运作，使发达国家二手车市场价格趋于长期稳定状态。消费者不必担心车辆价值不稳而带来的损失。二手车的价值对汽车的保值以及刺激新车的购买影响很大，二手车市场的持续稳定对新车、二手车市场的健康发展起了促进作用。

二、发展中国家

与发达国家相比，发展中国家二手车市场起步较晚，发展迅速。发展中国家二手车交易的方式多种多样，管理日趋规范化，交易模式正逐步向发达国家靠拢。发展中国家二手车市场有几个共性。

1. 来源少价格高

由于发展中国家人均收入比发达国家低，因此，求购二手车的比例高于发达国家。此外，发展中国家新汽车的更新周期比发达国家长，造成二手车来源有限，供小于求。因此，发展中国家二手车价格相对发达国家要高。尽管如此，二手车的价格还是比新汽车低。从经济承受能力方面考虑，二手车仍是发展中国家许多普通家庭购车的首选对象。

2. 交易方式灵活，管理日趋规范化

发展中国家二手车市场最大的特点是交易方式灵活多样——有个人间的直接交易、专卖店交易，也有拍卖行交易，总之是按市场规律自行调节运作。比如埃及有很多的二手车专营店，为大部分埃及购买二手车的人所青睐。二手车专营店把旧车收进来后，进行维修翻新，再评估作价卖给消费者，大大提高了二手车的品质。因而这种二手车专营店在消费者中信誉度很高，交易也非常活跃。而俄罗斯的二手车交易更显灵活，既可由购销双方签订合同、办完手续付款后即可申领新牌照和车证，也可以“总委托书”进行交易，不用去车管部门办理过户手续。所谓总委托书，是由原车主写一份“总委托书”，大致内容为：将车全部“委托”给买车人，委托书到公证处公证后生效，手续极其便利。韩国二手车交易以“拍卖场”为主，周到方便。拍卖场拥有专门鉴定二手车性能的机构，使购车者做到心中有数。凡在拍卖场购车，均可享受一定的保修期，使购车用户有一种安全感。车主在拍卖场卖车有两种办法，一是在规定的时间里到拍卖场直接参与拍卖，二是与拍卖场进行价格协商，把车直接卖给拍卖场。

发展中国家二手车交易市场管理日趋规范化。许多国家在产业政策方面虽没有具体的限制，但在车辆的消费环境、车辆安全、环保等方面都制定了严格的法规政策。如墨西哥颁布的旨在保护消费者利益的法规规定，二手车经营者必须向消费者详细提供车辆的机械性能和行驶合法性的情况，以防欺诈和误导。比政府更多地介入二手车市场的是各国二手车交易商会或汽车行业协会的二手车分会。他们参与二手车政策的制定、推行行规行约、编制各年度及各车型的收购指导价目。这些商会或行业协会的地方分会还负责用户投诉的调解工作和发布各二手车经销商的广告。

3. 交易模式借鉴发达国家先进经验

发展中国家的二手车市场虽经多年发展，仍然不够成熟，无论在规模、价格、市场规范、市场运作等方面与发达国家均有一定差距。许多国家已经意识到这一点，正在采取措施，致力于国家法规的政策导向和新旧市场的协调发展，采取价格调节等方式，以求供需达到平衡，交易模式借鉴发达国家先进经验，不断地满足二手车交易发展的需要。

三、美国二手车市场简介

1. 美国二手车市场法规

过去十年，美国新车的年平均销量为1600万辆，而二手车的年销量却高达4000万辆以上，基本上是新车的2~3倍。二手车的热销除了与美国大众对二手车有着异乎寻常的热情有很大关系以外，一个主要原因是美国二手车市场经过数十年的发展已经相当成熟，形成了一套行之有效的市场规则，从价格、质量、服务等多个汽车消费的关键领域给消费者提供了保证和信心。

美国的二手车市场总体上是一个具有很强自我规范能力的主体，政府在市场运作、车辆流通等环节的参与和干预力度都非常有限。在政策层面，美国联邦贸易委员会实行的《二手车法规》（Used Car Rule）是针对国内二手车流通管理的一部最重要的规定，主要内容包括以下两方面：

（1）执照申领

《二手车法规》规定，在一个年度（12个月）之内出售5辆二手车以上的经销商必须申领二手车销售执照，执照的发放由各个州自行管理。

（2）《买车指南》（Buyers Guide）

《二手车法规》提供了统一格式的《买车指南》，规定二手车经销商在出售二手车的同时，必须填写完整的《买车指南》，并张贴在车内的明显位置，以供买方参考。《买车指南》的主要内容包括车辆的基本信息、质量状况、维修历史、厂家或经销商的质保承诺等重要信息。《买车指南》是购车合同的一个重要组成部分，从法律上确保经销商提供的二手车信息的准确性，同时将消费者关心的保修承诺合同化，保证消费者的权益。

2. 二手车流通途径

美国的二手车流通主要有以下几种途径：

（1）汽车经销商

在美国，几乎所有的汽车经销商都同时经营新汽车和二手车业务，二手车的车型不受经销商专卖车型的限制。1994～2005年，汽车经销商年均销售二手车2000万辆，约占二手车销售总量的50%，其中60%为零售，40%为批发，二手车利润占其总利润的近30%。55%的二手车来源于消费者的置换业务，另45%来源于拍卖、私人收购等其他途径。总体上看，汽车经销商对于二手车流通起着十分关键的作用，虽然这类二手车的价格略高于其他形式销售的二手车，但由于经销商的专业经营和高诚信度，消费者对此表示普遍认可。

（2）二手车连锁店

规模比较大的二手车连锁店也是二手车销售的一个重要途径，此类连锁店通常对出售的二手车做一些外部整修，对部分二手车提供一定时间的保修服务，出售的价格比汽车经销商稍低。此外，还有一些规模很小的二手车出售点，一般只有20～30辆车，通常不会提供任何保修服务，消费对象多为收入较低的群体。

（3）个人

个人出售二手车多以在报纸、网络上刊登广告为主，但由于良莠不齐、鱼龙混杂、又缺乏相应的保障，个人二手车的流通量相对比较小。

（4）拍卖

拍卖的二手车多为车龄比较长、车况相对比较差的旧车，甚至还有接近报废的车辆，虽然一般也不提供任何保障，但价格非常低廉，主要针对社会低收入群体。

3. 二手车质量

质量和品质在汽车消费领域居于至关重要的地位，不仅对新车如此，对二手车则更突显出其重要性。上述《二手车法规》中规定的《买车指南》，便是政府强制规定二手车经销商增加透明度，来解决买卖双方的信息不对称问题，以此保护消费者的合法权益。另外，在实际流通过程中，美国的二手车市场也形成了以下两条非常有效的做法，对于保证二手车质量起到了非常重要的作用。

（1）推广认证制度

从20世纪80年代开始，美国开始出现“认证（Certified）”二手车。起初是由一些规模较大的经销商对自己出售的二手车进行认证，随后这项制度推广到了几乎所有品牌的汽车生产商。所谓二手车质量的认证制度，就是由汽车生产商或者大型经销商对二手车进行全方位的质量检测，以确保汽车的品质达到一定的出售标准。同时，经过认证的二手车还可以在一定时期内享受与新车同样的售后保障。

尽管认证二手车要比没经过认证的二手车平均售价高出1000～1500美元，但由于认证二手车的质量得到了保证，并可享受保修服务，消费者对二手车质量存在的顾虑便得以解决，极大地激发了消费者购买认证二手车的热情。

（2）建立历史档案

美国有专业而且独立的汽车评估公司，他们利用车辆识别代码（VIN）的唯一性，为每辆车建立档案，撰写“车辆历史报告”。报告的内容包括：所有权及变更、里程数、尾气排放检验结果、使用、维修、抵押、事故等众多重要信息。这些信息来源于生产商、车辆使用者、管理检验部门、消防与警察部门、以及租赁拍卖公司等多个途径，这一方面确保了车辆历史报告的全面性，另一方面保证了信息的准确性和公正性。消费者在购买二手车的时候，可以通过支付少许费用获得此类报告，从而能够对二手车的使用历史及质量情况做到心中有数，避免由于信息不全而造成的购车盲目性。

4. 二手车价格

除了质量以外，价格是消费者最为关注的另一个重要因素。二手车价格的高低直接关系到消费者的切身利益。无法获取一个客观和公正的二手车估价，会将许多的消费者阻挡于二手车门外。

在美国，二手车价格不是由原车价格通过折旧来确定，而是决定于二手车的市场残值，即该车目前在市场上还能卖多少钱。美国没有专门的二手车鉴定估价师，消费者通常参考汽车经销商和二手车连锁店发行的二手车价格参考书。其中，美国汽车经销商协会（NADA）从1933年开始发行的“二手车价格指南”是较为权威的一种。该指南按东南西北把美国分为九个区，各地有不同的版本，每月发行一本。

二手车价格指南中的价格分为置换价格（Trade-in）和零售价格（Retail Price）两大类别。置换价格是消费者在车行进行以旧换新时二手车的折价，通常也是经销商回收二手车的批发价，相对较低；零售价格则是车行单独出售的二手车价格，一般比置换价格高20%左右。

四、日本二手车市场简介

日本汽车保有量约为7500万辆，每年新汽车注册约600万辆，二手车成交约850万辆。日本的新车市场从1991年开始一直呈下降趋势。由于新汽车销售量的减少，从1998年开始，二手车的销售量也开始下降。

1. 二手车经营及服务企业

日本二手车经营及服务企业约25000家，大小现场拍卖会场150个。2004年通过拍卖的二手车682万辆，成交约为350万辆，这里面包含同一辆车多次重复拍卖。

日本的二手车经销商约20000家，每家有员工约3~10人，小型经销商占地约$1000m^2$，大型经销商占地可达$20000m^2$。一般二手车经销商平均销售40~50辆/月。

日本的二手车拍卖是二手车经销商进行库存调剂的手段，仅仅限于在业者之间进行，不对个人买卖提供服务。个人间的拍卖交易一般在网上进行。二手车经销商54%的收购汽车和35%的销售汽车是通过拍卖完成的。

日本的二手车信息行业比较发达，有很多的二手车杂志和刊物。比如“USEDCAR MAGAZINE Monthly”，主要刊登二手车市场新闻和各二手车拍卖场拍卖出的二手车信息，包括车型、年代、车身颜色、发动机、变速器、汽车配置、行驶里程、检审时间、检测分值、销售价格及拍卖的会场等。

日本的二手车企业大体可分为两类：二手车经销商和二手车服务商。二手车经销商是指直接从事二手车买卖交易的企业。二手车服务商是指为二手车经销商提供基础服务的企业。这两种企业的经营内容不同，但相互配合、相互补充，形成日本二手车经营链中的各个环节。同时，这两类企业均十分重视树立自身品牌，体现自身独特的价值。

2. 车辆检审制度及对二手车市场的影响

日本的车辆检审制度是新车注册第三年进行第一次检审，以后每两年检审一次，第十年开始每年检审一次。每次检审费用约 12 万日元。检审是一笔比较大的开支，使得许多车主在检审前卖掉旧车换新车。

3. 二手车行业特征

日本二手车行业有以下几个特征：①资产贬值的速度大于会计折扣；②低车龄、成色新的二手车比例高；③由于新车销售量的降低，汽车制造商也在二手车市场中寻找商机，参与竞争；④汽车价格开始回归其实际的价值；⑤日本的新车价格受原材料价格波动的影响很大，而二手车的价格主要是由市场的供求关系决定的。

4. 相关法律法规

日本对二手车交易没有专门的法律法规，但必须遵循以下几个法律：①古物营业法；②消费者保护基本法；③不当赠品及不当表示防止法。

涉及二手车交易的税种主要为消费税，税率为交易额的 5%，由购买者承担。但消费税只有在发生车辆转移超过 14 天时才需要交纳。如果在这个期间内汽车被经销商再次转手，则经销商无需交纳该税。这样的规定主要是方便经销商经营，避免多次重复纳税。

5. 二手车检测及二手车基准价值

日本的二手车检测是服务于二手车交易形式的。一些比较大的二手车服务商大都建立了自己的检测标准。由于日本的二手车普遍较新，所以这些标准的重点往往落在汽车的外表上。所有这些检测标准，最后都会有一个评分结果。各企业的二手车检测有自己的技术秘密，检测的部位和标准凝聚了企业多年的经验和技术积累。日本没有关于二手车检测的、凌驾于所有企业之上的官方标准。

日本有二手车基准价值指南，每月一本，二手车的实际成交价格在价值表数值的 5% ~ 10% 范围内波动。

小　　结

《二手车流通管理办法》明确规定，国家鼓励二手车流通，支持有条件的汽车品牌经销商等经营主体经营二手车，以及在异地设立分支机构开展连锁经营。

《二手车流通管理办法》对投资设立二手车交易市场、经销企业、经纪机构、鉴定评估机构，对设立二手车拍卖企业的程序等作了相应的规定。

在二手车评估工作中须遵循以下原则：独立性原则、客观性原则、公正性原则、科学性原则和专业性原则。

二手车评估作为一个重要的专业评估领域，技术鉴定工作量较大，同时包含许多专业特点，应分阶段、分步骤地实施。通常，二手车评估按以下五个阶段进行：委托、验证、技术鉴定、评估和出具鉴定评估报告。

规范化是二手车市场繁荣的基础。二手车交易的规范主要包括鉴定评估机构与人员的规范、二手车的手续规范、机动车注册登记的规范、二手车交易过户与转籍的规范以及变更、改装登记的规范。

二手车（旧机动车）鉴定评估报告书是二手车鉴定评估机构完成一项二手车的鉴定评

估工作后，向委托方提供的说明评估目的、时间、原则、依据、方法、过程和评估结论的工作报告。出具鉴定评估报告书的评估机构对该报告承担法律责任。

《关于规范旧机动车鉴定评估工作的通知》给出了二手车鉴定评估报告书示范文本。

复习思考题

10-1 二手车评估的原则有哪些？

10-2 二手车评估的程序包括哪几个步骤？

10-3 二手车交易包括哪些规范？

10-4 如何撰写二手车鉴定评估报告书？

10-5 发达国家的二手车市场有哪些特点？

10-6 发展中国家的二手车市场有哪些特点？

第十一章　二手车鉴定评估师

【学习目标】

1. 了解二手车鉴定评估师的职业定义及职业背景。
2. 了解我国的就业准入制度。
3. 了解汽车评估师职业的道德规范。
4. 了解《二手车鉴定评估师国家职业标准》。

汽车评估师，根据2007年修订的国家职业标准，正式名称为“二手车鉴定评估师”。二手车鉴定评估师指运用目测、路试，及借助相关的仪器设备对二手车的技术状况进行综合检验和检测，并结合车辆相关文件资料，对二手车的技术状况进行鉴定；再根据评估的特定目的，选择适用的评估标准和方法，进行二手车价格评估工作的专业汽车评估人员和管理人员。

二手车鉴定评估师与房地产评估师、资产评估师等同属于国务院批准的六类资产评估职业之一，是资产评估学重要的组成部分。

《二手车流通管理办法》和《二手车鉴定评估师国家职业标准》等政策法规的颁布执行，使二手车流通市场走向规范化和法制化。国家对二手车鉴定评估师实行职业资格和就业准入制度，从事二手车鉴定评估工作的人员，必须取得国家劳动和社会保障部门颁发的二手车鉴定评估师职业资格证书。

第一节　就业准入制度

就业准入制度是指根据《劳动法》和《职业教育法》的有关规定，对从事技术复杂、通用性广，涉及国家财产、人民生命安全和消费者利益的职业（工种）的劳动者，只要从事国家规定的技术工种（职业）工作，必须取得相应的职业资格证书，方可就业上岗的制度。

对技术工种（职业）从业人员实行就业准入制度，其根本目的是提高劳动者技能水平，增强其就业能力和适应职业变化的能力，从而实现高质量就业和稳定就业。

就业准入制度是在西方国家普遍实行的一项规范劳动就业与职业岗位关系的国际通行制度，它是对求职者进入职业岗位而提出的一种专业技术、技能要求，具体表现形式为“职业资格证书”。它是表明劳动者具有从事某一职业所必备的学识和技能的证明；是劳动者求职、任职、开业的资格凭证，它和学历证书一起被社会所重视，被称作“双证并重、双证并举”；是用人单位招聘、录用劳动者的主要依据。

一、职业资格证书制度基本概念

1. 职业资格证书制度

职业资格证书制度是劳动就业制度的一项重要内容，也是一种特殊形式的国家考试制度。它是指按照国家制定的职业技能标准或任职资格条件，通过政府认定的考核鉴定机构对劳动者的技能水平或职业资格进行客观公正、科学规范的评价和鉴定，对合格者授予相应的国家职业资格证书的制度。

2. 职业资格证书作用

职业资格证书是劳动者具有从事某一职业所必备的学识和技能的证明。它是劳动者求职、任职、开业的资格凭证；是用人单位招聘、录用劳动者的主要依据；也是境外就业、对外劳务合作人员办理技能水平公证的有效证件。

3. 实施职业资格证书制度的法律依据

《劳动法》第八章第六十九条规定："国家确定职业分类，对规定的职业制定职业技能标准，实行职业资格证书制度，由经过政府批准的考核鉴定机构负责对劳动者实施职业技能考核鉴定"。《职业教育法》第一章第八条明确指出："实施职业教育应当根据实际需要，同国家制定的职业分类和职业等级标准相适应，实行学历文凭、培训证书和职业资格证书制度"。这些法规确定了国家推行职业资格证书制度和提供开展职业技能鉴定的法律依据。

4. 国家推行职业资格证书制度的意义

开展职业技能鉴定，推行职业资格证书制度，是落实科教兴国战略方针的重要举措，也是我国人力资源开发的一项战略措施。这对于提高劳动者素质，加强技能人才培养，促进劳动力市场的建设以及深化国有企业改革，促进经济发展都具有重要意义。

5. 职业资格证书如何办理

根据国家有关规定，办理职业资格证书的程序为：职业技能鉴定所（站）将考核合格人员名单报经当地职业技能鉴定指导中心审核，再报经同级劳动保障行政部门或行业部门劳动保障工作机构批准后，由职业技能鉴定指导中心按照国家规定的证书编码方案和填写格式要求统一办理证书，加盖职业技能鉴定机构专用印章，经同级劳动保障行政部门或行业部门劳动保障工作机构验印后，由职业技能鉴定所（站）送交本人。

6. 就业准入

所谓就业准入是指根据《劳动法》和《职业教育法》的有关规定，对从事技术复杂、通用性广、涉及到国家财产、人民生命安全和消费者利益的职业（工种）的劳动者，必须经过培训，并取得职业资格证书后，方可就业上岗。实行就业准入的职业范围由人力资源和社会保障部确定并向社会发布。

7. 国家对实行就业准入的具体规定

职业介绍机构要在显著位置公告实行就业准入的职业范围；各地印制的求职登记表中要有登记职业资格证书的栏目；用人单位招聘广告栏中也应有相应职业资格要求。职业介绍机构的工作人员在工作过程中，对国家规定实行就业准入的职业，应要求求职者出示职业资格证书并进行查验，凭证推荐就业；用人单位要凭证招聘用工。

从事就业准入职业的新生劳动力，就业前必须经过一到三年的职业培训，并取得职业资格证书；对招收未取得相应职业资格证书人员的用人单位，劳动监察机构应依法查处，并责令其改正；对从事个体工商经营的人员，要取得职业资格证书后工商部门才办理开业手续。

8. 国家职业资格证书等级

我国职业资格证书分为五个等级：初级（国家职业资格五级）、中级（国家职业资格四级）、高级（国家职业资格三级）、技师（国家职业资格二级）和高级技师（国家职业资格一级)。

9. 职业技能鉴定

职业技能鉴定是一项基于职业技能水平的考核活动，属于标准参照型考试。它是由考试考核机构对劳动者从事某种职业所应掌握的技术理论知识和实际操作能力做出客观的测量和评价。职业技能鉴定是国家职业资格证书制度的重要组成部分。

10. 申报职业技能鉴定的要求

参加不同级别鉴定的人员，其申报条件不尽相同，考生要根据鉴定公告的要求，确定申报的级别。一般来讲，不同等级的申报条件为：参加初级鉴定的人员必须是学徒期满的在职职工或职业学校的毕业生；参加中级鉴定的人员必须是取得初级技能证书并连续工作5年以上、或是经劳动行政部门审定的以中级技能为培养目标的技工学校以及其他学校毕业生；参加高级鉴定人员必须是取得中级技能证书5年以上、连续从事本职业（工种）生产作业不少于10年、或是经过正规的高级技工培训并取得了结业证书的人员；参加技师鉴定的人员必须是取得高级技能证书，具有丰富的生产实践经验和操作技能特长、能解决本工种关键操作技术和生产工艺难题，具有传授技艺能力和培养中级技能人员能力的人员；参加高级技师鉴定的人员必须是任技师3年以上，具有高超精湛技艺和综合操作技能，能解决本工种专业高难度生产工艺问题，在技术改造、技术革新以及排除事故隐患等方面有显著成绩，而且具有培养高级工和组织带领技师进行技术革新和技术攻关能力的人员。

11. 申请职业技能鉴定的报名

申请职业技能鉴定的人员，可向当地职业技能鉴定所（站）提出申请，填写职业技能鉴定申请表。报名时应出示本人身分证、培训毕（结）业证书、《技术等级证书》或工作单位劳资部门出具的工作年限证明等。申报技师、高级技师任职资格的人员，还须出具本人的技术成果和工作业绩证明，并提交本人的技术总结和论文资料等。

12. 职业技能鉴定的主要内容

国家实施职业技能鉴定的主要内容包括：职业知识、操作技能和职业道德三个方面。这些内容是依据国家职业（技能）标准、职业技能鉴定规范（即考试大纲）和相应教材来确定的，并通过编制试卷来进行鉴定考核。

13. 职业技能鉴定方式

职业技能鉴定分为知识要求考试和操作技能考核两部分。知识要求考试一般采用笔试，技能要求考核一般采用现场操作加工典型工件、生产作业项目、模拟操作等方式进行。计分一般采用百分制，两部分成绩都在60分以上为合格，80分以上为良好，95分以上为优秀。

14. 职业技能鉴定所（站）

职业技能鉴定所（站）是经劳动保障行政部门批准设立的实施职业技能鉴定的场所，它是职业技能鉴定的基层组织，承担规定范围内的职业技能鉴定活动。具体工作任务包括：①受理职业技能鉴定的申请，对申报人的资格条件进行审查，经鉴定指导中心核准后，签发准考证；②组织申报人员按规定的时间、地点和方式进行考核或考评；③协调鉴定过程中的有关事务；④汇总鉴定成绩，并负责报送鉴定指导中心；⑤向鉴定指导中心提供鉴定报告，对考评小组的工作提出评价意见；⑥协助鉴定指导中心办理证书手续，并负责向鉴定合格者发放职业资格证书。⑦负责鉴定的咨询服务和信息统计等工作。

15. 职业技能鉴定实施步骤

职业技能鉴定的实施步骤分为四大步骤，分别是：鉴定前的组织准备、鉴定前的技术准备、鉴定实测、鉴定后的结果处理。

16. 申报职业技能鉴定注意事项

申报职业技能鉴定，首先要根据所申报职业的资格条件，确定自己申报鉴定的等级。如果需要培训，要到经政府有关部门批准的培训机构参加培训。申报职业资格鉴定时要准备好照片、身份证以及证明自己资历的材料，参加正规培训的须有培训机构证明，工作年限须有本人所在单位证明，经鉴定机构审查符合要求的，由鉴定所（站）颁发准考证。参加考试时必须携带准考证，否则不能参加考试。

17. 职业技能鉴定工作中违纪现象的处理

职业技能鉴定是面向广大劳动者和用人单位的一项社会公益性事业。为了保证职业技能鉴定质量，树立职业资格证书的权威性，各级职业技能鉴定管理部门建立了举报制度，设立监督电话，鼓励和支持社会各方面对乱办班、乱考核、乱发证以及各种违反考务纪律的行为进行检举。劳动者一旦发现职业技能鉴定工作中的违纪现象，可以直接到当地劳动保障行政部门或职业技能鉴定指导中心投诉，由劳动保障部门按有关规定进行查处。

二、二手车鉴定评估师职业简介

随着我国二手车行业的蓬勃发展，市场对该行业人才的需求日渐高涨，对专业技术人员水平的要求也不断提升。二手车鉴定评估师在原来的国家职业大典中的正式名称是“旧机动车鉴定估价师”，从2007年1月1日起更名为“二手车鉴定评估师”。然而到目前，优秀的、具有丰富实践经验的、经过专业技术培训拥有“二手车鉴定评估师”（或原来的名称“旧机动车鉴定估价师”）职业资格证的却很缺乏。汽车4S店、典当行、保险公司、拍卖公司、二手车交易市场等经营主体都需要一大批兼具专业知识技能和丰富经验的二手车鉴定评估师。

从《二手车流通管理办法》实施后，我国的二手车交易量以高于年平均25%的速度增长。到2006年12月底，全国二手车累计交易190.59万辆，同比增长31.5%。其中，北京地区二手车总体成交量达到30万辆水平。初步预计，中国的汽车市场将有15~20年的增长发展期。而随着政府、企业、事业单位公务车辆的改革，车辆更新换代频率的加快，中国的二手车市场必将在汽车市场需求增长和汽车保有量稳步提高的大好态势下，拓展出更广阔的发展空间，并且，国家已对二手车鉴定评估师实行职业资格证书准入制度，按照《二手车流通管理办法》的相关规定，要成立二手车鉴定估价机构必须有三名以上的国家“二手车鉴定评估师”（或“旧机动车鉴定估价师”）。

在这个背景下，二手车鉴定评估师更加成为市场稀缺的热门职业之一。但是，现阶段二手车鉴定评估师人才培养的落后与二手车行业的蓬勃发展形成了鲜明的对比，人才缺乏的问题进一步凸现。所以，加强二手车鉴定评估师人才的培训势在必行。二手车鉴定评估涉及经济管理、财会、金融、市场学、价格学等社会学科方面以及工程技术方面的知识，不仅要求鉴定估价人员有较宽的知识面，而且还要有较丰富的实践经验，其业务素质的高低直接影响着鉴定估价的工作质量。按照国家国内贸易局与人力资源和社会保障部的规定要求，为提高二手车鉴定评估师人员的素质，统一鉴定评估职业标准，规范二手车鉴定评估行为，对二手车鉴定评估人员进行职业技能鉴定，实行职业资格证书持证上岗制度。

第二节　二手车鉴定评估师职业道德规范

为规范注册资产评估师执业行为和职业道德行为，提高注册资产评估师职业道德素质，保证执业质量，明确执业责任，维护社会公共利益和资产评估各方当事人合法权益，中国资产评估协会制定了《资产评估准则——基本准则》和《资产评估职业道德准则——基本准则》。二手车鉴定评估师作为注册资产评估师中的一类，必须严格遵守该准则。

一、资产评估准则

1. 基本要求

1）注册资产评估师执行资产评估业务，应当遵守相关法律、法规和资产评估准则，具有良好的职业道德。

2）注册资产评估师执行资产评估业务，应当勤勉尽责，恪守独立、客观、公正的原则。

3）注册资产评估师应当经过专门地教育和培训，具备相应的专业知识和经验，能够胜任所执行的评估业务。

4）注册资产评估师执行资产评估业务，可以聘请专家协助工作，但应当采取必要措施确信专家工作的合理性。

5）注册资产评估师应当对业务助理人员进行指导，并对业务助理人员工作结果负责。

6）注册资产评估师执行资产评估业务，采用不同于资产评估准则规定的程序和方法时，不得违背本准则的基本要求，应当确信所采用程序和方法的合理性，并在评估报告中明确说明。

2. 操作准则

1）注册资产评估师执行资产评估业务，应当根据业务具体情况履行适当的评估程序。

2）评估程序通常包括：①明确评估业务基本事项；②签订业务约定书；③编制评估计划；④现场调查；⑤收集评估资料；⑥评定估算；⑦编制和提交评估报告；⑧工作底稿归档。

注册资产评估师不得随意删减评估程序。

3）注册资产评估师执行资产评估业务，应当根据评估目的等相关条件选择适当的价值类型，并对价值类型予以明确定义。

4）注册资产评估师应当熟知、理解并恰当运用评估方法。资产评估基本方法包括市场法、收益法和成本法。

5）注册资产评估师执行资产评估业务，应当根据评估对象、价值类型、资料收集情况等相关条件，分析三种资产评估基本方法的适用性，恰当选择评估方法，形成合理评估结论。

6）注册资产评估师执行资产评估业务，应当科学合理使用评估假设，并在评估报告中披露评估假设及其对评估结论的影响。

7）注册资产评估师执行资产评估业务，应当形成能够支持评估结论的工作底稿。

3. 报告准则

1）注册资产评估师应当在执行必要的评估程序后，编制并由所在评估机构出具评估报告。

2）注册资产评估师应当在评估报告中提供必要信息，使评估报告使用者能够合理理解评估结论。

3）注册资产评估师应当根据评估业务具体情况，提供能够满足委托方和其他评估报告使用者合理需求的评估报告。

4. 执业责任

1）注册资产评估师执行资产评估业务，应当对评估结论的合理性承担责任。

2）遵守相关法律、法规和资产评估准则，对评估对象在评估基准日特定目的下的价值进行分析、估算并发表专业意见，是注册资产评估师的责任；提供必要的资料并保证所提供资料的真实性、合法性、完整性，恰当使用评估报告是委托方和相关当事方的责任。

评估结论不应当被认为是对评估对象可实现价格的保证。

3）注册资产评估师执行资产评估业务，应当关注评估对象的法律权属，并在评估报告中对评估对象法律权属及其证明资料来源予以必要说明。注册资产评估师不得对评估对象的法律权属提供保证。

二、资产评估职业道德准则

为规范注册资产评估师的职业道德行为，提高注册资产评估师的职业道德素质，维护注册资产评估师的职业形象，制定了此准则。注册资产评估师执行资产评估业务，应当遵守本准则。注册资产评估师执行与价值估算相关的其他业务，可以参照本准则。注册资产评估师应当指导业务助理人员和专家遵守本准则。

1. 基本要求

1）注册资产评估师应当诚实正直，勤勉尽责，恪守独立、客观、公正的原则。

2）注册资产评估师执行资产评估业务，应当遵守相关法律、法规和资产评估准则。

3）注册资产评估师应当维护职业形象，不得从事与注册资产评估师身份不符或可能损害职业形象的活动。

4）注册资产评估师执行资产评估业务，应当独立进行分析、估算并形成专业意见，不受委托方或相关当事方的影响，不得以预先设定的价值作为评估结论。

5）注册资产评估师执行资产评估业务，应当合理使用评估假设，并在评估报告中披露评估假设及其对评估结论的影响。

6）注册资产评估师应当在评估报告中提供必要信息，使评估报告使用者能够合理理解评估结论。注册资产评估师不得出具含有虚假、不实、有偏见或具有误导性的分析或结论的评估报告。

7）注册资产评估师应当遵守保密原则，除法律、法规另有规定外，未经委托方书面许可，不得对外提供执业过程中获知的商业秘密和业务资料。

8）注册资产评估师不得采用欺诈、利诱、强迫等不正当手段招揽业务。

9）注册资产评估师不得利用执业便利为自己或他人谋取不正当利益。

10）注册资产评估师应当在资产评估机构执业，不得以个人名义执业，也不得同时在两家或两家以上评估机构执业。

11）注册资产评估师执行资产评估业务，应当形成能够支持评估结论的工作底稿，并按有关规定管理和保存工作档案。

12）注册资产评估师不得签署本人未参与项目的评估报告，也不得允许他人以本人名义签署评估报告。

13）注册资产评估师应当接受中国资产评估协会的管理，履行中国资产评估协会规定的义务。

2. 专业胜任能力

1）注册资产评估师应当经过专门教育和培训，具备相应的专业知识和经验，能够胜任所执行的评估业务。

2）注册资产评估师应当接受后续教育，保持和提高专业胜任能力。

3）注册资产评估师应当如实声明其具有的专业胜任能力和执业经验，不得对其专业胜任能力和执业经验进行夸张、虚假和误导性宣传。

4）注册资产评估师执行资产评估业务，可以聘请专家协助工作，但应当采取必要措施确信专家工作的合理性。

3. 与委托方和相关当事方的关系

1）注册资产评估师与委托方或相关当事方之间存在可能影响注册资产评估师公正执业的利害关系时，应当予以回避。

2）注册资产评估师执行资产评估业务，不得对委托方和相关当事方进行误导和欺诈。

3）注册资产评估师应当履行业务约定书中规定的义务，竭诚为委托方服务。

4）注册资产评估师不得向委托方或相关当事方索取约定服务费之外的不正当利益。

5）注册资产评估师应当与委托方进行必要沟通，提示评估报告使用者合理理解并恰当使用评估报告，并声明不承担相关当事人决策的责任。

4. 与其他注册资产评估师的关系

1）注册资产评估师在执行资产评估业务过程中，应当与其他注册资产评估师保持良好的工作关系。

2）注册资产评估师不得贬损或诋毁其他注册资产评估师。

3）注册资产评估师不得以恶意降低服务费等不正当的手段与其他注册资产评估师争揽业务。

评估机构在执行资产评估业务过程中应当遵守本准则的相关规定。

第三节　二手车鉴定评估师职业标准

汽车作为现代交通工具，集多种现代科技于一体。同时，汽车又是一个特殊的大宗商品，它的流通与使用关系到社会的经济稳定以及使用者和他人的人身安全。所以，对于汽车评估的专业人员有比较高的要求。通常对汽车评估师有以下几方面的要求（见表 11-1 ~ 表 11-2）。

表 11-1　二手车鉴定评估师

职业功能	工作内容	技能要求	相关知识
评估准备	接受委托	1. 能介绍二手车鉴定评估程序 2. 能介绍二手车鉴定评估方法 3. 能签定二手车鉴定评估委托合同	1. 社交礼仪 2. 二手车鉴定评估委托合同使用方法
	核查证件、税费	1. 能确认被评估车辆及评估委托人的机动车来历凭证、机动车行驶证、机动车登记证书等是否合法有效 2. 能核实被评估车辆税费缴纳情况 3. 能按要求对被评估车辆进行拍照	1. 机动车证件类型 2. 机动车证件识别方法 3. 车辆税费种类 4. 车辆税费凭证识别方法 5. 拍照技巧
技术状况鉴定	静态检查	1. 能根据资料核对车辆基本情况 2. 能检查发动机技术状况 3. 能检查底盘技术状况 4. 能检查车身技术状况 5. 能检查电器电子技术状况 6. 能识别事故车辆	1. 机动车识伪检查方法 2. 发动机静态检查方法 3. 底盘静态检查方法 4. 车身静态检查方法 5. 电器电子静态检查方法 6. 事故车静态检查方法
	动态路试检查	1. 能进行路试前的准备工作 2. 能动态检查机动车性能 3. 能进行路试后的检查工作	1. 机动车制动性能检查方法 2. 机动车动力性能检查方法 3. 机动车操纵性能检查方法 4. 机动车滑行性能检查方法 5. 机动车噪声和废气检查方法
	技术状况综合评定	1. 能分析二手车的技术状况 2. 能提出机动车检测建议 3. 能识读机动车综合性能检测报告	1. 机动车技术等级标准 2. 机动车技术状况分析方法 3. 机动车技术状况检测项目和内容
价值评估	选择评估方法	1. 能区分评估类型 2. 能根据评估目的选定评估方法	1. 评估类型分类 2. 评估方法分类
	评估计算	1. 能用重置成本法评估二手车价值 2. 能用现行市价法评估二手车价值 3. 能用收益现值法评估二手车价值 4. 能用清算价格法评估二手车价值	1. 重置成本法的计算模型和估算方法 2. 二手车贬值及其估算 3. 成新率确定方法 4. 现行市价法的评估流程和计算方法 5. 收益现值法的评估流程和计算方法 6. 清算价格法的基本方法

（续）

职业功能	工作内容	技能要求	相关知识
价值评估	撰写二手车鉴定评估报告	1. 能与委托方交流，确认鉴定评估结论 2. 能编写二手车鉴定评估报告 3. 能归档二手车鉴定评估报告	1. 撰写二手车鉴定评估报告要求 2. 二手车鉴定评估报告要素 3. 二手车鉴定评估报告内容

表 11-2　高级二手车鉴定评估师

职业功能	工作内容	技能要求	相关知识
故障判断	判断发动机常见故障	能判断发动机起动困难、怠速不良、动力不足、排烟异常、润滑油消耗异常、异响等故障原因	1. 发动机故障表现形式 2. 发动机故障诊断方法 3. 发动机传感器、执行器、电子控制器（ECU）检测方法
	判断底盘常见故障	能判断传动系、转向系、行驶系、制动系等故障原因	1. 传动系、转向系、行驶系、制动系等故障表现形式 2. 传动系、转向系、行驶系、制动系等故障诊断方法
	判断电器电子常见故障	1. 能判断蓄电池、发电机、起动机、空调、电子元件等故障原因 2. 能判断汽车起火自燃原因	1. 汽车电路常见故障 2. 汽车常见电器电子元件 3. 汽车电器电子故障诊断程序 4. 汽车电器电子检修常用仪表
	判断对车价影响较大的故障	1. 能分析汽车故障与车价的关系 2. 能判断对车价影响较大的故障	1. 汽车维修配件价格相关标准 2. 汽车修理成本核算方法
高配置装置识别与技术状况鉴定	发动机技术状况鉴定	1. 能识别和鉴定涡轮增压发动机 2. 能识别和鉴定多气门发动机	1. 电控燃油喷射结构原理 2. 涡轮增压装置结构原理 3. 多气门发动机结构原理
	底盘高配置装置识别与技术状况鉴定	1. 能识别和鉴定动力转向装置 2. 能识别和鉴定防抱死制动系统（ABS） 3. 能识别和鉴定巡航控制装置	1. 自动变速器（AT）、无级变速器（CVT）结构原理 2. 动力转向装置结构原理 3. 防抱死制动系统（ABS）结构原理 4. 巡航控制装置结构原理
	车身高配置装置识别与技术状况鉴定	1. 能识别和鉴定倒车雷达装置 2. 能识别和鉴定防盗装置 3. 能识别和鉴定汽车音响	1. 安全气囊结构原理 2. 倒车雷达装置结构原理 3. 防盗装置结构原理 4. 汽车音响结构原理 5. 电动天窗结构原理
专项作业车和大型客车鉴定评估	专项作业车鉴定评估	1. 能判别专项作业车技术状况好坏 2. 能静、动态检查专项作业车 3. 能评估专项作业车价值	1. 专项作业车分类、型号和技术指标 2. 专项作业车基本结构和技术参数

（续）

职业功能	工作内容	技能要求	相关知识
专项作业车和大型客车鉴定评估	大型客车鉴定评估	1. 能判别大型客车技术状况好坏 2. 能静、动态检查大型客车 3. 能评估大型客车价值	1. 大型客车分类、型号和技术指标 2. 大型客车基本结构和技术参数
二手车营销	二手车收购、销售、置换	1. 能确定二手车收购价格 2. 能确定二手车销售定价方法 3. 能制订二手车销售定价目标 4. 能确定二手车销售最终价格 5. 能制订二手车置换流程	1. 二手车收购估价方法 2. 二手车收购估价与鉴定估价的区别 3. 二手车销售定价应考虑的因素 4. 二手车营销实务 5. 二手车置换方式
	二手车质量认证	能制订二手车质量认证流程	二手车质量认证内容
	二手车拍卖	能确定二手车拍卖底价	1. 二手车拍卖方式 2. 拍卖相关法规 3. 二手车拍卖的运作过程
事故车辆鉴定评估	事故车辆的鉴定	1. 能检查事故车技术状况 2. 能鉴定事故车辆的损伤程度	车辆损伤类型
	事故车辆的评估	1. 能对碰撞车辆进行评估 2. 能对泡水车辆进行评估 3. 能对火烧车辆进行评估	1. 损失项目的确定 2. 损失费用的确定
培训指导	指导操作	能指导二手车鉴定评估师及鉴定评估从业人员进行实际操作	二手车鉴定评估实际操作流程
	理论培训	能指导二手车鉴定评估师及鉴定评估从业人员进行理论培训	二手车鉴定评估师培训讲义编写方法

小　结

汽车评估师，根据2007年修订的国家职业标准，正式名称为“二手车鉴定评估师”。其职业定义是运用目测、路试，借助相关的仪器设备对二手车的技术状况进行综合检验和检测，结合车辆相关文件资料，对二手车的技术状况进行鉴定；并根据评估的特定目的，选择适用的评估标准和方法。进行二手车价格评估工作的是专业汽车评估人员和管理人员。二手车鉴定评估师与房地产评估师、资产评估师等同属于国务院批准的六类资产评估职业之一，是资产评估学重要的组成部分。

就业准入制度是指根据《劳动法》和《职业教育法》的有关规定，对从事技术复杂、通用性广，涉及国家财产、人民生命安全和消费者利益的职业（工种）的劳动者，只要从事国家规定的技术工种（职业）工作，必须取得相应的职业资格证书，方可就业上岗的制度。对技术工种（职业）从业人员实行就业准入制度，目的是提高劳动者技能水平，增强其就业能力和适应职业变化的能力，实现高质量就业和稳定就业。

职业资格证书制度是指按照国家制定的职业技能标准或任职资格条件，通过政府认定的考核鉴定机构，对劳动者的技能水平或职业资格进行客观公正、科学规范的评价和鉴定，对合格者授予相应的国家职业资格证书。

我国对二手车鉴定评估师实行职业资格证书准入制度，按照《二手车流通管理办法》的相关规定，要成立二手车鉴定评估机构必须有三名以上的国家二手车鉴定评估师。

二手车鉴定评估师须具备宽广的知识面、掌握最新与行业有关的法律法规、具备相当的实践经验和专业技能水平、具有一定的汽车营销知识并且能够及时了解、掌握全球汽车行业发展的最新动态和新技术在汽车上的应用。

二手车鉴定评估师职业资格分为二手车鉴定评估师和高级二手车鉴定评估师两个等级。

复习思考题

11-1　二手车鉴定评估师的职业定义是什么？

11-2　什么是就业准入制度？实行就业准入制度的目的是什么？

11-3　什么是职业资格证书制度？职业资格证书制度有什么作用？

11-4　对汽车评估师通常有怎样的要求？

参考文献

[1] 陈家瑞．汽车构造[M]．北京:人民交通出版社,2003.

[2] 孙仁云,付百学．汽车电器与电子技术[M]．北京:机械工业出版社,2006.

[3] 国家质量监督检验检疫总局产品质量监督司．机动车安全技术检验基础讲座[M]．北京:中国标准出版社,2006.

[4] 李新起．汽车碰撞与修复预算[M]．北京:高等教育出版社,2006.

[5] 王若平,葛如海．汽车评估师[M]．北京:北京理工大学出版社,2005.

[6] 王永盛．汽车评估[M]．北京:机械工业出版社,2006.

[7] 张子波．汽车故障诊断技术[M]．北京:机械工业出版社,2006.

[8] 董继明,罗灯明．汽车检测与诊断技术[M]．北京:机械工业出版社,2006.

[9] 张为春．汽车构造[M]．北京:机械工业出版社,2004.

[10] 张西振,韩梅．汽车发动机构造与维修[M]．北京:机械工业出版社,2005.

[11] 阮萍．资产评估[M]．成都:西南财经大学出版社,2002.

[12] 姜正根．二手车鉴定评估实用技术[M]．北京:中国劳动社会保障出版社,2007.

[13] 曲金玉．汽车电器与电子设备[M]．北京:机械工业出版社,2006.